AF251458

Del **mito** a la **literatura** y la **Biblia**

Juan P. Magunagoicoechea

Managing Editors: Francisco Fernández and Estela Serafini
Designer: Ricardo Potes

Published in the United States by CBH Books.
CBH Books is a division of Cambridge BrickHouse, Inc.

Cambridge BrickHouse, Inc.
60 Island Street
Lawrence, MA 01840
U.S.A.

Library of Congress Catalog No. 2008024377
ISBN 978-1-59835-067-8
First Edition
Printed in Canada
10 9 8 7 6 5 4 3 2 1

A mi madre y a mi hermana Mercedes.

A Sabina,
por su sensata crítica del manuscrito.

A nuestros nietos lectores
Jordan y Dominic.

Índice

Prólogo

Porque en el principio de la literatura está el mito y, asimismo, en el fin.

—J. L. Borges
Parábola de Cervantes y de Quijote

Un poema de Borges , rico mosaico de reflexiones míticas, nos abrió las puertas del curso de literatura y mito. La lectura del poema "Parábola de Cervantes y de Quijote" (1955) coincidió felizmente con el IV centenario de la publicación de la primera parte del *Quijote*.[1] Del último verso de este poema tomamos el lema y guía para nuestro ensayo misceláneo *Del mito a la literatura*. El título es una versión abreviada de la sentencia final del poema: "Porque en el principio de la literatura está el mito y, asimismo, en el fin". Incorporamos ese verso a los ensayos siguientes: *La Biblia y la literatura, El paraíso prohibido, Apocalipsis y milenio,* y *Misterios cristianos.* Concluimos nuestro ejercicio literario con una lectura de La *Parábola*, resumen de la teoría de Borges del mito y la literatura. La *Parábola* invita al lector a ser partícipe activo de la visión del poeta pensando que el mito es ya parte de la memoria universal de la humanidad.

Como estímulo para el estudio de la literatura universal, los alumnos han leído partes de *The Educated Imagination* (1964), de Northrop Frye;[2] la versión original inglesa de *This Craft of Verse* (1967), de Jorge L. Borges,[3] y un buen resumen de orientación de *La Biblia* y de los mitos clásicos titulado: *The Biblical and Classical Myths:The Mythological Framework of Western Culture* (1962), de N. Frye y Jay Macpherson.[4]

Parábola es la narración literaria de un suceso fingido del que se deduce, por comparación o semejanza, una verdad importante o una enseñanza moral. Borges dedica su *Parábola* al soñador y al soñado [...], la oposición de dos mundos: el mundo irreal de los libros de caballerías, el mundo cotidiano y común del siglo XVII. De esta *Parábola* deducimos un principio general para nuestra excursión literaria. Si la jornada mítica e imaginativa es una metáfora de la vida hemos de seguirla del principio al fin. La literatura, en su curso de creación y de recreación es una horizontal; mas el fin puede ser, y metafóricamente es, el punto de partida de la jornada.

La *Pasión crítica* (1985), de Octavio Paz[5] nos encomienda: "El sentido de ese amor inmoderado, pasional por la crítica y sus precisos mecanismos de reconstrucción; pero también crítica enamorada de su objeto, crítica apasionada por aquello mismo que niega". José Ortega y Gasset nos alienta con esta máxima: "Cada día me interesa menos sentenciar: a ser juez de las cosas, voy prefiriendo ser su amante". Northrop Frye indica que la crítica es parte de la literatura; no emite juicios, no juzga las obras de arte; se une más bien con los escritores para juzgar la condición humana.

En "Mito y literatura" (cap. 1) se estudian mito, poesía e historia en estos contextos: creencia, metáfora, psicología, etc. En la "La imaginación educada" (cap. 2) contemplamos el mundo de la literatura donde no hay otra realidad excepto el mundo de la imaginación humana. En "La *Biblia* y la literatura" (cap. 3) se examina la unidad temática de los libros del Antiguo Testamento; distinguimos los aspectos de la verdad y la ficción en la *Biblia* y algunas modalidades del literalismo fundamentalista. Especial atención se dedica a la retórica cristiana, al mito y al *kerigma* en el Nuevo Testamento. En "El paraíso prohibido" (cap. 4) se yuxtaponen las nociones de creación y recreación del *Génesis*: la curiosidad de Eva y su consecuencia en el conocimiento de la cultura. En "Apocalipsis y milenio" (cap. 5) presentamos una visión panorámica de la revelación y la historia de la segunda venida de Cristo.

Los temas centrales de "Los misterios cristianos" (cap. 6) son los dichos y hechos del Evangelio perdido y el dilema de la imaginación cristiana. La imaginada historia de la muerte de Dios, elaborada en el mito y en la literatura, se examina en "Imaginando la muerte de Dios" (cap. 7). En "Diosas de iniciación" (cap. 8) se narra el encuentro de Ulises en su vuelta de Troya a Ítaca con Circe, Calipso y Nausicaa, y el episodio de

Telémaco que sale en busca de su padre. En el ensayo final, "Parábola de Cervantes y de Quijote" (cap. 9) damos un *ricorso* del discurso de don Quijote sobre la leyenda de la edad de oro, dirigida a los cabreros.

En toda sociedad civilizada la lengua materna se transforma en algo que llamamos literatura. Es un cultivo fértil que no se interrumpe en la división aparente de las estaciones del año. Quien desea continuar estudiando inglés, leerá las obras de Shakespeare, Milton, Faulkner, etc. Quien quiera continuar estudiando español leerá Cervantes, Alfonso Reyes, Jorge Luis Borges, Octavio Paz y muchos más del tesoro de la literatura española.

Toda lectura puede ser motivo de meditación si el lector acoge el texto con espíritu crítico. Hay recreaciones prácticas y teóricas del mito: la práctica es la literatura; la teórica es la crítica de la literatura que tiende a expandirse en un teoría del mito como totalidad. Toda lectura es realmente relectura. Y toda educación es, en verdad, reeducación. Solo releer cuenta porque una primera lectura se enfrenta no a un texto sino a un espejo. A cierta edad el sentido de perspectiva se hace más importante que el sentimiento y el afán de nuevos descubrimientos. En el aprendizaje de la literatura hemos tenido en cuenta esta máxima de N. Frye: la sola autoridad en la clase es la autoridad del tema expuesto, no la del maestro.

En la versión final del manuscrito he tratado de incorporar los comentarios, las reflexiones y notas de los alumnos que han participado activamente en este estudio. A ellos y a otros lectores aficionados al mito y la literatura va dedicado este libro.

Bibliografía del prólogo

1 **Cervantes, M. de.**; *Don Quijote de la Mancha*, (Edición revisada, introducción y notas de Martín Riquer, Barcelona, Editorial Planeta, 2004).

2 **Frye, N.**; *The Educated Imagination*, (Indiana University Press, 1964).

3   **Borges, J. L.**; *This Craft of Verse*, (Edited by Calin-Andre Mihhallescu, Harvard University Press, 2000).

4   **Frye N. And Macpherson J.**; *Biblical and Classical Myths: The Mythological Framework of Western Culture*, (University of Toronto Press, 1962 y 2004).

5   **Paz, O.**; *Pasión crítica*, (Barcelona, Seix Barral, Biblioteca Breve, 1985).

Capítulo 1
Mito y literatura

Tu lengua materna se transforma en el lenguaje de la literatura. El mundo de la literatura es un mundo donde no hay otra realidad excepto la de la imaginación humana.

—*N.* Frye
The Educated Imagination

Partimos de esta noción preliminar: el mito es el embrión o génesis de la literatura. La literatura crece de la mitología y es el producto más directo de la mitología. La historia de la literatura gira en torno a ciertas obras maestras que aprendemos a leer por nuestra cuenta. Algunas de esas obras de literatura —la *Ilíada,* la *Odisea,* la *Divina Comedia, Don Quijote,* los *Diálogos de Platón,* etc.— se llaman clásicas. La mayoría de ellas son clásicas y se apoyan en razones literarias. Pero hay otra razón más: una obra de arte evoca un lugar, una época memorable en la que toda la cultura de la nación que la produjo ocupa, por así decirlo, el centro del escenario de su tradición quedando fija en su memoria como un mito perenne. *Don Quijote* es un ejemplo clásico transformado en una gran novela en cuyo interior comulgan mito y literatura. Un clásico memorable, dirá Borges: "Es un libro que las generaciones de los hombres, urgidos por diversas razones, leen con previo fervor y con una misteriosa lealtad […], aquel libro que una nación o un grupo de naciones o el largo tiempo han decidido leer como si en sus páginas todo fuera deliberado, fatal, profundo como el cosmos y capaz de interpretaciones sin término".

George MacDonald opina que cada nación posee un libro, una *Biblia* en su historia. Ortega y Gasset piensa que un pueblo es su mitología. Y mito es todo lo que pensamos cuando no pensamos como especialistas, como médicos, como pintores, como economistas. En la introducción de *Don Quijote de la Mancha,* editada por Paradores de Turismo, de España, Andrés Amorós vuelve al tema: "Sin exagerar mucho podemos decir que nuestra *Biblia* es *El Quijote*: un libro con el que se aprendía a leer; que forma parte, en cierta medida, de nuestra cultura popular cuyos protagonistas y episodios les suenan a todo el mundo. A la vez, el mejor resumen de nuestro espíritu y el símbolo de lo español (y lo hispánico) en el mundo entero".

Las leyendas de las dinastías de Argos y Tebas serían, a nuestro entender, míticas pero no estrictamente sagradas para los griegos (EI, 105). Si la literatura ha de enseñarse adecuadamente, hemos de comenzar con la poesía en su centro pasando luego a la prosa literaria; y de ahí al lenguaje aplicado a diferentes profesiones y a la vida ordinaria. La poesía es un medio directo y simple de expresión verbal. Las naciones más antiguas guardan el tesoro de su poesía pero solamente las civilizaciones bien desarrolladas pueden producir una buena prosa.

Observamos en los esquimales, cuyas condiciones de vida los mantienen en un nivel tecnológico restringido y próximo al de la subsistencia, que cuanto más simple es una sociedad, tanto más claramente brota la poesía como una de las primeras necesidades de esa sociedad. Y la poesía no solamente era un medio de comunicación sino podía ser también una pasión y una dicha. Y si alguien se pregunta: "Pero… ¿qué decir de la vida?", la respuesta sería: "La literatura está llena de vida, la vida está dentro de la literatura". Esta afirmación no satisfaría a quien piensa que un escritor es lo que es, y que técnicamente adquiere lo que tiene de otros libros, no por observación empírica o por vivencias personales.

Como técnica de concentración la literatura es un medio espontáneo y deliberado de meditación. La meditación intensifica el proceso de identificación imaginativa hasta el punto en que una realidad ordinaria, aún no organizada, es recreada en una nueva realidad. No siempre será objetiva, sino una "suprema ficción". Cuando se oye pronunciar las palabras mito y literatura surgen espontáneamente preguntas básicas. "¿Qué "bien" me procura el estudio de la literatura?". Y la primera respuesta casi siempre es: "No hay soluciones ni respuestas; solo caben preguntas en el presente". Un corolario de esa cuestión podría ser este: ¿Puede la literatura mejorar mi habilidad de pensar, de sentir y de vivir? ¿Cuál es la función del maestro y del crítico? ¿Qué influencia ejerce la literatura en la formación de nuestras actitudes sociales, políticas y religiosas?

Las preguntas anteriores nos llevan a otra más original: ¿Qué es la literatura?, cuestión que pudo haber sido formulada muchos años antes que Platón y Aristóteles se preguntaran ¿Qué es la poesía? Hemos de considerar aquí dos aspectos: el aspecto moral y el estético. Aristóteles describe lo que la poesía es, su esencia, y nos da la respuesta estética. Pero ese "bien", ¿no tendrá algo que ver con la utilidad? Es como preguntar qué tipo de trabajo o de profesión es bueno y útil, bien remunerado, etcétera. En ese caso puede referirse al concepto de bien de Platón.

Otros recurren, de cuando en cuando, al estereotipo: ¿No es todo esto simplemente un mito, solo y nada más que un mito?. O ¿no hay nada ahí sino un modelo estético que no requiere dedicación constante? Y de pronto nos viene a la mente la semejanza de la palabra fábula o ficción que significan también estructuras literarias que han adquirido un segundo significado de no-verdadero. Existe todavía la convicción general, bastante arraigada hasta entre gente educada, de que la literatura es una forma de mentira socialmente permitida o aceptada. Es la sombra proyectada por la llamada noble mentira atribuida a Platón.

¿Qué parentesco podemos descubrir entre mito y literatura, entre poesía y mito?; ¿no hay algo más práctico para la vida real que los mitos? Una respuesta podría ser que la literatura es parte de la vida, de la imaginación creadora y de la educación ética. La filosofía ha sido siempre, y especialmente desde Platón, un entrenamiento en la educación moral. Podemos averiguar por qué un buen filósofo es un buen pedagogo. Hay que recordar, también, esta declaración de Borges en *El idioma de los argentinos* (1928*)*: "La finalidad permanente de la literatura es la presentación de destinos." Hoy quisiera subrayar, citando a Borges, que la presentación de una dicha, de un destino que se realiza en felicidad, es tal vez el goce más claro (en las dos significaciones de la palabra: en la de "inusual" y en la de "valioso") que puede ministrarnos el arte. Queremos ser felices y, el aludir a felicidades o el entreverlas, ya es una deferencia a nuestra esperanza.

En sus *Meditaciones del Quijote* (1914), Ortega señala que el mito es "hormona psíquica", poderoso incitante en un ejercicio de lectura crítica estimulado por las nuevas corrientes de psicología de su época. Pero también es un método para discernir mejor el mundo real en el que vivimos, del mundo en el que queremos vivir; un mundo que nos ofrece la munificencia de la literatura: generosidad con magnificencia. Un estudioso de Platón nos dirá que el mito es indefinible; que ninguna definición de él ha sido universalmente aceptada.

Mircea Eliade piensa que será difícil encontrar una definición aceptable a todos los escoliastas e inteligible a los no especialistas. Pero ¿será posible hallar una definición que abarque todos los tipos y funciones de los mitos en todas las sociedades tradicionales y arcaicas? "Creo", responde el historiador de religiones, "que la definición más adecuada sería esta: el mito narra una historia sagrada relacionada con un acontecimiento que ocurrió allá en un 'tiempo primordial', tiempo fabulado en los 'comienzos'". Un aficionado a la estadística aplicada, por ejemplo, podrá asegurar que las definiciones del mito son variadísimas e innumerables.

Hay mitógrafos que desoladamente tratan de escoger las definiciones más completas y adecuadas. Un antropólogo se imaginará que la mitología es como un río fabuloso que fertiliza los campos de la cultura y de las humanidades: antropología, filosofía, psicología, sociología, historia de las religiones y otras disciplinas más. Ese río fabuloso abunda en peces de variadísimas especies. Si Marcell Detienne declara que el mito no existe, aunque haya estudiado a conciencia los aspectos de verdad en la mitología griega, es porque el mitógrafo que lo cita ha decidido incluirlo en la lista de los llamados inexistencialistas.

El antropólogo Edmund Leach, en su estudio de la obra de Claude Levi-Strauss, declara que la mayoría de las definiciones del mito se dividen en dos categorías. En una, "es una historia falsa o una narración del pasado que sabemos es falsa"; en otra "viene a ser una formulación de un misterio religioso". "En este caso es divinamente verdadera para quienes creen; y solo son leyendas para quienes no creen". Hay definiciones festivas en el mundo cultural africano. Un narrador de Sudán, por ejemplo, formula así la esencia del mito.

—Voy a contarles una historia.

—Está bien —responden sus oyentes—. ¡Ojo!, que es una mentira.

—No importa… está bien. Pero en mi historia no todo es mentira.

—¡Oh…!, eso está mejor.

Los Malgache terminan la recitación de cualquier mito con esta sentencia tradicional: "No soy yo quien miente; esta mentira nos llega de tiempo inmemorial". Hay que reconocer que la palabra mito se usa en una asombrosa variedad de contextos. Quien habla del mito debería indicar el contexto apropiado. En el contexto de este ensayo convenimos que quiere decir *mythos*, historia, trama, narrativa. Es cierto que historia e historieta fueron originalmente idénticas pero ahora se distinguen. Parecen girar juntas yendo de la historia a la fantasía (MM. 3). "Solo podemos definir algo", dirá G. Chesterton, "cuando nada sabemos de una definición".

A menudo cometemos un error cuando pensamos que somos incapaces de definir algo. Una definición simple del mito en un contexto de crítica literaria podría ser la que Nortrop Frye cita a menudo: "Mito, del griego *mythos*, es una 'historia' con un comienzo, un punto medio y un fin, cosa que en la vida no se da". Otra canción sería si pudiéramos dar con los orígenes del mito. Pero tal intento sería vano porque la literatura escrita —y lo documentado sobre ella— se remonta a una época preliteraria, a unos mil años o más de literatura oral. Quien acuda al fontanar del mito se verá envuelto en las nieblas de un tardío Pleistoceno, primer período del cuaternario: era glacial. El mito, por su prehistoria y por otras razones más, también parece un fabuloso río de palabras, desbordante por siglos y siglos de memoria, reconocido por todas las culturas y narrado en múltiples contextos, dando así base firme a la literatura.

En su *Diccionario de sinónimos castellanos* (1939), Roque Barcia da esta definición elocuente y pintoresca del mito: "Entre los griegos significó, primitivamente, figura, en equivalencia de signo, de personificación; y así, se llama mitología a la serie de figuras o personificaciones poéticas de la religión ateniense. Pero con la palabra *mythos* en griego sucedió lo que con la palabra 'figura' en nuestra lengua. Habiéndose notado que *mytho*s representaba siempre seres fingidos, que siempre era un retrato de la fantasía, que nunca era un signo de la realidad, pasó a expresar la idea de fábula. Y como los tiempos pasados son naturalmente fabulosos, es decir, oscuros —lo cual no explica que no haya nada tan fantástico como la oscuridad— la palabra mito primero significó figura y, luego, fábula vino a significar tradición".

Una noción popularizada que va poco a poco perdiendo actualidad es suponer que el mito no es verdad, que es solo un mito. La noción de "verdad" nada tiene que ver con la literatura de ficción, y menos aún con la historia aunque esta no siempre retiene parentesco de afinidad con el mito.

Con frecuencia tendemos a mitificar nuestro medio ambiente, el entorno social y político, el paisaje natural y cultural. Entre los descendientes de nuestros múltiples antepasados, reconocemos un lugar reservado —un pueblo, una ciudad, una nación— que conserva en sus tradiciones una cueva, un pozo, un roble sagrado, una montaña donde *in illo tempore* tuvo lugar este o aquel suceso memorable. En el monte Sinaí tiene Moisés una visión ante la zarza ardiendo: es la fogosa voz de un Dios siempre invisible e inefable. Pero en aquel tiempo un velo nebuloso parecía separar este mundo visible del mundo invisible, escenario de acontecimientos sagrados. En ese escenario los pueblos han ido tejiendo sus historias que establecían un centro sagrado inolvidable de reverencia. A ese centro, con su espacio sagrado, correspondía un tiempo sagrado. Era un cuándo y un dónde tuvo lugar el nacimiento virginal de Buda; el parto de la diosa Atenea de la cabeza de su padre Zeus; el misterio encantador del Belén pastoral cristiano y las revelaciones de Mahoma. Estas historias se convirtieron, en nuestra cultura, en dos testamentos: antiguo y nuevo. Era una coreografía de la vida de la comunidad con su garantía mítica y su razón de ser sagrada. Lo profano, un orden temporal, ve lo sagrado en un espejo oscuro, un orden eterno, visible, de sentido trascendental.

* * *

Poesía y mito

El mito es siempre el punto de partida de toda poesía, inclusive de la realista. Solo que en esta acompañamos al mito en su descenso, en su caída.

—J. Ortega y Gasset
Meditaciones del Quijote

La poesía es el encuentro del lector con el libro, el descubrimiento del libro. Hay otra experiencia estética que es el momento, muy extraño también, en el cual el poeta concibe la obra, en la cual va descubriendo o inventando la obra.

—J. L. Borges
La poesía, Siete Noches

La poesía oral precede a la poesía escrita porque la poesía nos remite a una representación original. Cree Borges que Platón pensaba que la poesía era "cosa liviana, alada y sagrada". Como definición, añade el poeta filósofo, es falible ya que esa cosa liviana, alada y sagrada podría ser la música (salvo que la poesía es una forma de música). Platón compara la obra del poeta en el campo literario con la del demiurgo en el campo cósmico. Esto parece explicar por qué al poeta se lo designa como padre (*pater*) y, especialmente, como hacedor (*poietés*) de mitos, siguiendo el ejemplo del demiurgo que en el Timeo es presentado como *padre y hacedor* del mundo. Homero, Hesíodo y Esopo son señalados específicamente como hacedores de mitos.

El hacedor de mitos se contrasta con el filósofo. En la *República* de Sócrates / Platón se confunde con el fundador de la ciudad (*oikistés*). En la esfera literaria la función del poeta es escoger lo que le ha sido trasmitido oralmente en una sociedad. El poeta reorganiza su contenido y le da una forma particular. La acción del demiurgo es, por tanto, semejante a la del poeta. Es natural que el hacedor del mundo y el hacedor de mitos sean designados por el sustantivo *poeités*, nominativo derivado de *poie* con el sufijo "*-tes*" que indica "agente". Paul Myrvold, ávido lector de los simbolistas franceses, se hace esta pregunta: "¿Se puede enseñar poesía? No estoy seguro".

Este tema, un tanto enigmático, es muy frecuente en la enseñanza de algunas disciplinas llamadas humanidades. Volveremos pronto al tópico del aprendizaje y de la enseñanza de la literatura. Subrayemos aquí esta declaración cautelosa de Jorge L. Borges en *Borges: Ficcionario*: "Yo creo sentir la poesía y creo no haberla enseñado…". Piensa Borges que la poesía es algo que se siente y "si ustedes no sienten la poesía", dice y escribe en 1980, en *Siete conferencias en siete noches* —y la poesía es la quinta noche—, "si no tienen sentimiento de belleza, si un relato no los lleva al deseo de saber qué ocurrió después, el autor no ha escrito para ustedes".

"Hay personas", dirá luego, "que sienten escasamente la poesía: generalmente se dedican a enseñarla. Yo creo sentir la poesía y creo no haberla enseñado; no he enseñado el amor de tal texto, de tal otro; he enseñado a mis estudiantes a que quieran a la literatura, a que vean en la literatura una forma de felicidad". A esta felicidad o dicha nos referimos al leer unos párrafos escritos en 1928 por Borges en *El idioma de los argentinos* (1960). ¿Es posible aprender literatura? En *Fábulas de identidad*, Northrop Frye apunta algunas posibilidades. Aprender la literatura es casi imposible. Podemos, en cierto modo, aprender de ella. Pero lo que aprendemos es la crítica de la literatura. Es un modo parecido a la dificultad que a menudo sentimos al enseñar literatura. Todo lo que directamente podemos enseñar es la crítica de la literatura. El crítico comienza donde termina el poeta. La crítica difícilmente puede hacerlo sin un tipo de psicología literaria que conecte al poeta con el poema, analizando, por ejemplo, las fallas de su expresión, que van unidas a su obra. Más importante aún es percibir que todo poeta posee su mitología privada como la que Carl Jung creó, según se lee en sus memorias.

Marcel Detienne escribe que el mito es obra de la imaginación. Ignoramos quién fue el primer poeta que se figuró haber descubierto una verdad hasta entonces desconocida, misteriosa y revelada a él por las Musas. En la Grecia arcaica, y quizá antes de ella, los mitos eran poemas sagrados inspirados por los dioses. Herodoto indica que los griegos sabían poco de los dioses antes de que Homero y Hesíodo les enseñaran. Ante la creencia en la inspiración divina, los demás mortales debían sentirse admiradores del privilegiado don del vate. El adivino, el bardo y el rey de justicia compartían el privilegio de conceder la verdad simplemente en virtud de sus dones peculiares. Vidente, poeta y rey compartían un tipo semejante de lenguaje. Invocando el poder religioso de Mnemosyne, diosa de la memoria, poeta y adivino tenían acceso a un más allá.

En *El hombre y lo divino,* María Zambrano explica que la formación de los dioses, su revelación por la poesía, fue indispensable porque fue ella, la poesía, la que primeramente se enfrentó con ese mundo oculto de lo sagrado. La filosofía se inicia del modo más antipoético, por una pregunta. La poesía lo hará siempre por una respuesta a una pregunta no formulada. Al comienzo de la *Teogonía* hay una nota característica, quizás la primera en su género, que dice cómo Hesíodo, siendo un rudo pastor en Helicón, llegó a ser un inspirado poeta y este recibió ese don cuando la diosa habló el mito por su boca. Hesíodo se siente portavoz de una buena nueva que literalmente alienta en sus pulmones. Es una porción de energía vital de belleza, de gracia y de conocimiento. Homero refiere que, al llegar Odiseo al palacio de Alción, rey de los feacios, este ofreció al héroe un suntuoso banquete en el que, emocionado brindó por el poeta campeón:

"En verdad es un honor oír a un poeta como Demódoco —voz divinamente autorizada y su historia absolutamente fidedigna— porque no solo es inspirada por la Musa sino también guiada por ella".

Los poetas conservaron, por largo tiempo, gran parte de su prestigio cultural en Grecia. Pero no tardarían en aparecer las primeras acusaciones contra ellos en los escritos de los filósofos presocráticos, allá por el siglo VI. Jenófanes, por ejemplo, se lamentaba de que Homero y Hesíodo se atrevieran a atribuir a los dioses robos, adulterios, muertes, etc. Una generación más tarde Heráclito critica severamente a los autores de mitos; se burla de los que confiesan recibir su inspiración de Apolo. Mas a pesar de su incisivo ataque,

Heráclito no menciona la palabra mito. Se fija, sobre todo, en otra forma de lenguaje: el *logos* que se escribe más bien en prosa que en poesía oral. Demócrito llama a las historias míticas, *pseudo*, palabra estándar reservada para falsedades. A los poetas los llama *mythoplasteontes* o inventores de mitos.

> *Aunque sea difícil, puede detectarse un hilo de polémica que recorre los escritos filosóficos. Quien filosofa no está de acuerdo con los modos de pensar las cosas de sus antepasados y contemporáneos. Las discusiones de Platón a menudo se dirigen no solo a algo, sino directamente contra él.*
>
> *—Goethe*[1]

Y aparece en escena Platón, un gran mitologizador, si no el primero, como dijo M. Eliade, en denunciar con claridad la mentira de la poesía: la noble mentira. María Zambrano cree recordar que en una de sus lecciones, Ortega y Gasset hacía recaer la diferencia entre el decir del poeta y el decir del filósofo en la falta de responsabilidad del primero; bajo el logos de la poesía no encontramos la unidad —coherencia, continuidad— de alguien que no solo da razones sino que ofrece también razones de sus razones, que tal es el filósofo, decía Ortega.

En un memorable pasaje de la *República*, advierte Platón que si un poeta dramático intentara visitar el estado ideal, sería cortésmente escoltado a la frontera por los guardianes sofistas. En las *Leyes* propone un sistema meticuloso de censura. En la *República* habla de una vieja disputa entre filosofía y poesía. En tiempos de Platón la filosofía iba saliendo de toda suerte de especulaciones poéticas y religiosas.

En los libros II y X de la *República*, Platón denuesta a los poetas y los acusa de un arte de imitación: mímesis. El poeta satisface a los oyentes con imitaciones mediocres de lo real haciéndolos consumidores de imágenes en vez de asiduos investigadores de la verdad. Platón reconoce en los poetas inspiración divina pero los rebaja en vez de apoyar su autoridad. "Cuando las Musas hablan por boca del poeta, este pierde literalmente su razón", declara el filósofo, "y entra en un estado de manía o 'locura divina' que transmite la palabra de los dioses sin poder entenderla. Los poetas son frenéticos, ignorantes, inconscientes y falseadores". Se valen de los mitos con una clase de narración que el discípulo de Sócrates define así: una forma de *logos* que posee menos verdad que otras, siendo falsa en su totalidad aunque retenga una pizca de verdad.

Notemos que Platón había escrito poesía y dramas pero había abandonado su oficio de poeta trágico cuando conoció a Sócrates. Ocurre a veces que, quien goza de dos talentos pero se concentra en uno o cultiva más una disciplina, mira con cierta amargura a quien practica otra. Iris Murdock en *Existentialists and Mystics* (1999), escritos de filosofía y de literatura, hace la siguiente observación: "Platón filósofo condenaba a Platón poeta: su ex futuro. Esas condenas, aun tratándose de asuntos menos universales, suelen ser implacables. Quizá nada se condena con mayor crueldad que aquel talento al que se renunció un día. Quien así persigue a otro, ¿no declara acaso que algún día pudo haber sido su amor?".

Toda sociedad posee y conserva en su cultura verbal un cuerpo de historias entretejidas que, en su fase preliteraria, no ha desarrollado aún bastante el pensar abstracto. Más tarde se distinguen las historias que comunican algo a sus oyentes, algo que estos necesitan saber de religión y de historia, de leyes y del sistema social, etcétera. En el centro del grupo más serio de esas "historias", se encuentran los mitos. En la periferia giran las menos serias que se cuentan para solaz de oyentes y lectores: leyendas, cuentos de hadas, de lamias y de monstruos. Unas y otras crecen en sociedades específicas y transmiten una herencia cultural de alusiones compartidas.

El mito puede llamarse un "témenos verbal", un círculo o un espacio sagrado trazado en torno a un área numinosa. De ahí, los cuentos populares corren libremente por el mundo atravesando todas las barreras de la lengua. Los mitos emigran. De Grecia se trasladan a Roma como le ocurrió al cristianismo primitivo en su expansión por el mundo, pasando de la tradición pagana a la cristiana. Estas figuras míticas reaparecen y resuenan en la imaginación del lector. En ciertas culturas preliterarias, los mitos se transforman en una mitología nacional característica y reconocida.

Don Quijote es un ejemplo de esa transformación recreada por el imaginativo Cervantes: un paciente hidalgo que escribió un libro y se halla sentado en los elíseos prados hace tres siglos. En frase de Ortega y Gasset, el mito es siempre el punto de partida de toda poesía, inclusive de la realista que, singularmente en Grecia, es la épica. Si vamos a preguntar por qué el término mito ha entrado en el campo de la crítica literaria, solo cabe una respuesta: el mito es y ha sido siempre un elemento integral de la literatura. De un embrión primitivo se va transformando en literatura. El interés de los poetas en los mitos y en la mitología ha sido notable y memorial desde los tiempos de Homero. Ortega nos da esta breve meditación:

...para los griegos son plenamente poéticas solo las cosas que fueron primero, no por ser antiguas, sino por ser las más antiguas, por contener en sí los principios y las causas. El stock de mitos que constituían a la vez la religión, la física y la historia tradicionales encierra todo el material poético del arte griego en su buena época. El poeta tiene que partir de él y dentro de él moverse, aunque sea —como los trágicos— para modificarlo.

—J. Ortega y Gasset,
Meditaciones del Quijote

Los mitos gozan de una pedagogía antiquísima. Hace casi un siglo que Ortega se pronunció a favor de la educación mítica. El ensayo *El Quijote en la escuela* (1920), comienza así: "A propósito de la Real Orden que impone la lectura del Quijote en todas las escuelas primarias, escribe en *La libertad* Antonio Zozaya, el *Quijote* no es lectura para párvulos ni para adolescentes. En la escuela no hacen falta Don Quijotes ni Hamlets". Ortega advierte que las ideas pedagógicas del señor Zozaya "difieren notablemente de las que yo tendría si alguna vez me atreviese a tener ideas pedagógicas". Ortega propone un aspecto de la pedagogía escolar muy práctica frente a la de un pedagogo "practicista" que defiende una pedagogía del giro usado en la segunda mitad del siglo XIX. A la Real Orden le estorba el Quijote en la escuela porque ese tipo de lecturas "no preparan para la vida" es decir, es aprendizaje de ciertas técnicas particulares.

En cambio, el pedagogo "practicista" prefiere que se lean en la escuela los periódicos, con preferencia a otra literatura. Esa preferencia a toda otra literatura de la que habla Ortega se ha practicado también por estos predios, sobre todo en la docencia de la lengua y de la literatura, por creer que ese aprendizaje es de mayor actualidad y más práctico que las obras clásicas. Pero como bien dice Ortega, los periódicos no son expresión de la vida sino solo de la faz que hoy tiene la vida. Hace dieciocho o veinte años, rememora el filósofo, el campo de la pedagogía sufría en España una epidemia de "practicismo ingenuo y mal entendido".

A la sana pedagogía llama él "secreciones internas" y entre ellas, las más profundas y eficaces son los sentimientos, entre las funciones psíquicas. Y al punto da este ejemplo: "Presentad al niño la imagen de Hércules echándose al hombro el toro de Creta, o a Ulises sonriendo desde la mañana mientras el Cíclope aúlla de dolor con el asta clavada en la frente. En la fontana vital del niño se produce un estremecimiento y de él brotará, a poco, una fluida oleada de cálida, irreal materia, que inundará el volumen entero de su alma". Y termina con una elocuente razón de pedagogía ética: "…el niño debe ser envuelto en una atmósfera de sentimientos audaces y magnánimos, ambiciosos y entusiastas".

La reacción de Ortega ante: "en la escuela no hacen falta don Quijote ni Hamlet", la desarrolla en la sección "El mito y la vida infantil". Allí presenta aspectos del alma infantil, los de "sus corrientes emotivas y de la importancia pedagógica que hace de canal". Y finalmente se pregunta: "¿Qué sería no ya de un niño, sino del hombre más sabio de la Tierra, si súbitamente fueran aventados de su alma todos los mitos eficaces?". Carl Jung, por ejemplo, podría responderle que si todas las tradiciones se cortaran de golpe, toda la mitología y toda la historia de la religión volverían a comenzar de nuevo en la siguiente generación.

Muy pocos lograrían arrojar los mitos en épocas de excepcional exhuberancia intelectual… pero las masas nunca.

Conjeturo como verosímil que, durante sus años de estudiante en Alemania, Ortega se encontraba entre los brillantes alumnos del profesor neokantiano de Marburg, Hermann Cohen (1842-1918). Varios condiscípulos del futuro filósofo español fueron testigos del renacimiento de la mitología en Weimar. Predominaba entonces la visión convencional del judaísmo que sostenía una actitud algo hostil hacia el mito. La nueva ciencia de la sociología, especialmente la del fundador neokantiano y sociólogo de la religión, Max Weber (1864-1920), concordaba con el pensamiento judío en esto: que la demitologización hizo ya su aparición en la *Biblia*.

En oposición a la actitud del judaísmo como religión definitivamente opuesta al mito, algunos pensadores posteriores al profesor Cohen consideraban el mito como fuerza creadora y vital. Al menos tres estudiantes de Cohen escribieron obras innovadoras y revaloraron las relaciones entre mito, historia de la religiones y judaísmo. El comienzo del mito en el pensamiento judío en Weimar se explica, ante todo, por la llamada "no simultaneidad de simultaneidades" de 1923. Cuatro estudiantes: Franz Rosenzweisg, Ernest Bloch, José

Ortega y Gasset y Ernest Cassirer, publicaron obras importantes en aquel *annus mirabilis* de 1923. Ortega publicó ese año *El tema de nuestro tiempo*. En estos cuatro pensadores ya se discierne un retorno al mito. En el breve ínterin de la muerte del profesor H. Cohen, fin de la guerra europea y 1923, estos jóvenes pensadores se dedicaron al estudio de la filosofía de la mitología de Friedrich von Schelling (1775-1854), un filósofo romántico partidario de la remitologización que vuelve al mito caracterizado como "teosofía". Fueron ellos quienes adoptaron el mito como concepto primordial en los primeros años de Weimar, pero en su mayor parte lo abandonaron después, dado el interés por el mito que despertara el nacional socialismo nazi.

Cuando el mito nazi se hizo realidad fatal, este se convirtió en la ideología aria de funestas consecuencias. Parte del debate sobre la transición del mito a logos de aquella época la popularizó Wilhelm Nestle (1865-1959) en *Vom Mitos zum Logos* (1940). Nestle fue uno de los primeros seguidores del movimiento nacional socialista en los años anteriores a la II Guerra Mundial. Las simpatías políticas de Nestle por el nazismo parecen evidentes en la introducción al libro donde subraya que "…los pueblos arios fueron la raza más privilegiada". La historia, esta historia, se ha repetido con desastrosos efectos en otras ideologías nacionalistas que todavía no llegan a ser lo que en América se aplica a algo que ya desaparece: ¡eso es historia!

* * *

Mito y logos

Era creencia debatida desde la época de Platón que *mythos y logos* han operado a veces como nociones antagónicas e irreconciliables, aunque mito y logos juntos forman la palabra "mitología". Por mucho tiempo se ha defendido esta hipótesis: que la civilización de Grecia sufrió un desarrollo progresivo de mito a razón. Se presume que la humanidad, en su evolución, ha seguido una trayectoria recta de *mythos* a *logos*. Un desarrollo de este tipo tuvo lugar en la antigua Grecia. Y también ha sido una parte muy importante del legado del mundo clásico a la civilización occidental. Para Nestle, mito y logos eran dos polos opuestos entre los cuales la vida humana oscila tal como ocurre entre imaginación y pensamiento lógico. Uno es imaginario e involuntario, con asiento en el inconsciente. El otro es conceptual e intencional, del consciente.

En el curso de la historia de la antigua Grecia y, sobre todo, durante los siglos VI y V antes de Cristo, el pensamiento mítico de los griegos fue reemplazado por el pensamiento racional dominado y conquistado por la explicación natural y por la investigación.

Érase una vez…, en tiempos de Homero, cuando la realidad estaba cubierta de alucinaciones míticas como si fueran la primera capa de cieno y de agua de una cosmogonía. Siglos más tarde apareció, especula Nestle, la fuerza cegadora de la luz de la razón que, gradualmente, fue evaporando el cenagoso hábitat de la imaginación de criaturas insustanciales para que los contornos de mundo real aparecieran flotando. Del siglo VI a nuestro tiempo, ese cieno mítico primitivo se había retirado aún más. Y de no haber existido el efecto invernadero que derritiera el hielo polar, podríamos imaginarnos que habría desaparecido para siempre. Nestle sostiene que en el mito siempre hay algo deformado y oscuro mientras en el logos existe solo un mundo donde todos habitamos. Si esto no fuera así, el éxito de los griegos no podría tener validez para nosotros.

Porque en la visión de Nestle el mito de los griegos debe, al fin, permanecer y parecernos extraño, mientras el logos de ellos se mantiene idéntico con el nuestro. Mas el triunfo de el logos en Grecia no destruyó el mito en el siglo IV. Por el contrario, por una especie de retorno macroscópico de lo reprimido, el mito ha vuelto en los dos últimos siglos a vengarse del logos que había tratado de borrarlo, transformando su naturaleza. O, para invertir la imagen mítica de Nestle, las aguas del primer diluvio se habían retirado ya. Solo después comenzamos a darnos cuenta de que habían quedado atrás en la tierra seca —y, también, en nuestros corazones— criaturas aún más fabulosas que nadaban por un tiempo en las oscuras profundidades del mar.

Todos somos griegos. Nuestras leyes, nuestra literatura, nuestra religión, nuestras artes, tienen sus raíces en Grecia.

—P. B. Shelley, 1792-1822

Conviene, de cuando en cuando, retornar a Grecia y re imaginarse su pasado. Lo intentaron los poetas en la Roma antigua. Virgilio escribe en la *Eneida* (26 a. C.), la épica nacional del pueblo romano en Italia desde sus orígenes en Troya, y Ovidio en la *Metamorfosis*. Las transformaciones narran lo que sucede en el mundo de los cuentos de hadas y de los dioses cuando

Daphne se convierte en arbusto de laurel para escapar del dios Apolo. Las historias recogen fragmentos de la mitología antigua que por siglos sirvieron de enseñanza del latín en las escuelas.

Virgilio, el poeta bucólico, se aventura en la *Eneida* a competir con Homero escribiendo un largo poema, un "epos" que contenía temas semejantes a los de la *Ilíada* y de la *Odisea*, pero escritos en latín al estilo de los romanos: "Canto las armas y a ese hombre que de las costas de Troya llegó el primero a Italia, prófugo por el hado, y a las playas lavinias". *[Arma virumque cano, Troiae qui primus ab oris Italiam, fato profugus, Laviniaque venit litora...].* La causa de la guerra civil que destruyó la república en Roma es la que da Horacio.

En pos de la realidad política, debemos recurrir a los poetas y no a los políticos ideólogos. Hemos de creer los cuentos que oíamos cuando éramos chicos. "Así es: furias vengadoras plagan a los romanos y la culpa del fratricidio, desde que la tierra se mojó con la sangre del inocente Remo, una maldición sobre su posteridad" [*Sic est: acerba fata Romanos agunt / celusque fraternae necis, Ut immerentis fluxit in terram Remi / Sacer nepotibus cruor*] (Horacio: *Epodos*, VII). Otro tanto hicieron en el Renacimiento italiano y en la psique romántica en tiempos de la revolución.

Con frecuencia tendemos a mirar a Grecia como modelo de gloria pasada, de perfección, de elegancia y de claridad, pero también en busca de los orígenes, pues en Grecia es donde echó a andar nuestra cultura. "Esta literatura de imaginación", asegura Ortega, "prolongará sobre la humanidad hasta el fin de los tiempos el influjo bienhechor de la épica, que fue su madre. Ella duplicará el universo; ella nos traerá a menudo nuevas de un orbe deleitable donde, si no continúan habitando los dioses de Homero, gobiernan sus legítimos sucesores. Los dioses significan una dinastía bajo la cual lo imposible es posible".

Desde su perspectiva épica, Ortega aconseja mirar los sucesos del mundo desde ciertos mitos cardinales, como desde cimas supremas. "No muere con Grecia", dice, "llega hasta nosotros [...]. Las simientes míticas no solo perduran como espléndidos fantasmas insustituibles, sino que ganan en agilidad y poder plástico. Hacinados en la memoria literaria, escondidos en el subsuelo de la reminiscencia popular, constituyen una levadura poética de incalculable energía".

Alasdair McIntyre[2] nos da un resumen de lo que se entiende por narrador que aspira a la verdad: "El ser humano, tanto en sus acciones como en sus ficciones, es esencialmente un animal narrador de historias. O, mejor aún, es esencialmente narrador de su propia historia: un narrador que aspira a la verdad. Mas la cuestión clave no se descubre en su propia autoría. Solamente puedo contestar la pregunta '¿qué voy a hacer?', si primero logro responder a una pregunta anterior: '¿De qué historias nos consideramos parte?'. Porque entramos en la sociedad humana con uno o más papeles asignados por ella. Tenemos que aprender y comprender cómo otros nos responden; y si, además, nuestras respuestas se interpretan adecuadamente, a través de historias narradas por madrastras malvadas, acerca de niños abandonados, de reyes buenos pero gobernantes mal asesorados, etcétera. Historias de lobas que amamantan a Rómulo y Remo, gemelos nacidos de Ilia, condenados por el rey Amulio a ser arrojados al río. Si privamos a los niños de historias sin un guión de esos mitos, de leyendas y de cuentos, serán tartamudos ansiosos en sus acciones y en sus palabras. No hay otra forma de comprender cómo nuestra sociedad elabora sus recursos dramáticos iniciales. La mitología es, en su sentido original, el corazón de las cosas. Vico tenía razón e igualmente James Joyce. Y también, por supuesto, la tiene la tradición moral desde la sociedad heroica hasta sus herederos de la Edad Media, para quienes contar historias formaba parte clave en la educación de las virtudes".

> *Cuéntales una historia pero asegúrate de que sea muy buena. No tiene que ser una historia verdadera pues lo que quiere la gente son historias… La abuela que acuna a un niño ¿no se sentiría avergonzada de contarle tales historias?*

—Orígenes
Contra Celso, 6, 34

En una civilización como la nuestra, la poesía queda asfixiada bajo una masa de otras actividades. La poesía es una forma simple y directa de expresión por estar vinculada al canto, a la danza y a otras manifestaciones de este tipo (CV, 113). Hemos de repetir que esta superstición inocente todavía existe entre gente educada. Se cree que la poesía es tarea difícil y especializada, reservada a unos pocos profesores eruditos dotados de inspiración casi divina. Podríamos y deberíamos atrevernos a hacer poesía con cautela, tal como manifestamos nuestros sentimientos a quienes no conocemos.

Sentir poesía es como conocerla. La prosa es otra cosa. Debe ser el sustento natural de la educación literaria porque la prosa, creen muchos, es el modo natural de hablar y de pensar. Pero no es así. Si la prosa es más "natural" que la poesía, cómo explicamos que las sociedades más primitivas o más simples tuvieran poesía, mientras la prosa siempre es un desarrollo posterior y más especializado. Si la prosa es la forma natural de expresarnos, ¿por qué el joven que se introduce a la prosa en temprana edad la trata como lengua muerta sin relación alguna con el modo en que hablan?

¿Por qué en la escuela de Humanidades, después de haberse habituado al bombardeo de la propaganda comercial, algunos están convencidos de que la prosa es el modo natural de escribir y hablar? Los hay quienes medianamente escriben prosa. La verdad es que el modo natural de hablar no es la prosa, a pesar del placer de M. Jourdain (Moliere) cuando se da cuenta de que había estado toda su vida hablando prosa. La forma natural de hablar no es ni el verso ni la prosa: es un parloteo asociativo e incoherente. Verso y prosa son modos diferentes de regular y controlar este parloteo, pero la prosa es un modo mucho más difícil y refinado de expresión convencional que el verso. Sería más lógico si comenzáramos enseñando poesía y la mantuviéramos en el centro de nuestro entrenamiento literario. Una vez que comprendamos la naturaleza primitiva y simple del ritmo de la poesía, comparada con el ritmo de la prosa, podremos reconocer algo de la naturaleza simple y primitiva del uso del lenguaje y de sus métodos de pensar.

El poeta depende del sentido experiencial más que de las abstracciones. Sus primeras unidades de expresión son imágenes. No son ideas y conceptos. Suponemos que no hay poesía escrita con mayor dificultad que la del poeta Mallarmé, simbolista francés del siglo XIX. Mallarmé advierte que escribir poesía no es describir la cosa, sino el efecto producido por quien escribe acertijos o adivinanzas. Decir poeta era, en la antigüedad, sinónimo de hacedor; equivalía a "demiurgo", agente de poemas. Pensaban del poeta no solo como quien profiere altas notas líricas, sino también como narrador de historias. Historias en las que resuenan todas las voces de la humanidad, no solo la lírica, la triste, melancólica voz, como diría Borges, sino también voces de valentía, de coraje y de esperanza. Quiere decir que habla de lo que se cree es la más antigua forma de poesía: la épica, como pensaba Ortega.

En la primera línea del canto de la muy antigua *Historia de Troya* se lee: "Canta, Musa, de la ira de Aquiles"; o de quien lo tradujo así: "Un hombre airado: ese es mi tema".

Quizá es porque Homero escribía su poema sobre un hombre enfurecido.

Ira furoris brevis, parece un inesperado relámpago de iracundia (CV, 44). Ira breve, fatal de un héroe guerrero resentido de que el rey Agamenón, jefe supremo de la expedición griega a Troya al rescate de Helena, haya sido injusto con él. Después, despechado, va a la guerra para vengar la muerte de su más íntimo amigo Patroclo. Vende luego el cuerpo del que él ha matado al padre de la víctima. Con esa historia, Homero contaba otra: la historia de un héroe que ataca una ciudad a sabiendas de que nunca la conquistará; de que morirá antes de que la ciudad sitiada caiga; y de que sus hombres saben que la ciudad en llamas los consumirá (CV, 45). Los hombres siempre creyeron que los troyanos eran los verdaderos héroes y que en la derrota hay una dignidad que difícilmente pertenece a los vencedores.

La *Odisea* puede leerse de dos maneras. Quien la escribió creyó que había dos historias: la vuelta de Odiseo a su añorada Ítaca y la de los maravillosos peligros del mar. En el primer sentido tenemos la idea de vuelta al hogar, que para muchos griegos parecía una aventura ardua, llena de insuperables obstáculos; y la idea de que vivimos arrojados del paraíso terrenal al exilio. Otra idea es que nuestra verdadera casa está en el pasado, difícil de alcanzar; o que está en un cielo o en otro lugar lejano y que nunca nos sentimos en casa.

Simone Weil[3] encuentra ciertas expresiones en los *Evangelios* que tienen una resonancia épica. "Los *Evangelios*", declara ella, "son la última y más maravillosa expresión del genio griego, como la *Ilíada* es su primera manifestación. El espíritu griego se hace presente aquí no solamente por el hecho de mandarnos a buscar, con exclusión de todo lo demás, el reino de Dios y su justicia, sino también por su revelación de la miseria humana. Esa revelación de la miseria se manifiesta en la persona de un ser divino que, al mismo tiempo, es humano".

Borges traslada su noción de épica a un poema del libro sagrado: la épica de los *Evangelios*, y estos se pueden leer de dos maneras: a un creyente le parecerá que lee la extraña historia de un hombre, de un dios que vino a expiar los pecados de la humanidad; un dios encarnado que condesciende a sufrir hasta la muerte en la cruz. Shakespeare la llama *bitter cross* (amarga cruz). Pero cabe aún una interpretación extraña: la idea de que Dios quiso conocer, viviendo en carne propia, todo el sufrimiento humano. No fue suficiente para Él conocerlo intelectualmente como pudiera un dios. Quiso sufrir como hombre, un hombre con las limitaciones de ese hombre. Sin embargo, añade Borges, "si uno no es creyente (muchos de nosotros somos) entonces puede leer la historia de un modo diferente". Pueden pensar en un hombre genial que pensaba que él era dios y que al final se dio cuenta de que era meramente un hombre a quien su dios lo había abandonado: "*Eloi, Eloi, ¿lama sabactani*" (Marcos, 15:34) corresponde a: "¡Dios mío, Dios mío, ¿por qué me has abandonado?" (CV, 46-47).

El verso siempre recuerda que fue un arte oral antes de ser un arte escrito: recuerda que fue un canto, es decir, un mito. Dos frases de Borges lo confirman. Una es la de Homero —o la de los griegos a quienes llaman Homero— que dice así: "Los dioses tejen desventuras para los hombres para que las generaciones venideras tengan algo que cantar". Mitos que —olvidó el día— se volvían a contar en el hogar. Eran poderosas palabras, figuras que la conciencia tildaba de triviales, rememoradas por los poetas; por ellos pueden reconocerse transformadas en meditación.

Abuelas y madres, nodrizas y ayas, lejos de sentirse avergonzadas, continúan arrullando a sus niños con historietas y canciones desde un tardío Pleistoceno al Paleolítico; y desde la cuna de la civilización griega hasta hoy. En veladas de invierno, en templadas noches tropicales, entre pigmeos o entre papúas, el alma infantil va absorbiendo las primeras notas de sus canciones y de sus creencias míticas que han de seguirla hasta la tumba. Del jardín de infancia, el niño pasa a ser adoctrinado en otras escuelas: mezquita e iglesia, sinagoga, templo budista, y un hogar naturista. Pensaba Sigmund Freud que en la infancia ensayamos mitos importantes. Los mitos de Narciso y de Edipo, haciéndolos accesibles a todas las antiguas y exóticas literaturas.

La sociedad hace un uso especial y no literario del mito para formar una mitología y un universo mítico. Tal mitología nos rodea por todas partes y en varios niveles. En un nivel inferior, la mitología popular nos empapa desde la infancia. Larga es la catequesis recibida de padres y de maestros, compartida con sus compañeros de escuela, y la profusión de imágenes por los medios de difusión. En este nivel la mitología social es, sin duda, un medio de ajuste diseñado para hacer de los oyentes ciudadanos dóciles y obedientes.

De un modo parecido concebía Platón la educación mítica de los niños. Educación que adoctrina no porque alguien, al menos en nuestra sociedad, lo quiera o la planifique de antemano, sino porque toda esa iniciación viene a ser casi automática e inconsciente. Es expresión no de cierta unidad social sino de un hondo instinto gregario. Algunos educadores parecen dedicados a cumplir esta proposición: los escolares deberían aprender todo lo posible de este ajuste mitológico social; y lo menos posible de otras materias y disciplinas. Sospecho que hay pedagogos que en materia de educación sostienen que, sobre todo, lo que cuenta son los hechos, creyendo que estos hablan por sí mismos. Ignorante apreciación de un pedagogo practicista a quien Ortega zahería hace más de ochenta años en sus meditaciones: "primero mitos, sobre todo, mitos".

Pienso que Chesterton es uno de los primeros escritores de nuestro tiempo y ello no solo por su venturosa invención, por su imaginación visual y por la felicidad pueril o divina que traslucen todas sus páginas, sino por sus virtudes retóricas, por sus puros méritos de destreza.

J. L. *Borges*
Ficcionario

Los rudos pastores paganos de las colinas de Belén oyeron, en una visión, el mensaje de los ángeles: "¡Gloria a Dios en las alturas y en la tierra paz a los hombres de buena voluntad!" y bajaron presurosos a visitar al recién nacido Niño Dios. "Había en la misma comarca de Judea", dice fabulando el Evangelio, "algunos pastores que dormían al raso y vigilaban por turno durante la noche su rebaño. Se les presentó el Ángel del Señor y la gloria del Señor los envolvió en su luz; y se llenaron de temor. El ángel les dijo: 'No temáis pues os anuncio una gran alegría, que lo será para todo el pueblo: os ha nacido hoy en la ciudad de David un salvador, que es el Cristo, el Señor. Y esto os servirá de señal: encontraréis un niño envuelto en pañales y acostado en un pesebre'" (*Lucas* 2: 8-12). El temor al que alude Lucas en la Navidad original nació de un miedo primitivo, miedo de una oscuridad creciente, miedo del adviento de un invierno.

"Me figuro que podrían ser aquellos pastores poco refinados en metafísica pero no en mitología", pensaba Chesterton. La mitología corre en pos de una visión y el mundo antiguo la buscaba ansiosamente. Pudiera ser que el dios Pan hubiera muerto y que los pastores anduvieran como ovejas descarriadas —sin perro y sin pastor— pero el pueblo pagano continuó en la búsqueda. Pudieron haberse equivocado en muchas otras cosas pero, como afirma el mismo Chesterton, "no en creer que las cosas sagradas podían tener una morada y que la divinidad no necesita desdeñar los límites de tiempo y espacio". Chesterton, ¿quién lo ignora?, fue un incomparable inventor de cuentos fantásticos. Supo recrear la primera Navidad en su *Hombre eterno.*

Dos griegos: Sócrates y Parménides están conversando... el diálogo es abstracto. Aluden a veces a mitos, de los que ambos descreen... Están de acuerdo en una sola cosa: saben que la discusión es el no imposible camino para llegar a una verdad. Libres del mito y de la metáfora, piensan o tratan de pensar.

—J. L. Borges,
El Principio

Conocemos algo de la educación mítica estudiada por mitólogos, mitógrafos, psicólogos, filósofos e historiadores. Cervantes evoca una creencia, un prejuicio que viene desde antes de Platón. Don Quijote poeta, en conversación con el cura y el canónigo, nos da su punto de vista:

Verdaderamente, señor cura, yo hallo por mi cuenta que son perjudiciales en la república éstos que llaman libros de caballería. Y, según a mí me parece, este género de escritura y composición cae debajo de aquel de las fábulas que llaman milesias, que son cuentos disparatados, que atienden solamente deleitar y no a enseñar: al contrario de lo que hacen las fábulas apólogas, que deleitan y enseñan juntamente.

—*Quijote, I, cap. 47*

En otra ocasión Cervantes pone unas gotas de ironía en boca de la Trifaldi, quien habló de unas coplas que le oyó cantar a una jovencita. Y a continuación viene un comentario sobre aquel intento de Platón:

Parecióme la trova de perlas, y su voz, de almíbar; y después acá digo, desde entonces, viendo el mal en que caí por estos y otros semejantes versos, he considerado que de las buenas y concertadas repúblicas se habían de desterrar los poetas como aconsejaba Platón, a lo menos, los lascivos porque escriben unas coplas, no como las del marqués de Mantua, que entretienen y hacen llorar a los niños y a las mujeres, sino unas agudezas que, a modo de blandas espinas, os atraviesan el alma.

—*Quijote, II, cap. 18*

Platón filósofo-poeta lamentaría un día su idea de expulsar a los poetas de su soñado estado utópico al reconocer que los mitos de los poetas pueden

33

ser de gran valor, siempre que estén firmemente subordinados al proyecto de los reyes filósofos. Su valor reside en dos áreas. Hay primero ciertos tópicos, como la naturaleza de los dioses o el destino del alma después de la muerte, en que virtualmente es imposible alcanzar el tipo de certeza al que aspira la reflexión filosófica.

Hay además oyentes, sobre todo, niños y también adultos, en las clases menos superiores de la sociedad, que son incapaces de apreciar las sutilezas del análisis filosófico, pero aún necesitan estar convencidos de ciertas proposiciones si han de contribuir al bien del Estado. En ambos casos sirven de instrumentos de adoctrinamiento que el Estado usa para sus propios propósitos. Este tema se desarrolla con claridad particular en la *República* donde Sócrates/Platón discuten la pedagogía práctica de su ciudad ideal.

Vamos a resumir la pedagogía "practicista" de Platón en unos párrafos de la *República*. En uno de sus diálogos Sócrates/Platón comienza preguntando a su interlocutor:

—¿Qué debemos hacer en materia de educación?

—Difícil sería encontrar algo mejor de lo descubierto hace ya tiempo.

—Supongo que la gimnasia para el cuerpo y la música para el alma.

—Así es.

—¿Y no es verdad que comenzamos con la educación musical y después con la gimnasia?

—Por supuesto.

—¿Y no podría usar el logos junto a la música?

—Así lo haría.

—Y ¿no hay dos formas de logos: uno verdadero y el otro falso?

—Sí.

—¿Y no debe uno educar con los dos, es decir, primero con los falsos?

—No entiendo —respondió.

—¿No entiendes que al comienzo debemos enseñar a los niños los mitos, y estos, sin ser enteramente falsos, conservan aún algo de verdad?

—Así que usaremos mitos para los niños, antes de la gimnasia.

—Tienes toda la razón.

—Eso es lo que dije: ¿no debemos enseñar música antes que la gimnasia?

—Ciertamente —respondió él.

—… pues como bien sabes, el comienzo de toda tarea es la más importante, especialmente para jovencitos y mentes tiernas. Porque así se puede imprimir mejor el modelo ideal en esa persona.

—Exactamente.

—Pues entonces... hemos de procurar que los niños escuchen mitos inventados a capricho para que sus almas acepten opiniones opuestas... cuando lleguen a su madurez.

—Lo haremos a toda costa.

—Sobre todo debemos vigilar a los que componen mitos y debemos aprobar lo que es bueno y condenar lo que no es... Y persuadiremos a las nodrizas y madres de que cuenten mitos a sus hijos y moldeen sus almas con estos mitos, que son más poderosos que los educadores que moldean sus cuerpos con sus manos.

Los poetas se convierten así en fieles servidores del Estado. Sus mitos están sujetos a la censura de los filósofos. No se permitirá que los mitos muestren malevolencia y obscenidades en los dioses. Educarán a los niños en la disciplina, en la piedad y en sabiduría. Han de ser siervos de la pedagogía del estado ideal.

* * *

Mito y creencia

Las creencias que coexisten en una vida humana, que la sostienen, impulsan y dirigen, son a veces incongruentes, contradictorius o, por lo menos, inconexas.

—J. Ortega y Gasset

El estado mental que llamamos creencia no es antiguo ni universal. Es uno de esos presupuestos inconscientes que rara vez examinamos y que todo el mundo cree. La actitud de los antiguos griegos no era recitar un símbolo de fe declarando: "Creo en Zeus, padre todopoderoso, y en Dionisio, su hijo, nuestro Señor". Sería más bien: "Dicen unos que Dionisio nació del muslo de Júpiter; o que Amaltea fue su nodriza". Si el cristianismo contara solo con el apoyo y la adhesión de los fieles creyentes iría a la bancarrota. La gente se da cuenta de eso, lo acepta, lo respeta y acude a ella, a la fe, en busca de auxilio pero no por necesidad de creer o descreer de la autoridad de la Iglesia.

Piensa Ortega, hablando de las creencias básicas de que parte nuestro edificio espiritual, que son: "Las tendencias espirituales que construyen el empellón inicial recibido del ambiente por nuestra conciencia infantil". La mitología que nos ve nacer es nuestra fatalidad y determinismo. Paul Veyne[4] se fija en su libro *¿Creían los griegos en sus mitos?*, en la creencia de los griegos en dichos mitos.

Se apoya, para ello, en dos soportes imaginarios: creencia y verdades múltiples. La creencia en los mitos griegos es esencialmente plural. Y aduce el ejemplo de los dorze de Etiopía que viven convencidos de que los leopardos son cristianos pues observan el ayuno de la Iglesia copta los miércoles y viernes. Sin embargo, un dorze protege su ganado todos los días de la semana, incluyendo miércoles y viernes. Y reconocen los dorze que los leopardos son muy peligrosos todos los días; "…pero también creemos", afirman ellos, "y es verdad, que los leopardos son cristianos; y esto nos garantiza la tradición" (Veyne, 149).

Hay gente que muy fácilmente sostiene creencias que parecen incompatibles, incongruentes y hasta contradictorias. Ortega ya había dicho, hablando de creencias que un hombre sostiene, que este no posee nunca una articulación plenamente lógica, es decir, que no forma un sistema de ideas, como lo es o aspira a serlo por ejemplo, una filosofía. En una misma obra Pausanias rehúsa creer en el mito de Medusa y, con todo, acepta como auténtica la historia del hombre lobo Licaon. "Creo en esa leyenda", dice Pausanias, "que los arcadios cuentan desde la antigüedad y posee verosimilitud; creo que esa leyenda, narrada en Arcadia desde la antigüedad, es muy verosímil" (Veyne, 160-166). En lugar de hablar de creencias deberíamos hablar de verdades como "producto de la imaginación", como aconseja este autor. A veces la imaginación lleva al historiador a seguir y apoyar sus intuiciones para buscar modalidades de la verdad. No son menos convincentes las razones que exponen el canónigo y don Quijote:

Canónigo: De mí sé decir que cuando los leo, en tanto que no pongo la imaginación en pensar que son todas mentira y liviandad, me dan algún contento.

—Pues yo, replicó don Quijote, hallo por mi cuenta que el sin juicio y el engañado es vuestra merced, pues se ha puesto a decir tantas blasfemias

contra una cosa tan recibida en el mundo, y tenida por tan verdadera, que el que la negase, como vuestra merced, merecía la misma pena que vuestra merced dice que da a los libros cuando los lee y le enfadan.

—Quijote, I, cap. 49

Pensar en metáforas

La metáfora (meta-phor) consiste, en dar a una cosa un nombre que pertenece a otra cosa. La transferencia (epi-phora) es bien de género a especie o de especie a género o de especie a especie, o fundándose en la analogía.

—Aristóteles,
Poética, 1457

"Pienso que soy un crítico", declara Frye, "que piensa como piensan los poetas: pienso en metáforas. Esto me distingue de otros como lector y crítico". Y ¿qué quiere decir aquí pensar en metáforas? ¿Hay algún contraste con otros modos de pensar? La mayoría de los modos de pensar y de expresarse en palabras se fundan en una separación entre el sujeto A y el objeto B. Un escritor descriptivo —un científico, un historiador, un periodista— maneja un cuerpo de palabras y de sucesos que están ahí fuera donde una y otra se miran y se reflejan. Un escritor como Sócrates-Platón escribe sus diálogos con lógica: a una declaración sigue otra. El retórico escribe para producir un efecto cinético en el lector; quiere conmover, persuadir, convencer.

Pero el poeta entra en un mundo donde sujeto y objeto se funden o vienen a ser una misma cosa; o son aspectos de la misma cosa. Es un lenguaje originalmente primitivo que, si alguno lo habla, es el poeta. Me imagino que la metáfora comienza como magia de chamán, entre creando y percibiendo espíritus elementales: tótems, dioses locales y cosas por el estilo. Pero la *Biblia* se opone a la idolatría, renuncia a la magia y la sublimación. O se resiste a la internalización de la metáfora verbal. La metáfora suspende lo mágico y lo lógico. El mito es suspensión de la historia y de la dialéctica. Hemos de reconocer que la teoría de la metáfora es muy compleja; o quizá la han hecho compleja algunos críticos-filósofos algo exuberantes que quieren explicar su principio básico con simplicidad.

Una declaración de identidad (A es B) nos presenta un universo donde unidad y multiplicidad son aspectos alternos del mismo fenómeno. La famosa sentencia de S. Pablo, "Cristo en mí y yo en Cristo", podría ser un ejemplo de identificación. La visión metafórica se asienta en el principio de identidad. Desde el punto de vista del lenguaje natural, el sentido literal ha sido siempre considerado como sentido descriptivo, denotativo. Lo literalmente verdadero equivale a exactitud descriptiva. Pero como luego veremos en la visión del lenguaje bosquejado en los primeros capítulos del *Gran código* y de *Poderosas palabras*, el sentido metafórico es idéntico al sentido literal. "El aspecto centrípeto de una estructura verbal es su primer aspecto" (GC, 60).

Lo primero que espontáneamente hacen las palabras, con precisión y con exactitud en poesía, es agruparse en una estructura verbal. Por tanto el sentido literal y el metafórico son lo mismo. De la metáfora bíblica afirma Frye: "La *Biblia* significa literalmente lo que dice pero solo puede significar eso sin referencia primaria a una correspondencia de lo que dice a algo fuera de lo que dice. Cuando Jesús declara, por ejemplo, (Juan, 10:9) "Yo soy la puerta: si uno entra por mí, estará salvo, entrará y saldrá y encontrará pasto", la voz "puerta" significa literalmente lo que dice, pero fuera del verso, en las palabras del *Evangelio* de Juan, no se ve ninguna puerta de entrada.

El sentido metafórico tiene un sentido primario y derivado. En realidad, el sentido primario es una tautología. Todas las estructuras verbales tienen un aspecto centrípeto y centrífugo. Y podemos decir que el aspecto centrípeto es su aspecto literario. El sentido primario y literal de la *Biblia* es centrípeto o poético. Solo al leer poesía tomamos en serio la palabra (literal). Aceptamos cada palabra sin ponerla en tela de juicio. El sentido primario que nace de la simple conexión de palabras es el sentido metafórico (GC, 61).

Borges, sin dragonear de hijo pródigo, confiesa en *Otra vez la metáfora*: "La metáfora es asunto acostumbrado de mi pensar". Pero advierte, al punto, que la poesía popular no ejerce metáforas como en los romances viejos, el del conde Arnaldos o el del rey moro que perdió Alhama; y de veras cree que la metáfora "no es poética; es más bien pospoética", literaria, y requiere un estado de poesía ya formadísimo.

La concepción clásica de la metáfora es quizá la menos imposible de cuantas hay: la de considerarla como un adorno. Es definición metafórica de la metáfora, ya lo sé; pero tiene sus precedencias. Hablar de

adorno es hablar de lujo y el lujo no es tan injustificable como pensamos.
Yo lo definiría así: El lujo es el comentario visible de una felicidad...

—J. L. Borges,
El idioma de los argentinos)

En *La deshumanización del arte e ideas sobre la novela* (1925), Ortega y Gasset afirma que la metáfora es probablemente la potencia más fértil que el hombre posee. Su eficiencia llega a tocar los confines de la taumaturgia y parece un trabajo de creación que Dios se dejó olvidado dentro de sus criaturas, al tiempo de formarlas, como el cirujano distraído se deja un instrumento en el vientre del operado. "¿Qué relación existe entre metáfora e imaginación? Conjeturo como verosímil que la imaginación poética construye un cosmos de su propia hechura, un cosmos para ser estudiado no simplemente como se estudia un mapa, sino como un mundo de fuerzas en poderoso conflicto. Este cosmos imaginativo no es el ambiente objetivo estudiado por la ciencia natural ni es un espacio subjetivo para estudio de la psicología. Es un mundo intermedio, donde imágenes de más alto y de más bajo calibre, las categorías de belleza y fealdad, los sentimientos de amor y odio, y las asociaciones de nuestras vivencias, pueden expresarse por metáforas. Y, con todo, no pueden reducirse a proyecciones de otra cosa" (WP, XXII). En la naturaleza misma de la metáfora se encierra el núcleo de la imaginación.

La integración del lenguaje mitológico se transforma en la integridad de la literatura; la recreación del lenguaje metafórico primitivo es la literatura. Mas el lenguaje literario es compartido por otros aspectos de la vida, incluida la religión. La conciencia ordinaria se siente tan poseída por el contraste de sujeto y objeto que le es difícil absorber la noción de un orden de palabras que no es subjetivo ni objetivo: las dos se funden, se interpenetran. Podemos concluir esta pequeña excursión con la metáfora diciendo: "El lenguaje poético se expresa espontáneamente en metáfora y en mito; en mito, por ser narración que no es historia; en metáfora, por ser la metáfora una relación verbal que no pertenece a la lógica. Mito y poesía comparten vocabulario y lenguaje figurado. La poesía apenas se vale de la autoridad del ingenio poético; la poesía es lo que se dice; y, por eso, no puede mentir".

Nos parece que la literatura ni es real ni irreal. Tenemos dos términos para distinguir lo imaginario de lo imaginativo: lo "imaginario" viene a significar no-real; lo "imaginativo" es lo que el escritor produce, crea; o significan dos cosas diferentes. Cuando Cervantes está escribiendo el prefacio de su gran libro, oye de un amigo suyo íntimo que lo sorprende a deshora: "viéndome tan imaginativo". Dice luego Cervantes: "Me preguntó la causa y, no encubriéndosela yo, le dije que pensaba en el prólogo que había de hacer a la historia de don Quijote". En algunas lenguas la palabra poeta significa mentiroso; y las palabras que usamos en la crítica literaria —fábula, ficción, mito— significan lo increíble. Una mentira parece ser muchas veces algo increíble. En la discusión entre el cura, el canónigo y don Quijote, se oyen estas palabras:

> *Y si a esto se me respondiera que los que tales libros componen los escriben como cosas de mentiras, y que así no están obligados a mirar en delicadezas ni verdades, les respondería yo que tanto la mentira es mejor cuanto más parece verdadera y tanto más agrada cuanto tiene más de lo dudoso y posible. Hanse de casar las fábulas mentirosas con el entendimiento de suerte que, facilitando los imposibles, allanando las grandezas, suspendiendo los ánimos, admiren, suspendan, alborocen y entretengan, de modo que anden a un mismo paso la admiración y la alegría juntas.*

—Quijote, I, cap. 47

Los griegos creían que un poeta crea mitos no tanto por sus alusiones mitológicas, cuanto por el hecho de que mito y poesía se autorizan a sí mismos. La verdad del poeta se asemeja a la del niño: verdad espontánea que mana de sus labios. Más tarde, con igual espontaneidad y malicia, se protegerá con una mentira. En el sentir popular, digamos una vez más, los mitos ni pueden ser verdad o son verdades inexplicables. Y, con todo, la gente sigue creyendo en muchos mitos. ¿Creían acaso los griegos que Minos, rey de Creta, después de su muerte siguió de juez en el infierno?; ¿sabían ellos que mentían? De ser así, pudieron haber rechazado todas las improbables historias que recibieron de la tradición. Homero no ignoraba que las cosas deben decirse de manera indirecta. Tampoco lo ignoraban los griegos, cuyo lenguaje natural era el mito. La fábula del tálamo, que es un árbol, es una suerte de metáfora:

> *Atónita hasta el miedo, Penélope no se atreve a reconocerlo y alude, para probarlo, a un secreto que comparten los dos y solo los dos: el de*

su tálamo común, que ninguno de los mortales puede mover porque el olivo con que fue labrado lo ata a la tierra. Tal es la historia que se lee en el libro vigésimo tercero de la Odisea.

—J. L. Borges,
Un escolio, Obras Completas, p. 176

* * *

Mito y psicología

Estrictamente hablando, un mito es un documento histórico. Es una narración grabada, no un sueño. Es un producto de un proceso inconsciente que ocurre en un grupo social particular, un tiempo particular... De ahí se sigue que quien "mitologiza" o cuenta un mito, habla de su sueño. Después se vuelve a contar y lo que queda grabado es el mito.

—C. G Jung
Speaking, 1958

Carl Jung escribió un libro extraordinario sobre los mitos en las enfermedades mentales: *La psicología del inconsciente* (1911). Años más tarde confesaba: "Mito, dice un Padre de la Iglesia, es en lo que se ha creído siempre, en todas partes, y por todos; por tanto el hombre que piense que puede vivir sin mito o fuera de él, es una excepción. Es un desarraigado, sin un verdadero vínculo con el pasado, sin contacto con los antepasados que continúan en él o, si se quiere, con la sociedad humana contemporánea". En la primavera de 1957 escribe: "Me he propuesto hoy, a mis ochenta y tres años, escribir el mito de mi vida". Es su mito personal, que comenzó a dictar a su discípula y amanuense Amela Jaffe, la historia de su vida interior, su mitología privada.

Jung lucha con la esperanza de encontrar el mito personal "por el que podemos vivir libres del mito cristiano" que no había dado a su padre un sentido funcional de bienestar espiritual. Pero ¿en qué mito vive el hombre de hoy? La respuesta puede ser: en el mito cristiano. "¿Vives en él?", me pregunté. "Sinceramente, no. No vivo de él. Entonces, ¿ya no tenemos mito? No, evidentemente no tenemos ya un mito". Pero entonces, insistía la voz, "¿cuál es tu mito, el mito por el que vives?". En ese instante el diálogo con mi interior se hizo incómodo y paré de pensar. Había llegado a un punto muerto. Lo que sé es según la intuición interna y lo que el hombre parece ser *sub specie aeternitatis,* se puede expresar solo mediante el mito. El mito es más individual y expresa la vida con mayor exactitud que la ciencia; no puedo hacer más que afirmaciones inmediatas, solo contar historias: ¿son o no son verdaderas?

Lo que cuenta es si mi historia es mi verdad. Jung dedicó su vida a mostrar que solo entendiendo los mitos puede uno entender verdaderamente la psicología y viceversa. La mitología le proveía la base para comprender los sueños y la imágenes simbólicas de la gente moderna. Esta aproximación llamó la atención de su antiguo mentor, Sigmund Freud, quien escribió a Jung: "Una cosa y otra han dirigido mi atención hacia la mitología. Y comienzo a sospechar que el mito y la neurosis tienen una base común". Más tarde, Jung escribía a Freud: "Pasemos ahora a cosas mejores: mitología. Para mí ya no hay duda alguna sobre lo que los más naturales y antiguos quieren decir. Nos hablan muy "naturalmente" del complejo nuclear de la neurosis".

Al comienzo del siglo XX estos dos grandes psicólogos de conducta anormal crearon la hipótesis de que los mitos abandonados de nuestra larga historia, llena de mitos, soterrados durante la Ilustración, habían de encontrarse ahora en el espacio subterráneo de la psique: el inconsciente. Pero Freud y Jung —dos portavoces que condujeron a la cultura del siglo XX a inexploradas zonas sombrías— encontraron diferentes vías en ese laberinto y diferentes significados del mito. Y, finalmente, se separaron. Esperando iluminar un espacio en el inconsciente con el fulgor de sus teorías reveladoras, se encontraron con diferentes realidades.

Freud veía los mitos como ilusiones sin mucho futuro, excepto para el psicoanalista que los encontraría en su sala de consulta y en *La psicopatología diaria*, uno de sus libros. Jung, por el contrario, vio que los mitos contenían el fontanar de la personalidad y en su obra *En busca de un alma*, invitó a la humanidad a contemplar una realidad espiritual en nuestra naturaleza: la búsqueda del Grial del hombre moderno. Hoy el mito se ha convertido en un término importante de la cultura literaria. En la psicología de Jung es la fundación del proceso creativo. En *Ulises*, James Joyce forja la conciencia incoada de los literatos modernos.

Detectar el mito se ha convertido en una tarea crítica importante que por un tiempo fuera ocupación profesional de eruditos en religión. De qué sirve la religión sin un mito; pues la religión, si quiere decir algo, dice precisamente cuál es la función que nos une de nuevo al mito eterno. Pero el hombre moderno vive ya retirado de las proyecciones del mundo físico de sus antepasados. Su experiencia de este mundo ha cesado de filtrarse a su inconsciente. Este mundo le es más natural que supernatural y lo explica por la ciencia. Los modernos aún proyectan, pero sus proyecciones se han confinado ahora a las relaciones personales y sociales. Los mitos, en la modernidad, pueden tomar diferentes formas.

Dante manifiesta en la *Divina Comedia* su experiencia en toda la imaginería del purgatorio y del cielo. Goethe lo expone en el Blocksberg y en el submundo griego. Wagner se vale de todo el cuerpo del mito nórdico, incluyendo la saga de Parsifal. Nietzche recurre al estilo hierático del bardo y del vidente legendario. William Blake pone a su servicio el mundo fantasmagórico de la India, del Antiguo Testamento y del *Apocalipsis*. Los artistas a menudo tratan de modernizar los mitos tradicionales con un atuendo propio de la época. Mito y religión han trabajado tradicionalmente en tándem. El corazón de la religión no es la creencia ni la práctica. Es la experiencia vivida: la vivencia.

El mito le da mejor acceso a la experiencia de Dios, que significa el inconsciente, según Jung. Y este alaba al cristianismo primitivo por adoptar varios mitos precristianos. El hecho de que el mito del Fénix fuera asimilado por el cristianismo es una prueba de la vitalidad del mito; pero también es índice de la vitalidad del cristianismo, capaz de interpretar y asimilar tantos mitos. La vitalidad espiritual de una religión depende de la continuidad del mito solo si cada época traslada el mito a su lenguaje propio y lo hace "contenido esencial de su visión del mundo". El cristianismo moderno parece haber separado la creencia de la experiencia tratando en vano de fiarse en la pura creencia.

Creencia sin vivencia es algo vacío e incompatible, a veces, con el pensar moderno. Otras veces, dirá Jung que al cristianismo moderno le ha salido mal ir al encuentro del conocimiento moderno convirtiendo la creencia y la fe separadas de la ciencia. La fe requiere experiencia para sostenerse. Leyendo el texto de Jung, nos preguntamos si el cristianismo no se habrá equivocado al intentar modernizarse o secularizarse, eliminando así el mito como si este fuera un miembro canceroso que debe amputarse para salvar al paciente. Jung tendría en mente al teólogo Rudolph Bultman que intentó demitificar partes del Nuevo Testamento. La supuesta incompatibilidad del mito con la ciencia moderna proviene de una interpretación literal falsa del mito. "El mito es indispensable a la experiencia y, por tanto, a la religión".[5]

Algunos teólogos han intentado demitificar el objeto de su fe trazando una línea divisoria entre mito y religión bastante arbitraria en puntos críticos. Pero para la mente crítica es obvio que el mito es un componente integral de todas las religiones y no puede ser excluido de las declaraciones de fe sin mutilarlas y ha eliminado también la vivencia. Los criterios históricos y científicos no se prestan por sí mismos a reconocer la verdad mitológica; puede alcanzarse solo por intuiciones de la fe o por psicología. Hablando de la mitología pagana, Milton dice en *El Paraíso perdido*: "Ellos fabularon…" en lugar de "Ellos creyeron…". Quizá suene un poco tendencioso. Milton lo intentó así, pero es más exacto porque fabular, en oposición a creer, es una actividad de la que podemos obtener cierta evidencia.

* * *

Bibliografía del Capítulo 1

1 **Gadamer, H. G.**; *Dialogue and Dialectic: Eight Hermeneutical Studies on Plato*, (New Haven, Yale University Press,1980).

2 **MacIntyre, A.**; *After Virtue: A Study in Moral Theory*, (Indiana, University of Notre Dame, 1984).

3 **Weil, S.**; *Intimations of Christianity among the Ancient Greeks*, (London, Routledge / Kegan Paul Lt, 1952).

4 **Veyne, P.**; *Did the Greeks believe in their myths?: An essay on the Constitutive Imagination*, (Chicago, University of Chicago Press, 1983).

5 **Jung, C. C.**; *Recuerdos, sueños, pensamientos*, (Barcelona, Editorial Seix Barral, 1964/1999).

Capítulo 2
La imaginación educada

*El mundo de la literatura es un mundo donde no hay otra realidad
excepto la de la imaginación humana.*

—N. Frye,
The educated Imagination

La imaginación recrea la naturaleza.

—N. Frye,
Fearful Symmetry

Aclaremos algunos puntos claves del desarrollo de la imaginación
educada y su poder creador. Una clave principal de la teoría crítica de Frye es
su doctrina de la relación entre literatura y educación, expuesta con sencillez
y claridad entre las dos cubiertas de la *Imaginación educada*. Este libro es un
vademécum que ilumina el camino en su recorrido por el universo literario, y
su vista de la tradición en otras literaturas. Dentro del *ethos* de la imaginación
educada se dan las premisas del valor educativo de la literatura. Una es la diferencia entre la existencia ordinaria y la experiencia imaginativa. Otra, se fija
en la naturaleza apocalíptica del quehacer literario y afirma que la literatura
no es una construcción hipotética que necesita auxilio de la crítica.

Pero antes de entrar en materia quisiera citar, del poeta Paul Valery
(1871-1945), esta declaración hecha hacia 1938: "La historia de la literatura
no debería ser la historia de los autores y de los accidentes de su carrera o de
la carrera de sus obras, sino la historia del espíritu como productor o consu-
midor de literatura. Adentrándonos en ese "espíritu", supongamos que un lector se haga esta pregunta: ¿Qué "bien" me procura el "estudio" de la literatura en mi vida?

Quizá el alumno se sienta atraído y poseído por dones de creación poética pero piensa también en otras razones más prácticas para no seguir la voz

de las tristes musas. Un principiante intuye o sospecha que la literatura le ofrece un camino distinto de lo que es útil e inmediato en la vida. Otro preguntará hasta qué punto puede el estudio de la literatura ayudar a ver las cosas con más claridad y sentirlas con más finura; o si, en verdad, podemos vivir mejor sin ella. ¿Qué diferencia ejerce el estudio de la literatura en nuestras actitudes sociales, políticas o religiosas? (EI, 14).

Las anteriores y muchas más preguntas van, como cerezas, engarzadas con otras preguntas. ¿Qué es la literatura?, es pregunta que pudo haber sido formulada mucho tiempo antes que Platón y Aristóteles se preguntaran ¿qué es la poesía? Si insertamos ahora estas dos palabras ("bien" y "estudio") en esa cuestión básica, parecen fijarse en el aspecto moral y estético. Aristóteles describe lo que la poesía es, y nos da la respuesta estética. Pero ese "bien", ¿no tendrá algo que ver con la utilidad? Es como preguntar qué tipo de carrera o de trabajo es bueno para mi vida. En este caso puede referirse también al concepto de "bien" de Platón. Conjeturo que las tres cuestiones siguientes son: cómo debemos actuar, conocer, sentirnos. Y estas nos dan la tríada platónica: el bien, la verdad, la belleza. Y estas, a su vez, forman las tres razones críticas de Kant. Sobre estas tres Frye añade una cuarta: cómo el ser humano debe ejercer su papel de creador. A semejanza de Aristóteles, Frye es un crítico taxonómico, una especie de biólogo de la literatura, que descubre y separa las partes del cuerpo para estudiarlas.

En *Anatomy of Criticism* (1957) y en otros libros, como también en *La imaginación educada*, hay un modo de pensar de resonancias políticas. En *Anatomía de la crítica,* se sugiere un programa de estudio literario por el cual la imaginación de un educando puede mejorar por medio de símbolos y de historias.

El mito que organiza la imaginación educada se manifiesta en la historia bíblica de la Torre de Babel. En *La imaginación educada,* el autor define el modo en que la sociedad absorbe la literatura y las artes por medio de la educación. La primera conferencia sobre *La imaginación educada* (en su origen fue una serie de conferencias radiales) trata de la metáfora. Esta conferencia tiene cierta semejanza con el ciclo de las conferencias pronunciadas en la Universidad de Harvard por Jorge L. Borges y publicadas con el título *This Craft of Verse.*

Haciéndose eco de Stevens, indica Frye que la metáfora es una asociación de nuestra mente con el mundo, por las formas primitivas de ese tropo. La metáfora se asienta en la identidad y en el símil que dependen de la analogía. Advertimos que, en las sociedades preliterarias, la literatura incorpora otros aspectos de la vida: religión, magia, ceremonias, rituales y otros. Andando el tiempo, las formas de expresión literaria que son prácticas sociales —lamentos, funerales y canciones de cuna— se convierten en formas literarias (EI, 14). La literatura deriva sus formas de sí misma como la música. La historia de la pérdida de la identidad y la de su recuperación es el marco apropiado de la literatura. Se vale de la ironía para separar una visión de identidad del mundo.

El analfabetismo constituye un problema tan fundamental como no tener comida y techo. La lengua nativa tiene precedencia sobre cualquier otro objeto de estudio. Nada es comparable a su utilidad.

—N. Frye
The Educated Imagination

Hemos de considerar aquí las figuras del lenguaje que crea el escritor, sus imágenes y símbolos, para darnos cuenta de toda la rica complejidad de la vida. Hemos de ver el diseño total de la obra de un escritor, el título del libro, el tema principal que lo inspira e impulsa a escribir para entender que la literatura cumple la misma labor que antes hizo la mitología, llenando sus grandes espacios nebulosos con luces más fuertes y sombras más profundas (EI, 22).

Pensemos también cuán práctica es la llamada lengua materna en el mundo que nos rodea y del que somos parte. Sin el habla de nuestra lengua nativa no podríamos participar en la socialización de la cultura. Decimos que el analfabetismo constituye un problema tan fundamental como el de la supervivencia: requiere satisfacer las necesidades primarias. La lengua nativa toma precedencia a toda otra materia de estudio. Nada puede compararse con su utilidad, su bien, su belleza y su estética. La lengua materna en una sociedad civilizada se transforma en algo que llamamos literatura. A quien poco o nada conoce de literatura podremos llamarle un *ignoramus*; pero eso qué le importa. Pronto nos percatamos de la diferencia que existe entre el mundo en que vivimos de aquel en el quisiéramos vivir.

El mundo de la literatura tiene forma humana: un mundo donde el sol sale en el este y se pone en el oeste, sobre el borde de la tierra plana, en tres dimensiones, donde las primeras realidades no son átomos o electrones sino cuerpos. Y las fuerzas primarias no son energías de gravitación sino amor y muerte, pasión y dicha.

—N. Frye
The Educated Imagination

En un primer nivel usamos el lenguaje práctico, lenguaje de verbos, de palabras de acción, de movimiento. Creemos que en el mundo práctico las acciones hablan más alto que las palabras. Veamos qué clase de realidad tiene la literatura y cuál es su poder imaginativo. La literatura expresa lo universal, un mundo compuesto de obras literarias individuales. Hay un algo que asedia al poeta y se apodera de él casi sin que se percate. El poeta es como el mago: un identificador. Todo cuanto ve en la naturaleza lo identifica con la vida humana (EI, 31). Pero la literatura no es un mundo de creencias. A cambio de ellas nos ofrece otras posibilidades. Una de ellas es la de hacernos ver el poder de las creencias de otras gentes. Es un desapego, un desarrimo, una distancia que brota de la imaginación y cultiva la tolerancia. La democracia nos educa para la tolerancia. La concepción democrática de la cultura es también su concepción de libertad individual.

> *La literatura activa el espíritu de tolerancia. Prejuicio y fanatismo rara vez fomentan las artes. Un fanático vive tan preocupado de sus creencias y acciones que no puede ver otras posibilidades. La tolerancia nos pone fuera del alcance de la creencia y de la acción.*

—N. Frye
The Educated Imagination

El escritor no es solamente un soñador, es también partícipe activo de la literatura y absorbe la vida por medio de la imaginación. La imaginación vence al tiempo a través de la literatura creando un universo poseído por seres humanos (EI, 33). La naturaleza de la sociedad y de la literatura es convencional. Las convenciones sociales nos parecen muy naturales porque vivimos sumergidos en ellas como el pez en el agua. Pero no todos están conscientes de las convenciones literarias porque estas residen lejos de la sociedad (EI, 35). En la vida ordinaria, bondad y belleza vienen a ser convenciones a las que estamos habituados. Por muy útil que sea la literatura para mejorar la imaginación o el vocabulario, sería una ilusión usarla directamente como guía de la vida. Cuanto más se parezca la literatura a la vida tanto más se reducirá su efecto imaginativo.

Uno de los postulados de Frye es que la literatura imita a la literatura y no a la vida. La prosa no es el lenguaje natural de la literatura sino una convención de ella. Otros modos de escritura sirven de información. Son hijas de la voluntad y de la intención. La escritura literaria quiere decir lo que las palabras dicen en esta o en otra página, no el significado intencional del autor. Uno de los problemas en la división de Frye es que, aunque la historia refiere sucesos reales, se expresa en lenguaje figurativo. La intención del historiador está mediatizada por el lenguaje literario o retórico, lo que complica la cosa. Un ejemplo notable es la censura. La literatura no es ni moral ni inmoral porque el efecto moral depende del lector.

> *Llenósele la fantasía de todo aquello que leía en los libros, así de encantamientos como [...] de pendencias y asentósele de tal modo en la imaginación que era verdad toda aquella máquina de aquellas soñadas invenciones que leía, que para él no había otra historia más cierta en el mundo.*

—*Don Quijote, I, cap. 1*

La imaginación es la realidad de la literatura. Representa un mundo que es mejor o peor que nuestro mundo. La noción de que la literatura refina nuestras sensibilidades se debe a la idea de catarsis de Aristóteles y al refinamiento de la sensibilidad del siglo XVIII. La literatura nos da la imaginación que la experiencia de la vida no puede dar. Más que un mundo de sueños, la literatura es o contiene dos sueños. Van impulsados por deseos y por ansiedad es que juntos, adquieren una visión enteramente consciente. La vida se recrea en la comunidad; la literatura, en un público. La función del crítico es interpretar cada obra literaria a la luz de toda la literatura en lucha constante por entender qué es la literatura en su totalidad. La literatura es un apocalipsis humano, revelación de un ser a otro ser humano. La crítica no es un cuerpo de juicios de valor sino la conciencia de la revelación, definitivo juicio de la humanidad.

La literatura ocupa el centro de la teoría de la educación, afirma Frye. He aquí una de las declaraciones del sostén histórico y conceptual de su teoría de la literatura: "Mi principio general es que en la historia de la civilización, la literatura sigue a la mitología. Un mito es simplemente un esfuerzo primitivo de la imaginación para identificar lo humano con el mundo no-humano. Y su resultado más típico es la historia de un dios. Más tarde, la mitología comienza a hacerse literatura. El mito se convierte, entonces, en un principio estructural de narrar historias. Pero su mejor exponente se observa en la *Biblia*. N. Frye recomienda que los niños comiencen a leer la *Biblia* a temprana edad para entender mejor la literatura. El mito es la estructura o forma literaria de la *Biblia*, que debería enseñarse en literatura y no solo en su dimensión religiosa (EI, 46).

Hemos de añadir a esta educación, los tesoros de la mitología clásica sin la cual es difícil entender las literaturas occidentales. La *Biblia* y los mitos clásicos se asemejan porque los mismos modelos literarios reaparecen dentro de diferentes culturas y religiones. Un siguiente paso en la educación literaria es aprender las estructuras o formas de los géneros literarios que se derivan del mito, comenzando con los más simples: comedia, romance, tragedia y demás. El marco que contiene una mitología toma la forma de un sentimiento de identidad perdida que se tuvo un día y que podemos recuperarla (EI, 110). La literatura usa un lenguaje imaginativo y el estudio de la literatura es un entrenamiento para mejorar la imaginación. ¿No la usamos continuamente en todas nuestras conversaciones diarias?

> *Como todas las palabras abstractas, la palabra metáfora es una metáfora, ya que vale en griego por translación. Consta, por lo general, de dos términos. Momentáneamente, uno se convierte en otro.*

—J. L. Borges,
Purgatorio

Borges piensa que es imposible prescindir de metáforas al hablar e imposible entendernos sin olvidarlas. Remy de Gourmont decía que en el estado actual de las lenguas europeas, casi todas las palabras son metáforas. Mientras dormimos, la imaginación elabora, produce sueños, proyectos que se van esfumando. Solo nos queda elegir entre una imaginación poco entrenada y otra mejor entrenada, leamos o no un poema. Mis sentimientos me afectan a mí y a cuantos me rodean. Somos incapaces de comunicar directamente esos sentimientos solamente con palabras. Prácticamente combinamos emociones y estímulos de la imaginación. Además, la memoria escoge, rechaza, reorganiza, condensa y desplaza. Es decir, mitifica nuestra historia. Ortega ve el alma infantil entretenida en su campo imaginativo, deleitándose en creencias, ficciones y verdades heredadas. Imágenes como las de Hércules y Ulises "serán eternamente escolares; gozan de una irradiación inmarcesible, generatriz de inagotables entusiasmos".

Frente a: "¡Hechos, nada más que hechos!", que grita el personaje de los tiempos difíciles, el criterio pedagógico de Ortega es: "Para mí los hechos deben ser el final de la educación: primero, mitos; ante todo, mitos". Subrayemos estas palabras. Si miramos a nuestra infancia, desde la juventud o desde la edad de nuestros abuelos, reconocemos en ellos y en nosotros el tejido original de nuestras tendencias. Es una época en que sueños e imágenes, vistos a distancia, van modelando el cuerpo-alma infantil y, por ende, su propio destino. Son intuiciones retrospectivas, como observa Otto Rank en el *Nacimiento del héroe* (1981).[1] Van más allá de la experiencia del niño y comprenden la vida de sus antepasados. Leyendas, cuentos de hadas, pardas consejas, ¿no son los mitos de nuestra infancia? Contienen, entre otras cosas, la mitología que los niños tejen por sí mismos a temprana edad modelando su imaginación creadora.

Como sugiere Otto Rank, los mitos son creación de adultos por un retroceso a fantasías infantiles. En ese retroceso acude a las primeras fuentes de su memoria y, por momentos, el sujeto se siente rejuvenecido. Se imagina que solo recuerda pero también confabula, inventa y renueva el mito. En su historia personal, el niño reconoce a los héroes legendarios: Sargón y Moisés, Karna y Edipo, Paris y Perseo, Tristán y Rómulo, Heracles y Jesús, etcétera. Muchos investigadores han insistido en que la comprensión de la formación mítica exige el retroceso a la fuente última, esto es, a la facultad individual de la imaginación. También se ha señalado que esta facultad imaginativa solo se da en la infancia en toda su activa e incontrolada plenitud. Por eso debemos comenzar por estudiar la comprensión de la mucho más compleja, y también menos libre, imaginación mítica y artística en general. Mas la imaginación también invierte la corriente de la memoria. Desmaterializa progresivamente las imágenes y las reorganiza como Narciso que se mira en un pozo de agua, espejo cristalino. Si soy narcisista solo me veré en ese espejo.

En la memoria, el contexto metafórico se forma por asociación; en la imaginación, por un contexto asignado. Pero si no soy narcisista, mi memoria seguirá simplemente las normas convencionales trazadas por la tradición. Mas la memoria no solo registra y conserva; el niño también confabula, inventa sucesos imaginarios, puramente psíquicos. La imaginación representa un mundo que puede ser mejor o peor que nuestro propio mundo.

* * *

Mitología social

Toda sociedad posee una mitología social con su propio folclore y sus gustos convencionales. Aprendemos esa mitología en conversaciones en familia, con maestros, vecinos y compañeros de escuela y del barrio. Y todo eso, reforzado por los medios de difusión: periódicos, televisión y películas que, muy a menudo, se basan en lugares comunes y en frases hechas. En Estados Unidos la educación elemental, al menos antes de la revolución del Sputnik de 1957 consistía, en gran parte, en adquirir la mitología conocida como el estilo de vida norteamericano, apoyada en el sueño norteamericano. En nuestros días, la mitología social es una ligera parodia de la mitología cristiana que le precedió (MC, 111).

A medida que nos adentramos en el estudio de la literatura, nos percatamos de que toda sociedad produce una mitología social, a menudo reconocida como ideología. Posee y maneja técnicas retóricas para asegurar que sus ciudadanos las aprendan cuanto antes y para que reconozcan que la literatura tiene una función social que trata de clarificar y proveer estándares imaginativos de esa ideología. Un propósito primordial de esa mitología social es ajustarnos a la sociedad. Idealmente es un ajuste flexible no una sumisión ciega a los dictados de la ideología dominante.

Tal imposición, a veces brutalmente inculcada en una sociedad democrática, viola los fundamentos de la Constitución. Invoca símbolos de rango social, de propaganda comercial o de índole política, que intentan camuflar la realidad. Se expresa en un lenguaje burocrático, que encubre los terribles desastres de la guerra o revive nostalgias de una época dorada. La imaginación educada se opone a esas ilusiones, contrapone arquetipos a estereotipos. Son modelos establecidos y aceptados de conducta, expresión u otra manifestación. En la mitología social hay dos aspectos: uno es auténtico; el segundo es un cuerpo de creencias que sostenemos firmemente, si bien a menudo no están bien expresados en la sociedad.

La mitología social norteamericana, por ejemplo, (OE, 123) tiende a subrayar ciertos valores que proclama la psicología: autoestima, independencia, tolerancia. En realidad el espíritu de tolerancia se manifiesta en independencia intelectual. Cultiva el proceso democrático en una comunidad que no excluya a ningún grupo de ciudadanos en una segunda clase o estrato social. Esta mitología es una entelequia de creencias y principios históricamente incorporados en la Constitución. Esto no quiere decir que esta mitología no sea verdadera, sino que depende de la forma o modo en que la usemos.

Un gran escritor norteamericano, un Whitman o un Thoreau, hunde sus raíces en esa mitología. Pero también existe una fuerte tendencia a proyectar esta mitología y a tratarla como un cuerpo de principios sociales bien establecidos, para imponerlos a todos sin espíritu crítico. Sobra decir que esto ocurre en democracias aún enclenques. Esto produce una mitología que intenta someter a los ciudadanos para que sean dóciles y obedientes a los mandamientos de la sociedad. Ese ajuste puede, a menudo, ser un ajuste inflexible (OE, 123). En EE. UU. esa mitología presenta una visión nostálgica del pasado norteamericano en el que aparecen ciertas figuras míticas o legendarias. Unas figuras son renombradas: Franklin y Washington. Otras, más popularizadas en el folclore, son el pionero, el cazador y el cowboy.

Solo el releer cuenta, porque toda primera lectura se enfrenta no a un texto sino a un espejo.

—R. Barthes

Digamos algo del cultivo de la lectura en la educación de la imaginación. Leer es, ante todo, una experiencia continua, no fragmentada. La base de la educación es el hábito ordenado de lectura. Y me atrevería a decir que, si la juventud aprendiera no simplemente cómo leer sino cómo adquirir ese hábito de lectura, muy poco necesitaríamos añadir a nuestra educación. Su base tecnológica es el libro y su extensión la reconocemos en la zona de Internet. El libro es un modelo de paciencia. Siempre presenta las mismas palabras cuando lo abrimos. Su aprendizaje es continuo y progresivo porque nos lleva a otro libro y este, a otro, casi hasta el infinito. Exige hábitos físicos de concentración.

Los medios populares de difusión —noticieros de televisión— pecan de ser discontinuos. Su función esencial es informativa: noticias que reflejan un presente en constante cambio y disolución. "Creo", escribe Borges, "que la primera lectura de un poema es la verdadera. Después tenemos la creencia y la sensación de que se repite. Los griegos no tenían gran uso de libros. Los grandes maestros de la humanidad no han sido escritores sino hablantes:

Pitágoras, Cristo, Sócrates, Buda, etcétera". Bernad Shaw dijo una vez que Platón fue el dramaturgo inventado por Sócrates y los evangelistas eran los dramaturgos que inventaron a Jesucristo.

Cuando leemos un poema, una historia, nuestra mente parece moverse simultáneamente en dos direcciones a la vez: centrípeta y centrífuga. En la dirección centrípeta tratamos de establecer un contexto de lo que leemos. Intentamos encontrar el significado de una palabra en un párrafo. Al mismo tiempo, reconocemos la palabra o palabras. En la dirección centrífuga, la palabra leída se asocia en nuestra memoria con lo que convencionalmente significa. Llamamos dirección centrífuga porque se mueve fuera de lo que leemos en nuestra memoria.

Si no sabemos una palabra, consultamos el diccionario. Pero si leemos un poema por placer imaginativo, nuestra lectura tiene un contexto especial fuera. A ese contexto llamamos, vagamente, literatura. Al placer de leer se llega, dice el escritor Manuel Rodríguez Rivero (ABC.es, abril 7, 2006), solo tras cierta ascesis que, a menudo, no supone un camino fácil. Nunca lo fue. Aprender a leer es un rito de iniciación que no es necesario para acceder a otras formas más populares de entretenimiento. Más adelante reconoce que leer es haber leído, que decía el filólogo Spitzer: "… solo cuando se domina ese arte —a veces muy pronto— llega el placer. Un placer con riesgos y enormes compensaciones".

Hoy el gran reto es convencer a los jóvenes lectores, que se impacientan y exigen satisfacción instantánea, de que, finalmente, el esfuerzo merece la pena. No veo cómo el estudio del lenguaje y de la literatura puedan separarse de la cuestión de la libertad de expresión, tan fundamental para nuestra sociedad. El área del lenguaje ordinario me parece un campo de batalla entre dos formas de lenguaje social: el lenguaje del vulgo y el lenguaje de la sociedad libre. Unos usan estereotipos sin sentido, una especie de parloteo automático que inevitablemente nos lleva por un camino a un mismo destino: por la ilusión a la histeria. "No puede existir libertad de expresión en el vulgo", sugería hace años Ortega y Gasset. La libertad de expresión es algo que las masas no toleran.

Podemos hablar también de un contrato educacional en la vida universitaria. Podríamos indicar el contraste entre el contrato educacional y el contrato social. El escritor y político irlandés Edmund Burke (1729-1797) opinaba que la sociedad humana constituye una asociación de las ciencias, las artes, las virtudes y las perfecciones. Como los fines de la misma no pueden ser alcanzados en muchas generaciones, en esta asociación participan no solo los vivos, sino también los muertos y los que están por nacer.

Esta continuidad de la sociedad era, según él, la verdadera base de lo que llamamos contrato social. Para descubrir lo que es un contrato social deberíamos de examinar la estructura presente que observamos a diario. Medio siglo antes, Thomas Hobbes (1588-1679) propuso, en el *Leviatán*, el mito de un contrato original en el pasado que comenzó la historia tal como la conocemos. El autor de *La imaginación educada* lo resume en dos líneas:

...los individuos, viendo que la vida en soledad aislada es insoportable, decidieron rendirse a la autoridad de un líder.

—N. Frye,
On Religion, 203

El contrato social no es un hecho histórico sino una ficción necesaria. La gente se junta para rendir su poder a un gobernante: es la idea de Hobbes. O decide delegar su poder a alguien: es la idea de Locke. En el contrato educacional existe una relación de maestro y estudiante en la que el alumno parece saber menos que el maestro; pero paradójicamente es el maestro, o el instructor, quien hace la mayoría de las preguntas al estilo de Sócrates que, en ocasiones, en los *Diálogos* y en otras discusiones, apenas deja hablar a nadie. El maestro debe pretender que nada o poco sabe para comunicarse con sus alumnos o para educarlos. En ese modo de proceder socrático la relación de maestro a alumno es algo embarazosa. Conviene superarla pronto para formar una comunidad de investigadores (NFC, 14).

* * *

La Torre de Babel y el sueño americano

En la tierra había una sola lengua con unas mismas palabras: "Pero cuando los hombres partieron desde el oriente, encontraron un campo en la tierra de Sanaar y luego vivieron allí".

—*Génesis XI*, 1-2

La última conferencia de *La imaginación educada* es la historia de la Torre de Babel, obra de la imaginación. El nombre real de Babel es Puerta de Dios. Pero el escritor hebreo deriva erróneamente la palabra de la raíz *babal*, "confundir", y de ahí brota la explicación mística de que Babel era un lugar donde la especie humana se confundió. Los primeros habitantes de la Tierra, gloriándose de su fuerza y en desprecio de los dioses, decidieron edificar una torre cuya cima había de alcanzar el cielo en el lugar donde se asentaba Babilonia. "Los mexicanos", refiere el eminente científico Alexander von Humboldt, "conservan una leyenda de un edificio-torre que se levantó bajo la supervisión de uno de los siete gigantes salvados del diluvio. Uno de los gigantes llamado Xelhua, apodado el arquitecto, mandó construir ladrillos en la provincia de Tlamanalco, a los pies de la Sierra de Cocotl, para que se trasportaran a Cholula, donde habría de edificarse la pirámide que alcanzara el cielo.

Fue uno de los primeros rascacielos de la antigüedad. Pero los dioses, airados por tal audacia humana, arrojaron fuego sobre la pirámide y la destruyeron, muriendo muchos de sus hombres. Cada familia interesada en la edificación de la torre recibió una lengua propia y los constructores no pudieron entenderse entre sí. La torre de Babel puede concebirse como un laboratorio donde los mitos se estudian y se experimentan. Los elementos de esa torre son palabras, no ladrillos de adobe. Se parecen a las gigantes estructuras tecnológicas de nuestra civilización. La civilización moderna posee estructuras gigantescas, torres cada vez más altas, como las dos torres de Manhattan destruidas por sendos aviones con pilotos suicidas.

La torre de Babel parece un esfuerzo singular del mundo pero, en realidad, llega a ser punto muerto de rivalidades. También parece impresionante, pero luce como carente de dignidad genuinamente humana. El mito dice que la Torre de Babel es labor de la imaginación humana. El libro del *Génesis* cuenta que en la tierra había una sola lengua. Todos tuvimos originalmente una lengua. No era el inglés ni el español ni ningún otro antepasado común, si hubiera existido alguno. La verdadera lengua de la imaginación es la lengua de la naturaleza humana: lenguaje de la *Biblia*, lenguaje del Dante y de Goethe, de Shakesperare y de Miguel de Cervantes. Inconfundible lenguaje el de los verdaderos poetas que dan una visión social a la posteridad. Desde

Platón hasta los filósofos de hoy hay un hilo conductor de ideas y proyectos aleccionadores. El poeta nunca levanta su voz para hablar. Lo escuchamos en momentos de silencio, de ocio lúdico y libre de distracciones. Habla solo en voz muy queda. Se lo oye por casualidad. Todo cuanto el poeta tiene que decirnos cuando, orgullosos de su altura, oteamos el horizonte queriendo rascar el cielo, es: "Recuerda: es hora de volver a la tierra".

¿Qué entendemos por el tradicional denominado "sueño americano"? ¿Es el éxito, es la fama, es el afán de prosperidad? Repiten esos eslóganes breves y difusos no solo los nativos de EE. UU., sino también los advenedizos que, poco a poco, se sienten poseídos por ese ensueño y su correspondiente aculturación. Alguno estima que esa interpretación es simplista. Prefiere averiguar qué papel ejerce la mitología en ese sueño. He aquí una interpretación: el norteamericano comenzó su historia con una revolución inspirada en los llamados padres de la futura República. Jefferson, en particular, trató de imponer un modelo o arquetipo en nuestra sociedad del siglo XVIII. Frases como "cien por ciento americano", ¿qué significan?

Conjeturo que, ante todo, invocan la idea romántica del individualismo; pero creo que va más lejos para desembocar, a veces, en un insulso regionalismo. Una segunda cuestión es qué papel juega la imaginación en la formación de la idea y sentimiento de la nación norteamericana. "Creo", agrega sor Paula, "que en el afán de construir o edificar un sentido de expansión imperial no conocemos límites. Viene a reproducir aquel dicho asirio: "El rey de reyes, el rey del mundo" o algo por el estilo. Me imagino que puede ser reproducción de una imaginación desconectada de la realidad. Con el tiempo comenzamos a ver cómo funciona el proceso histórico en otras sociedades del mundo. La imaginación se vale de ciertas ideas, como la de crecimiento, de desarrollo y de decadencia.

Herodoto explica cómo la resistencia griega derrotó la tremenda máquina de guerra de Persia porque a los dioses no les gustan los imperios. La civilización israelita lo entendió muy bien. Ronald Reagan supo apelar al sentimiento norteamericano como si todavía este país fuera el gran gigante del mundo, el único que todavía podría llamarse un imperio… frente al otro imperio al que llamaba "el imperio del mal". ¿Qué nos dice esa noción de hegemonía imperial acerca de una sociedad? Sugiere, al menos, que la imaginación mitológica funciona en dos niveles. Uno, es el nivel superficial de estereotipo, idea simplificada y comúnmente admitida; el otro, es mucho más realista, en el cual los talentos y las energías se concentran en la supervivencia y auto preservación. En este sentido el mito es un poderoso medio de unificación, una fuerza integradora en la sociedad. Esa es una función del mito social. Pero si no existe la otra fuerza, la más realista, entonces el estereotipo desaparece con el realismo y vamos al desastre. Esa fue, sugería Northrop Frye, la dirección que tomó el nazismo, con sus consecuencias fatales que todos conocemos. Cuando hablamos del mito, queremos decir que es una especie de "historia" extrapolada de la historia. En otras palabras, son conclusiones extraídas de datos parciales y, así, toma la forma de una ideología.

La Revolución Americana y la Constitución Americana conllevan el modo de vida o estilo de vida norteamericano. El mito norteamericano se convierte en ideología norteamericana. Conocer la norteamericana es entregarse en brazos de ese estilo de vida. "Yo veo el mito americano", decía Frye, "como un mito de unificación social conducido por la idea de progreso a través del tiempo". El poeta Walt Whitman (1819-1889), por ejemplo, compara la democracia americana a algo parecido a un tren —aunque no usa esa imagen— pero eso es lo que quiere decir. El país va pitando siempre de cara al futuro, en constante marcha como un tren rápido, con poquísimas paradas en su camino. Pasa de largo los apeaderos y los pueblos pequeños.

Pero la imaginación norteamericana, desde el fracaso de Vietnam, viene a darse cuenta de que no hay poder de imperio, por grande, rico e inmortal que se crea. O quiere también decir que ese fue para Norteamérica el comienzo de un sentido de mortalidad en una parte de su historia. De este sentido de inmortalidad nos habla el psiquiatra norteamericano Robert J. Lyfton, especialmente en su clásico estudio *The Broken Conection*. Bill Moyers preguntó una vez a Northrop Frye si no había habido intentos, entre los jefes de gobierno de EE. UU., de debatir esas ideas en televisión. Y su respuesta fue: "Entre los políticos no se ha visto debate genuino; pero sí entre la gente que habla de los políticos. En esta comunidad de Gilroy conocemos a quienes participan en esos debates, que llaman alianzas democráticas, células de vecinos y de amigos vigilantes de la marcha de la democracia.

Pero los políticos parecen decir: "¡Ea!, contémosles una historia; la historia de cómo nos urge ir a la guerra para implantar, en la zona del Eufrates y del Tigris, un segundo paraíso: la democracia norteamericana. Terrible caso de miopía o de ceguera. Los políticos juegan a contar historias mientras el quehacer vital sigue, más o menos, muy campante, ignorando a los charlatanes. Hace ya más de medio siglo que Frye escribía estas líneas: "La esperanza de la democracia descansa enteramente en el estudiante serio y en el maestro dedicado".

Es aquí, entre nosotros. Esa es la única cosa estable en la sociedad humana. Pienso que esa estabilidad permanente sostiene toda la estructura social. Puesto que estamos interpretando la lectura de *La imaginación educada*, me viene a la mente la siguiente pregunta: ¿En qué sentido se oponen o se distinguen el maestro dedicado y el no dedicado? Les leeré este texto de Frye conferenciante, sin quitar una sola coma del párrafo: "El maestro no dedicado es un hombre 'masa' y lo que resulta es un producto 'masa'. Enseña, en gran parte, porque tiene certezas particulares o certidumbre de lo quiere implantar en la mente de sus alumnos.

En cambio, el maestro dedicado tiene conciencia de que el fin de la educación está algo alejado de la sociedad: un modo de distanciarse de ella pero sin retirarse de ella. Si enseña literatura española, inglesa, china, vive en contacto con toda la experiencia verbal de sus alumnos. En nueve casos de diez, el estudiante recoge su experiencia verbal de prejuicios y opiniones que oye en la calle, en el juego y en su familia. El maestro dedicado trata de guardar distancia de todo eso y lo mira como algo objetivo: con arrimo o sin arrimo, para traducir la imagen de San Juan de la Cruz en un contexto diferente. No es algo que el maestro o instructor pueden ignorar porque es su propia sociedad. Pero es algo que puede cultivar en su quehacer libre e individual. En *La imaginación educada* se sugiere que la mente entrenada ha adquirido técnicas que, en un mundo como el nuestro, probablemente perderán actualidad dentro de diez o quince años. El entrenamiento no es lo más importante. Lo importante es la disposición de entrenarse en la imaginación educada.

Hay otros temas de interés para algunos lectores de imaginación educada. Una es esta: ¿Existe en realidad la separación entre lo secular y lo sagrado? No creo que exista esa separación. En muchos contextos las separaciones son menos interesantes que las cosas que tenemos en común. Indudablemente todo en religión tiene un aspecto secular; y todo en la vida tiene un aspecto religioso.

Estas nociones han sido y son debatidas en libros y conferencias acerca de la secularización de lo sagrado. Sin salir de *La imaginación educada*, y a propósito de la *Biblia*, este Libro debe enseñarse a temprana edad para que el niño vaya asentando en su mente los principios de la mitología de la *Biblia*. Y ¿por qué la *Biblia*?, se preguntará el alumno. Porque la *Biblia* contiene una mitología especialmente incorporada a la mente de la cultura occidental. La *Biblia* no es una estructura de doctrinas ni de proposiciones sino una colección de "historias" que forman una historia única; y esa es la relación de "interpenetración" de Dios y el hombre. Pero ¿cómo se puede entender tal interpenetración sin necesidad de creer en Dios? ¿Qué produce ese enfrentamiento cuando la *Biblia* ha llegado al fondo de nuestra mente? Nos enfrentamos con la cuestión esencial de la naturaleza humana y del destino. Cuando adquirimos conocimiento de la naturaleza de la forma en que acostumbra la ciencia, estamos mirando una estructura de inteligibilidad construida por nosotros mismos. En otras palabras, si soy un narcisista, vivo enamorado de mi persona. Recuerdo aquel magnífico libro de Buber, *I and Thou*, que habla del sentimiento de lo divino como el Tú que nos libra de la prisión al vernos en nuestro propio espejo.

La Iglesia y el mundo educan. Pero me inclino a pensar que en este asunto el mundo hace una labor tan buena o mejor que la Iglesia. En la sociedad moderna la importancia y el valor de una religión se mide por la calidad de su mundanalidad: por su urbanidad, su cortesía. Matthew Arnold da esta breve explicación. Puestos en una base histórica, vendría a decirnos: originalmente todas las actividades culturales eran, en algún sentido, religiosas, hasta el punto en que una religión separada del resto de la cultura comenzó a caer en el sectarismo. En la medida en que se conecta con el cuerpo total de la cultura, mejoran ella y la cultura.

* * *

La imaginación visionaria

Observamos que la poética de Frye es claramente de vena romántica. Es romántica, en parte, porque se ha forjado en la obra profética del visionario William Blake. El Romanticismo es la revolución cultural más importante en nuestra tradición occidental. Más que el Renacimiento o la Ilustración, añadiría yo. El Romanticismo invirtió la cosmología Judeo-cristiana y griega con su doctrina de la creación y todas las estructuras convencionales de imaginería en la gran cadena del ser.

En el cosmos romántico y posromántico de Frye su poética está muy vinculada a la visión revolucionaria de Shelley: "La poesía redime de la decadencia con las visitaciones de la divinidad al ser humano". Pero Frye parte de la tradición expresada en el siglo XIX, la que hallamos en Blake, Coleridge, Shelley y Keats. De esa tradición Frye extrae su teoría de la imaginación (MM, 80): "Todas las religiones son una; esto quiere decir que el mundo material provee un lenguaje universal de imágenes. Y la imaginación de cada hombre habla esa lengua con su propio acento. Las religiones son gramáticas de este lenguaje. Ver es creer y creencia es visión: la sustancia de cosas que se esperan, la evidencia de las cosas no vistas" (FS, 28).

> *La labor de la imaginación nos presenta una visión, no la visión de la grandeza personal del poeta sino de algo impersonal y mucho más: la visión de un acto decisivo de libertad espiritual, la visión de la recreación del ser humano.*
>
> —*N.* Frye,
> *Anatomy of Criticism*

La imaginación hace de poder unificador; reactiva las facultades conscientes uniéndose con las del inconsciente: el lenguaje de sentimientos va con el lenguaje de la razón (MM. 36). Este poder unificador se realiza plenamente en los simbolistas franceses, especialmente en Mallarmé quien, después de Blake, es quizá el mayor héroe poético de Frye. Mallarmé habla en sus cartas de una muerte simbólica y de una resurrección que él ha alcanzado en busca de una poesía pura, como si fuera ella el vehículo de otro espíritu santo. El hombre debe observar con los ojos de la divinidad porque si su conciencia con la divinidad ha de ser diáfano, puede expresarse solo en las páginas de un libro abierto ante él. En una carta a Cazalis también se define a sí mismo como un caminante que ha encontrado un camino en el Universo Espiritual: o lo que solía ser yo.

El mundo simbólico del Mallarmé no es un mundo platónico asentado en el mundo físico (como en los románticos), ni un mundo de tesoros ocultos en el subconsciente (como en los posfreudianos), ni un mundo privado interior (como en otros simbolistas). Es el mundo donde la creación humana deviene, y donde ha tomado significado y forma (MM, 39). El mundo de Mallarmé como el de Rainer María Rilke —el poeta de las Elegías del Duino y de los Sonetos de Orfeo— es un mundo enteramente metafórico y simbólico, un mundo donde la divinidad puede expresarse solamente con la palabra poética. Uno de los significados más simples de "espiritual" (*pneumatikón*), al menos en el Nuevo Testamento, es "metafórico" (GC, 56; WP, 119) por ser la metáfora, junto con el mito, el primer agente de la imaginación visionaria.

Con los simbolistas y Rilke nos hemos trasladado más allá de la poética y más allá de lo que Frye llama "hipotético". Mallarmé habla a veces como si pensara que la literatura fuera un "sustituto" de la religión. La obra pura implica la desaparición del poeta como locutor o hablante, cediendo su iniciativa a las palabras. Esa es la distinción regular de retórica poética: "No permitas que el yo cotorree. Deja que las palabras lleguen". Pero también se hace eco del consejo de Jesús: "No llevéis ni alforja ni sandalias. Y no saludéis a nadie en el camino" (Lucas, 10: 4). Quiere decir que el *kerygma* está al otro lado de lo poético: lo retórico.

Damos fin a esta sesión del mes de mayo con una cita de *Pasión crítica* de Octavio Paz, otra de Northrop Frye y la tercera de José Ortega y Gasset. "El espíritu crítico", dice Paz, "es la gran conquista de la edad moderna. Nuestra civilización se ha fundado precisamente sobre la noción de crítica: nada hay sagrado o intocable para el pensamiento europeo excepto la libertad de pensar. Un pensamiento que renuncia a la crítica, especialmente a la crítica de sí mismo, no es pensamiento. Sin crítica, es decir, sin rigor y sin experimentación, no hay ciencia; sin ella no hay sociedad sana. En nuestro tiempo, creación y crítica son una y la misma cosa […] El escritor no es el servidor de la Iglesia, el Estado, el Partido, la Patria, el Pueblo o la moral social: es servidor del lenguaje. Pero lo sirve realmente solo cuando lo pone en entredicho; la literatura moderna es, ante todo y sobre todo, crítica del lenguaje".[2]

El crítico, repite Frye sin cansancio, no es un juez sentado en el tribunal, frente a un achantado abogado defensor. Reconocemos que la crítica es parte de la literatura. No emite, o no debe emitir, juicios; no juzga las obras de arte; se une más bien, con los escritores, para juzgar la condición humana. Es ridículo el *ego trip* del crítico. Los juicios de valor son asuntos que arguye la gente. Un juicio de valor manifiesta con preferencia el gusto de moda de su tiempo. Los juicios de valor de la última parte del siglo XVIII decían que William Blake era un lunático.

La visión alternativa es que los juicios de valor han de recibir un veto debido a los cambios que se dan en la historia del gusto. A medida que cambia una época, los cánones del gusto también cambian. Un malentendido frecuente es pensar que la gente creía o cree que un crítico de literatura es ocupación de caballeros eruditos. Ese caballero es una persona que da gran importancia a su gusto personal: esto me gusta y esto no. Rechazar ese gusto es pasar de caballero a escoliasta. Todo cuanto lee lo ve en su contexto histórico personal. Hay que democratizar la crítica, removerla del área de la moralidad porque todo juicio de valor es un juicio moral camuflado.

En consecuencia, el juicio moral refleja la ideología dominante en cierta época. No se trata de eliminar los juicios de valor de la práctica crítica. No. Solo apuntamos las graves limitaciones del hecho que muchos juicios, así se pensaba, iban a trascender la época en que se hicieron. Pero nunca trascendieron, nunca trascienden. La censura, sirvienta dócil de los caballeros que enjuician por gusto, podría ser desterrada, al igual que Platón quiso desterrar a los poetas que contaban adulterios, y robos. A Don Quijote le pareció que deberían desterrar solo a los "poetas lascivos". Recordemos la máxima de Ortega y Gasset en sus meditaciones del Quijote: "Cada día me interesa menos sentenciar: a ser juez de las cosas, voy prefiriendo ser un amante. Veo en la crítica un fervoroso esfuerzo para potenciar la obra elegida. Procede orientar la crítica en un sentido afirmativo y dirigida más que a corregir al autor, a dotar al lector de un órgano visual más perfecto. La obra se completa completando su lectura".

Nuestra próxima meditación será la *Biblia* y la literatura. El lenguaje de la imaginación puede llevarnos más allá de la imaginación. Todo estudiante de literatura debe recordar que la *Biblia* exige de nosotros una respuesta literaria. El estudio de la literatura ha de ir más allá de sus límites corrientes. No hay, creo yo, libro que no haya tenido la influencia literaria de la *Biblia*; si bien no posee ella una forma literaria, posee muchas otras cosas. La estructura que ha dado la *Biblia* a la literatura occidental forma parte de la frase de Blake: el "gran código del arte". Estructuras semejantes se dan en otras culturas con otros libros sagrados. Si uno tratara de estudiar con seriedad la literatura islámica, por ejemplo, debería comenzar con el *Corán*. La segunda inferencia es:

si el lenguaje mítico y metafórico de la literatura es lenguaje primario; si el único medio de alcanzar una realidad espiritual está más allá del lenguaje; y si tal realidad existe, las obras de literatura son una fuente inexplorada de poder transformador.

* * *

Bibliografía del Capítulo 2

1   **Rank, O.**; *El nacimiento del héroe*, (Barcelona, Ediciones Paidós, 1981).

2   **Paz, O.**; "Discurso de ingreso del señor don Octavio Paz", (Memorias de El Colegio Nacional, Tomo 6, n.º 2/3, 1967, 1968, 61-62).

Capítulo 3
La Biblia y la literatura

La conciencia humana vive dentro de un universo de palabras que, a su vez, está en el universo de la naturaleza. Este ha sido siempre mi centro. La dificultad está en que la palabra universo *sugiere algo espacial mientras el universo verbal es un conflicto de poderes y, en consecuencia, existe tanto en el tiempo como en el espacio.*

—N. Frye,
Conversation[1]

Entramos en una pausada lectura mitológica y literaria de la *Biblia* y en una presentación de la estructura unificada de la narración y de las imágenes en ella. Todo esto forma el núcleo de *El gran código*: un universo verbal que, a su vez, está en el universo de la naturaleza. Apuntaremos aquí y allí el apasionado interés de Frye en descubrir y estudiar la relación de la *Biblia* con la literatura. La intención de este libro, *El gran código*, es estudiar la *Biblia* desde el punto de vista de un crítico literario. Su primer objetivo, en palabras de su autor, se reducía solo a proporcionar a los estudiantes la información necesaria sobre la *Biblia* en inglés como guía de estudio de la literatura inglesa. Valdría también la pena servirse de esta guía para la otras literaturas.

Hace algún tiempo, a mediados del siglo pasado, las universidades de EE. UU. ofrecían cursos de estudio de la *Biblia*. "Al examinar en otras universidades descubrí", declara Frye, "que muchos de ellos solían denominarse "la *Biblia* como literatura" o cosa parecida. Pero este no es el subtítulo de este libro *El gran código*. Los estudios de la *Biblia* como literatura eran antologías de textos de la *Biblia*: del libro de Job, del *Cantar de los Cantares* y de los aspectos poéticos de las parábolas de Jesús. Quizá una de las razones que los movía a esa selección de antología era que la *Biblia* parece ser no un libro sino una pequeña biblioteca de libros, miscelánea de varios textos (BCM, 8).

Era aquella una época en la que los estudiosos de la *Biblia* (bíblicos) se concentraban casi exclusivamente en cuestiones históricas. Les preocupaba, sobre todo, la historia de los textos y de las culturas que estos produjeron. Pero, aproximadamente a partir del año 1970, fueron surgiendo otros criterios diferentes en la lectura de la *Biblia*. Estos criterios pueden agruparse en tres categorías: literaria, científico-social y hermenéutica cultural. Es verdad que siempre ha existido una apreciación del arte narrativo de la *Biblia*. Sus historias se representaban en la escultura y en las vidrieras de las catedrales y de las iglesias medievales. La literatura occidental se ha visto bajo la influencia profunda de sus personajes, temas y símbolos bíblicos.

En el judaísmo y cristianismo, la lectura y la frecuente narración de historias en contextos devocionales y litúrgicos eran como el pan nuestro de cada día. Y, con todo, aunque la poesía bíblica hebrea ha sido materia de estudio académico desde el siglo XVIII, poca atención se ha prestado a la poética de la narrativa bíblica. Un primer gran impulso de interés en la narrativa de la *Biblia* contribuyó a la creación de estudios de religión en colegios y universidades. En tales contextos se estudiaba la *Biblia* "como literatura" considerado especialmente apropiado en los programas de estudio seculares.

Un ímpetu mayor en el estudio literario de la *Biblia* fue floreciendo con la labor de varios escoliastas en inglés y en la literatura comparativa que fomentó el análisis literario de los textos bíblicos. Los más conocidos o prominentes estudiosos fueron Northrop Frye (*El gran código: la Biblia y la literatura*, 1982), Robertt Alter (*El arte de la narrativa bíblica y el arte de la poesía bíblica*) y Frank Kermode (*The Genesis of Secrecy: A Study of the Gospel of Mark*). Alter y Kermode colaboraron más tarde en la edición de *The Literary Guide to the Bible*. Este novedoso enfoque literario difería del estudio histórico de varios modos.

Los investigadores históricos analizaban la prehistoria del texto (tradición oral y fuentes escritas) y el estudio literario se concentró entonces en la forma final del texto. Si el estudio histórico se interesaba en el mundo referido por el texto, el literario se fijaba en el mundo construido en él.

La palabra *Biblia* viene del plural griego *ta biblía* y significa "pequeños libros". Es también posible que la *Biblia* solo sea un nombre que damos por conveniencia a un conjunto de libros editados en un volumen. En *Ficciones* (1941), Borges inventa la biblioteca ideal o utópica. En "La biblioteca de Babel", una de sus ficciones, Borges comienza: "El universo (que otros llaman la Biblioteca) se compone de un número indefinido, y tal vez infinito, de galerías hexagonales, con vastos pozos de ventilación en el medio, cercados por barandas bajísimas…". En una nota de Borges se lee que Letizia Álvarez de Toledo ha observado que la vasta Biblioteca es inútil; en rigor, bastaría un solo volumen de formato común, impreso en cuerpo nueve o en cuerpo diez, que constara de un número infinito de hojas infinitamente delgadas.

Nos referimos anteriormente al apasionado interés de N. Frye al que C. Hamilton califica de profundamente obsesivo, al descubrir y reconsiderar la relación de la *Biblia* con la literatura.[2] Ese interés le dejó con un sentido de insignificancia total de todo cuanto él conoció o presumía conocer. El deseo de encontrar en su lectura infinitos sentidos conectados con el logos le fue tan fascinante al crítico literario, como a la mariposa que se siente atraída por una llama aun cuando al fin perezca en ella. Ese interés se manifiesta en *Anatomy of Criticism* (1957). "La teoría de los géneros literarios discutida en este libro", confiesa su autor, "me llevó de la mano al libro sagrado junto con sus analogías seculares o parodias, como si fuera la forma más comprensiva que pudiera razonablemente ser examinada dentro de la órbita literaria". Se le ocurrió entonces que esa perspectiva podría ir en reversa comenzando con el libro sagrado y luego pasar a la literatura secular.

El interés de Frye por descubrir y manifestar esa relación de la *Biblia* con la literatura es tan amplia que se remonta a su infancia, a sus primeros años de estudiante, y se deleita sin interrupción hasta su obra póstuma *The Double Vision* (1991), en la que Frye descubre una genuina unidad en la *Biblia* y manifiesta en dos aspectos. El primer aspecto, su unidad narrativa, se hace presente al lector a pesar de la naturaleza miscelánea de su contenido. Esto distingue a la *Biblia* de otros libros sagrados. En el *Corán*, por ejemplo, las revelaciones del profeta Mahoma, recogidas después de su muerte, los *sutras,* van organizadas según la longitud de los textos, sin un principio narrativo en su secuencia. Mahoma fue, sin duda, un gran poeta inspirado; pero se dio cuenta de que esta cualidad era precisamente lo que lo hizo sentirse desconfiado. Insistía que él no era un poeta sino un profeta.

Si el *Corán* es la Palabra de Dios, a Dios no le importa la secuencia narrativa. El *Libro de la Revelación* en el *Corán* se fija menos en la continuidad narrativa que en su contigüidad. En cambio, la *Biblia* sí se interesa en la continuidad y esto parece tener gran importancia para el estudio de la literatura. Pero también se debe a otras razones. El segundo aspecto de la unidad de la *Biblia* se manifiesta en el gran número de imágenes que recurren: montaña, oveja, río, colina, pasto, novia, pan, vino, etcétera. Estas imágenes tienen gran importancia en su unidad temática.

El Antiguo Testamento fue escrito en hebreo con la excepción de unos pasajes en un lenguaje arameo posterior que reemplazó al hebreo como lengua hablada. Fue probablemente la lengua que hablaron Jesús y sus discípulos. Y el Nuevo Testamento fue escrito en griego por escritores cuya lengua nativa probablemente no fue el griego. Escribieron en el griego popular que se fue extendiendo por todos los países de Cercano Oriente como lengua común o *koiné*. Frye observa: "Los escritores del Nuevo Testamento pudieron haber conocido el texto hebreo del Antiguo Testamento, pero cuando lo citaban, tendían a usar el *Septuaginta*: la versión de los Setenta. He aquí el comienzo de un principio muy importante para la historia del cristianismo.

En cualquier libro sagrado hay suficiente concentración en la escritura y se presta bastante atención a ella por parte de quienes la aceptan como sagrada o reconocen las características lingüísticas del lenguaje original. La interpretación judía del Antiguo Testamento hebreo inevitablemente pone sumo cuidado en los matices lingüísticos del original. La semejanza con el *Corán* está tan asociada con las características del árabe que, prácticamente, ha tenido que seguir el camino de la religión islámica. El cristianismo ha dependido, desde el comienzo, de la traducción. En "una vindicación de la Cábala", hallamos este texto de *Borges: Ficcionario*:[4]

> *Imaginemos ahora esa inteligencia estelar, dedicada a manifestarse [...] en voces escritas. Imaginemos, asimismo, de acuerdo con la teoría preagustiniana de la inspiración verbal, que Dios dicta, palabra por palabra, lo que se propone decir. Esa premisa (que fue la que asumieron los cabalistas) hace de la Escritura un texto absoluto, donde la colaboración del azar es calculable en cero... Un libro impenetrable a la contingencia, un mecanismo de infinitos propósitos, de variaciones infalibles, de revelaciones que acechan, de superposiciones de luz. ¿Cómo no interrogarlo hasta lo absurdo, hasta lo prolijo numérico, según hizo la Cábala?*

La idea de la *Sagrada Escritura* vino del Oriente. De libros escritos por el Espíritu Santo llegaron los coranes y las biblias. ¿Me equivocaría si digo que los teólogos musulmanes piensan del *Corán*, libro sagrado, como anterior a la creación de la palabra? El *Corán* está escrito en árabe y, con todo, lo piensan como anterior a la lengua. En efecto, piensan en él no como una obra de

Dios, sino como un atributo de Dios, de Su justicia, de Su misericordia y de toda Su sabiduría. Así llegó a Europa la idea de la Sagrada Escritura. Alguien preguntó a Bernard Shaw si pensaba que la *Biblia* es obra del Espíritu Santo. Y el escritor respondió sin titubear: "Pienso que el Espíritu Santo ha escrito no solo la *Biblia*, sino todos los libros". Transcurrido el período del Nuevo Testamento, el centro de poder en el mundo occidental se trasladó a Roma. Allí se asienta para futuras empresas. Con ese cambio se vio la necesidad de una traducción latina de la *Biblia*, lo que hizo San Jerónimo y se la conoció como la *Vulgata*.

Durante los siguientes mil años la *Vulgata latina* fue la *Biblia* en lo que concierne a Europa (CV 9, 110). Ante la forma de la secuencia narrativa de la *Biblia* nos es difícil contestar esta pregunta: ¿son historias o ficciones? Es casi imposible describir con definitiva exactitud cualquier cosa en el mundo exterior por medio de palabras porque las palabras van formando siempre sus propios modelos, sus pautas de sujeto y predicado y objeto. Están en constante formación de la realidad. Esencialmente "son ficciones gramaticales" (BCM, 21).

Pero no importa si una secuencia de palabras se llama historia o "una historia", es decir, si intenta o no seguir una secuencia de sucesos. En todo caso, en lo que concierne a su forma verbal, será igualmente mítica. Notamos aquí que la forma narrativa que tendríamos en una historia o en una obra de literatura, adquiriría la forma de una U. Esa forma de U es la forma típica de la estructura que conocemos como comedia. Toda la *Biblia*, observada como una "divina comedia", está incluida en esta clase de relato en forma de U. Si leemos la *Biblia* de comienzo a fin, se asemeja a la comedia (BCM, 22). "La narrativa de la *Biblia*, desde el punto de vista literario, es un romance cómico. Comienza con Adán-Israel en relativa prosperidad; sufre destierro y cautividad y restaura, o más bien renueva, el estado original".

Giovanni Maria Vian ha publicado un libro: *Filología e historia de los textos cristianos* (2005). Este libro narra una pasión, no tanto la del autor, cuanto la de los hombres que han sido protagonistas de una búsqueda incesante. El escritor Juan Manuel de Prada dice: "Es un libro que fervorosamente les recomiendo". "Quiero indicar", observa un lector en un primer párrafo, "cómo concibe el profesor Giovanni M. Vian el nacimiento de una escritura: no solo desde un punto de vista religioso sino también cultural, la *Biblia* y su interpretación representan, quizás, la aportación más relevante del cristianismo a la historia de la humanidad.

El gran código del arte

… ¿por qué será que este enorme Libro, tan grandioso e indiscreto, permanece inescrutable en medio de nuestro patrimonio cultural y frustra todos nuestros esfuerzos para profundizar en él?

—GC, XVIII

"**E**ste libro expresa un encuentro personal con la *Biblia* y, en ningún momento, la autoridad de un consenso de escoliastas", dice Frye en sus anotaciones personales durante la larga composición de *El gran código*. No es un libro de erudición bíblica y mucho menos de teología. Es una lectura mitológica y literaria como indica el subtítulo de *El gran código* (1988) en su versión castellana. Frye lee la *Biblia* y estudia su influencia en la tradición imaginativa de la literatura occidental poniendo de relieve su carácter particular. Y señala su diferencia con respecto a todas las demás epopeyas y libros sagrados.

Ahora bien, si nos preguntamos qué es lo singular en la *Biblia*, la respuesta obvia es la convicción, más fuerte entre los judíos que entre los cristianos, de que es materia y tema de estudio inagotable. Toda sociedad piensa que sus leyes son sacrosantas pues, según el Salmo 1:2, más se complace en la ley de Yahvé. Su ley susurra día y noche. La *Biblia* nos invita a contemplar la historia desde una perspectiva visionaria y poética, que se complementa con la ciencia para comprender la naturaleza del hombre. Por su carácter enciclopédico, la *Biblia* se extiende desde la creación hasta el fin del mundo: del Génesis al Apocalipsis.

Este libro es para William Blake la Carta Magna de la imaginación humana. Son los libros que dicen al hombre: eres libre para crear y para imaginar. Libertad, poder creativo y de imaginación, es lo divino en el ser humano. La génesis de la noción central de Frye es la siguiente: "Pronto me di cuenta de la prioridad de la mitología sobre la ideología, en la cultura. Después me percaté de que una mitología es una serie interconectada de mitos; y que la característica del mito —distinta, digamos, de la leyenda y del cuento popular— era que los mitos tienden a agruparse formando una mitología. Y sentí que nunca ha habido un término correspondiente para las obras de la literatura. Porque como la literatura crece de la mitología y es el producto más directo de ella, también tiene un grupo de historias interconectadas por convención y por unidades al que llamo arquetipos". La "historia" y no el argumento es el centro de la literatura y de la sociedad. La base de la sociedad es mítica y narrativa; no ideológica y dialéctica. Generalmente existen conflictos ideológicos en una sociedad con estructura mitológica compartida, porque los seres humanos no pueden quedarse en el nivel mitológico creyendo que una "historia" es verdadera o falsa.

El poeta nada proclama ni afirma. Cuando se da el desarrollo mitológico secundario, el lector se ve en el campo de proposiciones y de tesis, donde cada declaración implica su propio opuesto. ¿Por qué no escribir historias, poemas y obras de teatro, en lugar de crítica, a no ser que la crítica sea formulada en mitos y narrada más bien en forma de argumentos? El lenguaje, y en particular la metáfora, tienen un íntimo parentesco de afinidad con la mitología. La ideología se dirige al público y quiere producir en él un efecto cinético: ¡vayan y hagan algo! El poeta imagina y escribe de espaldas al oyente. No busca un efecto cinético en sus lectores; crea una ausencia para que su audiencia y lectores se conviertan en una presencia. El núcleo de su lenguaje poético es la metáfora, no proposiciones. Solo puede traducirse en proposiciones ideológicas más allá del nivel fundamental de la historia.

En los últimos diez años de su vida, aproximadamente de 1980 a 1991, Frye publicó tres estudios importantes de la *Biblia*: *The Great Code* (1982), *Words with Power* (1990), traducidas al español, y el libro póstumo *The Double Vision* (1991), versión abreviada y más accesible que los dos primeros.

Estos libros incorporan ideas ya presentes en su obra desde *Fearful Simmetry*. En The *Doble Vision* advertimos un cambio de visión de la *Biblia* en relación con la literatura; o "como literatura plus" (+), al verla como otra cosa diferente a la literatura. La explicación más obvia de este cambio de perspectiva es que tres de los cuatro capítulos fueron conferencias a la congregación de la Iglesia Unida de Canadá que quizá estaría más interesada en la *Biblia* que en la literatura. En esa ocasión Frye les habló no como crítico literario, sino como clérigo ordenado en su iglesia. Es probable que el intenso estudio tipológico de la *Biblia* requerido para escribir *El gran código* refrescara su conciencia y reconociera la singularidad de la *Biblia* y ese "algo más" que hemos mencionado.

"No conozco otro libro en el mundo", piensa Frye, "que posea una estructura ni remotamente parecida a la *Biblia* cristiana". O quizá la explicación podría ser simplemente el presentimiento de que su peregrinación estaba a punto de llegar a su fin. The *Doble Vision* parece sugerir la retractación tradicional de la vanidad del mundo. Sea cual sea su explicación, en ese momento le preocupaba el mito bíblico como partida y centro de liberación. Aquella fascinación suya por los infinitos misterios conectados con el logos sugiere que su interés se enfocaría, finalmente, no en la literatura en la que un ser humano habla a otro, sino en la *Biblia* donde Dios debate con Abraham o se enfrenta a Moisés; o habla directamente a Job; o lucha con Jacob. No ha de sorprendernos, pues, que en la conferencia dada cinco años después de haber terminado *El gran código* declarara: "La *Biblia* es el único lugar que conozco en nuestra tradición donde podemos tener una visión de la literatura que va más allá de la literatura. De este modo establece su relativa finitud incluidos todos los elementos de la literatura".[3]

En *Anatomy of Criticism* (1957), reconocía la idea de William Blake sobre que el Antiguo y el Nuevo testamento eran el "gran código del arte".

En estas obras finales desarrolló su lectura de la *Biblia* y su filosofía del lenguaje con todo detalle; y dejó un legado de gran interés para los teólogos y para los estudiantes de literatura. Pero Frye no escribió como teólogo aunque conocía la teología. Al dar a *El gran código* el subtítulo de La *Biblia* y la literatura, quiso poner en claro que no estudiaba la *Biblia* como literatura. En su lugar, tomó prestado del teólogo alemán Rudolph Bultman, la palabra griega *kerygma* o proclamación del *Evangelio* para describir la condición singular de la *Biblia* escrita con figuras literarias, para estímulo de la imaginación.

Pensaba Frye que el sentido de *kerygma* podría extenderse a toda la *Biblia* y lo usó como un modo de explicar por qué ella es, esencialmente, un libro retórico. Posee todos los medios del lenguaje sin comprometerse, por ello, con una intención literaria, que es precisamente lo que intenta la retórica. Es un tipo de lenguaje que, al mismo tiempo, es retórico y poético pero no es ni lo uno ni lo otro. Es semejante y desemejante al Apocalipsis y a la profecía. No desafía a la teología dogmática pero quiere dejar en claro que no hay espacio para la ortodoxia; o para argumentos de razón sobre lo que debe ser verdad en su aspecto religioso. Frye lee la *Biblia* como mito, que es más o menos verdadero que la experiencia ordinaria; mitos de lo que puede ser verdad o puede hacerse verdad.

La creencia lleva consigo aceptar la realidad de la imaginación, una realidad demostrada por la unidad orgánica de la literatura, para después poner esta realidad a prueba y ver cuán real es. La *Biblia* se dirige a una "comunidad abierta", no a una "comunidad cerrada" que forma la "fe profesada" y se convierte en una ideología rígida. En el centro de la religión hay una respuesta imaginativa: crea una sociedad con horizontes abiertos y anima a que otras creencias se interpreten sin contradicción alguna.

* * *

Poderosas palabras

Y la gente se admiraba de cómo les enseñaba porque hablaba con plena autoridad.

—Evangelio de Lucas, 4:32

Porque no estamos luchando contra gente de carne y hueso, sino contra malignas fuerzas espirituales del cielo, las cuales tienen mando, autoridad y dominio sobre este mundo oscuro…".

—Epístola a los Efesios, 6:12

La crítica literaria y cultural se ha dedicado a examinar las relaciones entre lenguaje y poder. Haciéndose eco del testimonio del evangelista Lucas, el crítico descubre y reconoce que el lenguaje es hogar y sede de la vida humana. Por tanto, una teoría de la sociedad ha de comenzar con una teoría del lenguaje y de sus varias funciones. Pero *Words with Power* no es un libro de exégesis teológica. Es, en frase del abogado McDonnel, un estudio de la huella divina, pero no del pie de Dios. Si *El gran código* trata la *Biblia* como un mito autónomo, en *Poderosas palabras* declara que la *Biblia* es el mito central de la civilización occidental.

Ahonda en la naturaleza del lenguaje y del pensamiento del libro que exige del lector una gran dosis de dedicación y de paciencia. En un pasaje que cobra gran sentido entre los Santos de los Últimos Días, Frye explica cómo las religiones organizan un gran cuerpo de leyes, de reglas y de ritos. Pero el verdadero crecimiento espiritual de una congregación religiosa se dará siempre y cuando sus miembros trasciendan estas normas legales en tres pasos: imaginativo, erótico y extático. En el paso imaginativo percibimos que la "realidad" forma parte de la ilusión de la memoria, mientras la ilusión de la imaginación se transforma en parte de nuestra realidad. El paso erótico lleva consigo la trascendencia de identidad y de diferencia. Identidad es amor y diferencia es belleza. El paso estático crea un sentido de presencia de nuestra unidad con otra cosa. Uno de los mayores aciertos de Frye ha sido rescatar el mito de la escoria intelectual de la civilización moderna. En lugar de reconocer el mito como una simplificación de una "historia", hace ver que este incorpora las verdades más elevadas. El mito es el alma misma de una sociedad: un cuerpo conectado de historias importantes que una sociedad necesita conocer.

En *Poderosas palabras* queda confirmada la única naturaleza de la *Biblia*. Después de decir que debemos "atravesar el territorio de la literatura" para llegar al modo verbal de la *Biblia*, Frye añade: "Tenemos que salir de él y tomar otro camino". Este cambio de ruta lo llevó a retractarse de algo que, si recordamos, había dicho por primera vez. En *The Secular Scripture*, al definir la *Escritura* secular como "una única visión integrada del mundo, paralela a la visión cristiana y bíblica", tomó nota de la observación de Wallace Stevens que decía: "Los grandes poemas del Cielo y de la Tierra han sido ya escritos, pero aún queda por escribirse el gran poema de la Tierra". Es improbable, teniendo en mente la reflexión de Stevens, que esto ocurra porque un poema de la Tierra sería una narrativa sin fin y sin la visión de quien mira arriba y abajo. En consecuencia diríamos, en términos del *axis mundi*, que la literatura puede indicar el camino del futuro o del pasado, pero solamente la *Biblia* apunta el camino hacia arriba o hacia abajo.

Las dos visiones en *The Double Vision* son la natural y la espiritual que Frye examina en el lenguaje, naturaleza, tiempo y Dios. En estos términos polarizados la literatura pertenece a la visión natural. Crea un mundo que el espíritu puede habitar, pero esto no nos basta para hacernos seres espirituales. Según eso, se contrasta o se opone a la visión espiritual de la *Biblia*: "El lenguaje literario del *Nuevo Testamento* no intenta, como la literatura, simplemente suspender juicio sino conceder una visión de la vida espiritual que continúa transformándose y expandiéndose durante nuestra vida.

Es decir, sus mitos se transforman en metáforas para la vida ya que las metáforas puramente literarias no pueden hacerlo. En la fase final de su crítica, Frye contrasta la *Biblia* y la literatura en términos que no excluyen su armonía final. Se refiere a la unidad de la literatura como cualidad definitiva en contraste con la *Biblia*, en la cual, "nos parece ir de la unidad a algo diferente que no está en conflicto con ella". Sugiere que la *Biblia* va más allá de la unidad, incorporando al lector. La misma sugerencia vale cuando declara que mito y metáfora, en literatura, son solo entidades hipotéticas que en la *Biblia* se convierten en existenciales "… incorporando al lector con una complementación que la literatura no puede lograr" (Auguries, 5). El mundo de Dios busca una respuesta humana que se recrea dentro del individuo. Al comentar el aforismo de Blake, "que el Antiguo y el Nuevo Testamento son el gran código del arte", establece el último contexto de todas las obras de literatura. Puede ser que esto baste para Blake pero no para Frye, pues él agrega un contexto más, que abarca más que la literatura vista en relación con la *Biblia*:

> *Es más bien la visión expandida que él llama Apocalipsis o Juicio Final: la visión del fin y la meta de la civilización humana como el universo entero en la forma del deseo humano de verlo como un cielo eternamente separado del infierno.*

> —*The Stubborn Structure*, 1970, 172

Esta visión abraza la relación de todos los textos sagrados con toda la literatura dondequiera que estén los infinitos misterios conectados con el "logos o expresados en el lenguaje".

> *… la noción de un libro sagrado (es) del todo distinta de la noción de un libro clásico. En un libro sagrado son sagradas no solo sus palabras, sino las letras con que fueron escritas. Ese concepto lo aplicaron los cabalistas al estudio de la Escritura.*

> —J. L. Borges,
> *La cábala*

Volvamos a la noción de libro sagrado. Normalmente un libro sagrado está compuesto y concentrado de poesía. A diferencia de el *Corán* de los musulmanes y del texto hebreo del Antiguo Testamento, asociados con sus respectivas lenguas, la *Biblia* de los cristianos se basa en la traducción de la *Vulgata* en latín de la *Biblia* que por mil años ha sido la *Biblia*. Frye descubre la energía esencial, es decir, lo que una traducción revela: el *langage*; o lo que la hace posible expresar cosas semejantes en diferentes *langues*: francés, español, inglés, etcétera. Si consideramos la *Biblia* como un libro sagrado, la crítica ha de preguntarse qué lenguaje es el más apropiado para aproximarse a la religión y entenderla.

En nuestra cultura las historias sagradas del gran *Libro* se representan como sucesos verbales. Las profesiones de fe, el símbolo del Credo, el misterio de la

Eucaristía, las definiciones dogmáticas de los concilios, las creencias, son fórmulas verbales. Los sacramentos, las ceremonias rituales, se expresan en explicaciones verbales. Los mandamientos de Dios y de la Iglesia, sus encíclicas, los declaraciones episcopales, se manifiestan en palabras. Dios se nos da a conocer por un vehículo lingüístico. La misma vivencia religiosa es incomprensible sin su fundamento verbal. La esencia de la religión viene, pues, envuelta en palabras: poderosas palabras. Si la religión es teísta, la voz desciende en palabras de Dios; y si no es divina, es simplemente lenguaje.

Tradicionalmente, la organización de palabras vinculadas con tales criterios, como verdad y realidad, se expresan, primero, en lenguaje descriptivo; segundo, en lenguaje conceptual, dialéctico o argumentativo.

Northrop Frye dejó en manos de la crítica nuevos modos de pensar en la vitalidad de la literatura. Todos los géneros literarios relacionados entre sí establecen, aunque indefinidamente, un universo literario. Desde *Fearful Symmetry* hasta *Palabras poderosas*, Frye permaneció centrado en una visión del mundo bíblico. Logró neutralizar el dogma cristiano arguyendo que la *Biblia* es radicalmente mítica y metafórica, libre de dogmas particulares, como la veía William Blake. Pero aún queda pendiente una cuestión: ¿no es la literatura occidental, en un sentido significativo, básicamente siempre pagana?

La literatura y todas las artes, desde Homero hasta los modernos, se desarrollan en oposición a la tradición hebreo-cristiana iconoclasta, con una persistente antipatía por la imagen. Pero no hemos de perder de vista la función específica de orientación histórica en el judaísmo y cristianismo. La *Biblia* es un modelo, un arquetipo de filosofía perenne y de sempiterno *Evangelio*. *El gran código* no dice que la *Biblia* es literatura sino que posee cualidades literarias. Leerla como mito o como obra imaginativa es un primer paso hacia una genuina reforma del cristianismo.

Un siguiente paso requiere una actitud de cautela: cuanto menos se adhiere a la creencia, mejor. Un paso siguiente nos lleva a esta consideración: la creencia es acción derivada de la visión. Una creencia que no sea axioma visible de acción no es una creencia real: "Me interesa la *Biblia* específicamente porque está escrita en el lenguaje de la literatura, lenguaje del mito, metáfora, figuras de lenguaje, retórica, símbolo y analogía. La función de la *Biblia* es dar a conocer el mito y la metáfora. No es cosa de experiencia. Una respuesta de experiencia corresponde a la imaginación del lector. La *Biblia* prepara y guía la experiencia. Una experiencia mítica desorganizada contribuye a emociones de histeria. La *Biblia* no se llama a sí misma *Biblia*, ni la Palabra de Dios quiere decir *Biblia*. Algo que le ocurre a la *Biblia* es que su lectura es malentendida. Esta paradoja se vuelve en una constante recreación y no podemos trasladar la *Biblia* a una época en que no haya sido recreada.

* * *

Verdad y ficción en la Biblia

Decíamos ayer que un mito es un simple esfuerzo primitivo de la imaginación para identificar el mundo humano con el mundo no-humano. Y su historia más típica es la historia de un dios. Más tarde, cuando se convierte en literatura, el mito se transforma en un principio estructural de narrar historias. Los mitos se agrupan en una mitología; y esa agrupación de mitos toma la forma de un sentimiento de identidad perdido que tuvimos una vez y podemos un día recuperar. La forma más completa de este mito se nos da en la *Biblia*, formando así el estrato inferior en la enseñanza de la literatura.

Al abrir la *Biblia* nos vemos siempre ante una doble imagen. No miramos a través de una ventana de cristal limpio y transparente. Parece y es un doble espejo donde ella misma se refleja: la *Biblia*. Es doble visión y crea nuevas sorpresas. Tradicionalmente la lectura ideal de la *Biblia* era muy rigurosa. Debía ser literalmente verdad en un medio claro y transparente donde las palabras iban descubriendo al lector un rico tapiz histórico de sucesos y de nociones doctrinales. También parece un asombroso vehículo de revelación. Detrás de las palabras como "revelación" parece existir algo realmente objetivo: una epifanía, una manifestación. Además se le revela al lector que el *Libro* es "inspirado", es decir, que los redactores del libro trascribieron lo inspirado por el Espíritu Santo en un dictáfono sagrado de un poder espiritual externo. El lector se encuentra ahora entre dos direcciones a seguir: una es la que llamamos centrípeta; otra es la centrífuga. La centrípeta establece un contexto de las palabras leídas; la centrífuga nos recuerda el significado de ciertos objetos en el mundo externo. El sentido externo toma, a veces, una estructura paralela a la estructura verbal y la llamamos estructura verbal descriptiva o no literaria. Aparece aquí la cuestión de la verdad.

Una estructura es verdadera si responde satisfactoriamente a la estructura externa. La noción común de mito e historia es: la historia es lo que realmente ocurrió; y el mito, lo que probablemente no ocurrió pero pudo haber ocurrido. El historiador trata de captar el pasado en el presente. Si, por ejemplo, queremos describir la Rendición de Granada (1492) tratamos de mostrar lo que pudiéramos haber visto si hubiéramos estado presentes en aquel momento histórico en presencia de los Reyes Católicos Isabel y Fernando ante el rey Boadbil, como en el cuadro pintado por Francisco Pradilla Ortiz (1882). En ese contexto histórico, "verdad" significa verdad de correspondencia. Una historia o una estructura de palabras está alineada con un conjunto de acciones; y se juzga verdadera si es una réplica verbal satisfactoria de esas acciones. Pero la verdad de correspondencia no concierne al crítico literario. Este trata con formas verbales que no están relacionadas con factores externos o vinculadas a proposiciones y, en ese contexto, nunca son verdaderas.

En un mito preliterario no se pregunta: "¿es esto verdad?", porque los problemas lingüísticos en establecer la verdad verbal aún no aparecen en primer plano sino en el trasfondo. La pregunta es: "¿tenemos que conocer esto?", y la respuesta afirmativa caracteriza el genuino mito preliterario. Pero cuando una cultura se hace pluralista, más especializada, la noción de literatura, tal como la conocemos, pasa a primer plano. Los poemas de Homero, en la temprana fase de la cultura griega, eran primero obra de un cantor, un rapsoda escritor que los griegos educados tendrían que haber conocido. Para nosotros, en cambio, están felizmente a salvo dentro de la categoría de literatura.

Borges recuenta el caso del rapsoda Jenófanes de Colofón que, harto de los versos homéricos que recitaba de ciudad en ciudad, fustigó a los poetas que atribuían rasgos antropomórficos a los dioses; y propuso a los griegos un solo dios que era una esfera eterna. Tan pronto se reconoce claramente ese hecho, brota la pregunta que llevó al filósofo Platón a atacar a Homero y a todos los poetas: ¿Qué clase de estructura declara o trasmite la verdad? En la mente popular solo hay un medio en el que las palabras pueden expresar verdad y, por tanto, es la verdad llamada "verdad de correspondencia": un conjunto de palabras describe una serie de hechos acaecidos. Si la verdad de correspondencia es la única forma de verdad verbal, entonces todas las estructuras literarias o míticas son esencialmente no-verdaderas y, mientras las estructuras no-literarias pueden ser verdaderas o falsas, todas las estructuras deben ser no-literarias.

> "... *el poeta puede contar o cantar las cosas, no como fueron, sino como debían haber sido; y el historiador las ha de escribir, no como debían ser, sino como fueron, sin añadir ni quitar a la verdad cosa alguna.*

—*El Quijote*, cap. 3, II parte

Hemos leído ya, con gran interés, la introducción y el primer capítulo de *La Versión no autorizada*: *verdad y ficción en la Biblia* (1991) del historiador inglés Robin F. Lane. Procuraré dar aquí un resumen de este primer capítulo. He de indicar, de paso, que este historiador, como él mismo sugiere, escribe con una intención obviamente iconoclasta. Intenta explorar la evidencia y la verdad histórica del libro sagrado, pero no de la fe. Esta versión es no-autorizada, entre otras razones, no porque escoliastas judíos y cristianos hayan tratado de suprimirla, sino porque la misma *Biblia* no lo declara; porque hace preguntas que la misma *Biblia* las pinta oscuras (UAV, 7). La versión no-autorizada es, ciertamente, un buen ejemplo de crítica escoliasta de la *Biblia*. Es difícil pensar de otro libro de un especialista bíblico que presente la *Biblia* y su mundo con tanta sencillez y estudie los problemas de sus orígenes y sus hechos históricos. En parte la oscuridad de la *Biblia* se debe a los autores, a su desarrollo, a su verdad histórica. En esta versión se distinguen varios aspectos de verdad: la literaria y la estética, la metafísica y la psicológica.

Al historiador le concierne, ante todo, la verdad histórica. Quiere averiguar si los sucesos alegados ocurrieron o no. Podrá haber mucha "verdad" en algunas de las narraciones consideradas como "historias". ¿Creyeron los autores que todo ocurrió tal y como lo describían? Es el lector quien trata de salvar su creencia llamando a sus historias mitos como si ellos pretendieran solo expresar una verdad general como la intervención de Dios en la creación, o quizá el don de libertad moral de los seres humanos.

La sagrada *Biblia*, como obra poética, puede muy bien leerse como una metáfora gigante y compleja. Mas esta metáfora, bien entendida, lejos de ser un adorno accesorio del lenguaje bíblico, es uno de los grandes ejemplos del pensamiento mítico y poético, en oposición al pensar histórico. Desde el primer capítulo del *Génesis* hasta el capítulo XII del *Libro de la Revelación*, la *Biblia* está escrita en el lenguaje del mito y de la metáfora. Frye ve en su libro, *Words with Power*, un segundo estudio de la *Biblia* y la literatura. La *Biblia* está animada por un núcleo interior de estructura mítica y metafórica. Es mítica en cuanto narra la historia de la redención del hombre desde el comienzo hasta el fin de los tiempos; es metafórica por el modo en que esas imágenes yuxtapuestas forman un retrato apocalíptico de un cosmos construido según categorías de energía humana. Según eso, ¿quién puede no imaginarse la *Biblia* como un jardín de metáforas? Ahora entiendo mejor por qué Borges recurre a Escoto Erígena, quien dijo que la *Escritura* es un texto que encierra infinitos sentidos y que puede ser comparado con el plumaje tornasolado del pavo real (BCM, 212).

* * *

Retórica en la Biblia

Una parte de la *Biblia* nos muestra su centro de gravedad en el Nuevo Testamento, considerando su estilo y ritmo característicos. La versión de King James, elogiada por su simplicidad, goza de gran prestigio. Existe también una clase de simplicidad que pudiéramos llamar democrática porque el escritor se expresa con claridad, lucidez, sin poner barreras ante el lector. Pero existe además otra clase de simplicidad que puede llamarse de autoridad; expresada con gran claridad y verdad en las tablas de la Ley: los diez mandamientos. También se expresan con claridad y autoridad los mandatos de la vida militar. Un oficial del ejército ordena y manda en un modo imperativo, en sintaxis directa, breve, clara. Porque si usara el modo subjuntivo con los soldados a su mando, no se arrojarían a las alambradas a no ser que estuvieran medio embriagados; no arriesgarían su vida para destruir un nido de ametralladoras a cien pasos de su trinchera.

La simplicidad de la *Biblia* se manifiesta de forma lapidaria en el decálogo con las palabras del Comandante en Jefe: divino e invisible. El "no matarás" (*Éxodo*, 20:13) es un mandamiento claro y rotundo: de suprema autoridad. Esa autoridad también desciende de la literatura sapiencial. El sabio habla respaldado por la tradición y por los profetas porque su función es decir: "Esto dijo el Señor". Notamos que Jesús hablaba así en sus discursos a la muchedumbre: "…porque lo hacía con plena autoridad y no como los maestros de la ley" (*Mateo*, 7:29; *Marcos*, 1:22): "Habéis oído que se ha dicho… pero yo os digo". Y eso es todo. La *Biblia* emplea una clase de retórica especial. Una es la del orador que quiere persuadir a una audiencia; otra es el estudio del lenguaje figurado. A la retórica especial de la *Biblia* los escoliastas le han dado el nombre de *kerygma*, palabra griega que significa proclamación.

Esa proclamación es el núcleo de lo que dice la *Biblia* en respuesta a una cuestión existencial: qué debo hacer para salvarme. La voz de la autoridad resuena en las epístolas de Pablo. El apóstol hace una distinción clara entre lo que él dice que él sabe: es la voz de Dios; y lo que dice de su propia cosecha.

Amonesta a sus lectores, lo que no debe tomarse con el mismo grado de autoridad. Pablo distingue la persona natural y la espiritual: el *soma phisikós* y el *soma penumatikós* (I Corintios, 2). En el Antiguo Testamento el énfasis cae en la Ley; en el Nuevo Testamento, extremo opuesto de la ley secular, cae en el estado mental del individuo y en la acción. Es decir, la concepción del Evangelio, la de un reino espiritual del que somos miembros obedientes de sus leyes. No creo que pueda incorporarse a la sociedad en forma de legislación (BCM, 216). Algunos lo desearían con preferencia a la ley del amor. Decimos que el lenguaje poético está íntimamente asociado con el lenguaje retórico. Ambos hacen uso intensivo de figuras del lenguaje.

La *Biblia* usa un lenguaje que es tan poético como pudiera ser, sin ser realmente un poema. Está escrito en un estilo retórico aunque es un tipo especial de retórica que el teólogo Rudolph Bultman llama *kerygma*. La retórica da cierta resonancia emocional al argumento, venga de Cicerón frente a Catilina en el senado romano, o de la voz del predicador en un sermón cuaresmal. Algunas iglesias de las antiguas Misiones de California aún conservan un púlpito llamado también cátedra del Espíritu Santo, desde donde se predicaba. Habrán visto en esos púlpitos al Espíritu Santo en forma de paloma blanca, bajo un cielo raso encarnado del portavoz, sobrevolando la cabeza del predicador, como si lo inspirara y santificara su retórica. Los fieles, que atentamente lo escuchan, quieren sentir en su conciencia una conmoción: que los persuada a vivir un nuevo estilo de vida o enderezarla, si posible fuera. A veces, el celebrante menciona las palabras de conversión interior, puntos de reflexión, rasgos de la identidad cristiana, etc.

El fin de la retórica es unir, por una fuerza externa, un acuerdo en principios ideológicos o una conversión. No busca demostración de pruebas sino convicción en sus oyentes. En ese contexto, la retórica requiere un oyente que escuche a un hablante y un lenguaje que, por un golpe de gracia, enmudezca. Es lenguaje logocéntrico y centrado en el hablante. Aunque esté escrito, se presume el contexto oral y gobierna la escritura. Hay dos niveles de retórica condicionados por el deseo de comprometerse a estas cuestiones: ¿Qué debería creer?, nivel alegórico medieval; y ¿qué debería hacer?, nivel moral. El fin es persuadir al oyente: que revele, confiese y ponga en acción su verdadera creencia. Es una retórica ideológica que, si inspira, es conmovedora.

Los fundadores del cristianismo hablaban a menudo un lenguaje con expresiones idiomáticas del pueblo. Eran proverbios populares, en ocasiones frases hirientes, algo de condenación para que los que dormitaban, despertaran. No era un lenguaje sagrado ni un lenguaje estático. La lengua común era el medio apropiado de revelación. Esta tensión entre la buena nueva del Evangelio y los modos del lenguaje de la humanidad se manifiesta en la Iglesia primitiva en aquel fenómeno de Pentecostés: la *glosolalia*, hablar en lenguas. Lenguas de fuego sobre la coronilla de los apóstoles en Pentecostés; lenguas para los primeros misioneros de la palabra por todo el mundo. Aquel portento se convirtió, después, en un modo de lenguaje estrictamente controlado o bien desaprobado por la Iglesia, aunque se dice que el Espíritu Santo sopla dondequiera. La *Biblia* apenas concibe la idea de un lenguaje sagrado especial, como el del latín usado en la liturgia de la Iglesia. Probablemente Jesús habló en el dialecto vivo de su época, no en el lenguaje de las Escrituras. La noción de un lenguaje sagrado era igualmente desconocido en el antiguo Israel y solo surgió en el judaísmo en su lucha contra la asimilación.

La pluralidad de lenguas en el mundo más ancho y ecuménico ha sido considerada una bendición en la tradición: a más lenguas, mayores bendiciones (*Génesis*, 10). Hoy se dice a los monolingüistas: a más lenguas, más comunicación. Hablar dos lenguas es mejor que una sola, escribe sin cansarse el novelista Carlos Fuentes. Existe, sin duda, una retórica de fe: la del Espíritu. La aparición de aquellas lenguas de fuego, el hablar diferentes lenguas sin confundirse, dramatiza este hecho: no existe lenguaje cristiano peculiar, único. La retórica cristiana en la interpretación de los libros sagrados forma parte del mito cristiano.

Averil Cameron entiende por retórica cristiana formas características o medios de expresión, orales o escritos. O hasta de los medios visuales de difusión. En la tradición de Cicerón, de Quintiliano, el orador debe educar su voz y afinar sus cuerdas vocales, como un violinista cuida y afina su instrumento. Parece evidente que, durante la era cristiana, al comienzo del período de la Roma imperial, existía poco conflicto entre retórica y filosofía en materia de educación. Existe literatura secundaria que ha sostenido lo contrario fiándose en el *Gorgias* de Platón. Las escuelas de retórica enseñaban filosofía al menos en manuales escolares; y las escuelas filosóficas prestaban gran atención a los manuales de retórica. La interacción de filosofía y retórica se convierte en un importante contexto de la literatura cristiana primitiva.

La concepción central de fe en el Nuevo Testamento se asienta en los fundamentos de la tradición retórica griega de persuasión. Si la fe es una forma de persuasión, tiene conexiones con las discusiones de demostración filosófica y de probabilidad retórica. Hay en los Evangelios y en las Epístolas una variedad de formas retóricas. Es retórica deliberada que trata de conmover a una audiencia con vistas a una acción en el futuro. La retórica trata de influir en los oyentes con un tema presente, ora alabándolo ora denunciándolo; la retórica judicial intenta convencer a un oyente del valor de algo en el pasado.

El Sermón de la Montaña, por ejemplo, está animado de una retórica deliberada. La retórica del evangelista Juan (13-17) expande un tema noble en sí mismo. La *II Epístola* a los Corintios es judicial. Las tres formas se dan en las *Epístolas* de S. Pablo. El cristianismo del Imperio Romano reconocía gran valor en las palabras y puso un orden articulado en su poder de expresión: para persuadir. No era un simple rito. Daba extraordinaria importancia a la formulación verbal; el lenguaje constituía una de sus metáforas básicas y sirvió de marco a los textos escritos. Para formular su fe llegó a imponerse restricciones *in intento*; y tener, con el tiempo, éxito y autoridad en su discurso. Fue crítico, en particular, el segundo siglo del cristianismo para controlar su propio discurso y definir su fe. Jesús enseñó especialmente en parábolas. Después de su muerte, apareció la retórica de diatriba paulina; más tarde se escribieron los Evangelios, recreados del texto de la vida de Jesús: dichos y hechos. Siguiendo a San Pablo, podían poseer la verdadera filosofía de la vida frente a la escasa sabiduría del mundo. Mas en esa declaración había una profunda ambigüedad, como lo da a entender el mismo Pablo: "Pero hermanos, cuando yo fui a hablarles de la verdad secreta de Dios, lo hice sin usar palabras sabias ni elevadas. Y yo, hermanos, cuando vine a vosotros, vine no con la excelencia (*I Corintios*, 2:1).

Los primeros escritos del Nuevo Testamento están impregnados de elementos literarios que tienen algo en común con otros tipos de escritura. Son sutiles y complejos, cualidades que, juntas, excluyen la noción de que los primeros escritos cristianos eran una manifestación ingenua y espontánea. La literatura cristiana no es tan simple como se creía, aunque convenía que así lo fuera. Es una equivocación buscar algo original y único en la expresión cristiana especialmente si se tiene en vista el énfasis puesto en la proselitización. ¿Sería el mensaje cristiano como quería S. Clemente una "nueva canción"?

San Agustín pensaba que la retórica cristiana era muy diferente de la pagana; esta ponía su arte en defensa de lo verdadero y falso; la cristiana, solamente en la verdad. En su teoría de interpretación San Agustín daba gran importancia a la intención de la autoridad: "Vosotros con toda vuestra elegante dicción no impedís las enseñanzas de Cristo; nosotros, en cambio, al pronunciar el nombre de Cristo, espantamos a todos los demonios a quienes teméis como dioses".

Metáfora e imagen eran las características del modo literario del cuerpo de la *Sagrada Escritura* con el que los escritores cristianos del temprano imperio tuvieron que modelar el misterio. Jesús habló en parábolas, con alusiones escriturarias y por medio de la tipología. Pablo insiste en el misterio de la verdad cristiana y en la incapacidad de las palabras para expresarla: "Porque el reino de Dios no es cuestión de palabras, sino de poder" (*I Corintios*, 4:20): por su autoridad. En otro lugar dice: "Una carta que no ha sido escrita con tinta, sino con el Espíritu del Dios viviente; una carta que no ha sido grabada en tablas de piedra, sino en corazones humanos" (*II Corintios*, 3:3).

La metáfora es el corazón del lenguaje cristiano. "Y nosotros somos partes de ese cuerpo, miembros de su cuerpo, de su sangre y de sus huesos… Esto es un secreto muy grande; pero yo me estoy refiriendo a Cristo y a la Iglesia" (*Efesios*, 5: 30-32). Pero la metáfora no era la única técnica empleada. También funcionaba en la literatura cristiana, como estratagema, un tropo para permitir la articulación entre los mundos humano y divino. Pablo enuncia así la metáfora cristiana más característica del cuerpo: "Porque como el cuerpo es uno y tiene muchos miembros y todas las partes de ese cuerpo, siendo muchas, son un cuerpo: así mismo es Cristo" (*Corintios*, 12:12 y 12:31). El misterio de la Encarnación de Cristo imponía el lenguaje del cuerpo y, con él, el simbolismo corporal en la escritura cristiana. Los dogmas centrales de la ortodoxia cristiana se fijan en el cuerpo como símbolo de una verdad elevada.

* * *

Literalismo y fundamentalismo

Orígenes predicó en Cesarea contra aquellos que tomaban demasiado literalmente las palabras de Cristo a pesar de que Él había bendecido a quienes se habían convertido a sí mismos en eunucos por respeto al reino de los cielos.

—P. Brown,
El cuerpo y la sociedad

Originalmente la alegoría era una figura que Cicerón definió como una "continua corriente de metáforas" (*Orator*, 27-94). Jenófanes y Platón dan a la interpretación no-literal el nombre de *hiponoia* o sentido profundo. Alegoría, un término acuñado por los gramáticos helenistas, adquirió actualidad en los círculos cristianos con Pablo (*Gálatas*, 4:24). Refiriéndose al ejemplo de Agar y Sara dice: "Esto tiene un sentido profundo; las dos mujeres representan dos pactos: uno es el del monte Sinaí y está representado por Agar; los que pertenecen a este pacto nacen para ser esclavos".

Los escritores griegos cristianos describían a la alegoría como "interpretación espiritual" (*pneumatiké diéguesis*). Orígenes (ca. 185, ca. 251) era un gran teólogo bíblico. No disponía, entonces, de otra forma mejor de transmitir las reglas de fe de la Iglesia sino exponiendo los varios modos en que la Palabra eterna es "ahora" encarnada en el presente: presente en la palabra de la *Escritura*. Cada palabra de la *Escritura* es sagrada porque, más allá del sentido literal o histórico, no presente en cada pasaje, surge siempre un sentido espiritual que es Cristo o señala a Cristo, si no literalmente, sí al menos en estilo metafórico, tipológico o alegórico. No es el Jesús histórico sino el logos eterno, personificado y glorificado que, habiendo vuelto al Padre, ahora está espiritualmente presente en los cristianos en forma espiritual y misteriosa. Este es, pienso yo, el alma del pensamiento de Orígenes. Hasta en los Primeros Principios, su estudio más sistemático o especulativo, defiende esto.

"Se ha dicho de Orígenes", apunta el historiador Peter Brown, "que siendo un joven de unos veinte años, hacia 206, había ido discretamente a visitar a un médico para que lo castrara". "En aquel tiempo la castración", dice Carlos Rodríguez, "era una operación rutinaria. Los partidarios de Orígenes estaban dispuestos a creer que se había sometido a esta operación con el objeto de evitar los rumores calumniosos según los cuales gozaba de intimidad con las mujeres que espiritualmente estaban a su cargo. Asentado en Alejandría, Orígenes se convirtió en guía espiritual a una edad precozmente juvenil. Un grupo de jóvenes cristianos comprometidos y de conversos recientes, gravitaba alrededor del joven maestro.

En su escuela de Cesarea, Orígenes enseñó y predicó regularmente como sacerdote, explicando la *Escritura* en la iglesia, hasta su muerte. Allí, en un curso de estudios o seminario sobre la *Escritura*, debió conocer a un estudiante judío, probablemente converso a la nueva fe, quien le dio esta explicación de la alegoría, que la refiere el autor de la versión no autorizada: "Toda la *Escritura* divinamente inspirada es, a causa de su oscuridad, como una casa en la que hay muchas habitaciones cerradas. Pero junto a cada una de ellas hay una llave que no encaja. La tarea más importante consiste en buscar las llaves y poner cada una en la habitación que puedan abrir". El propio Orígenes llegó a ser un experto llavero que metía a la fuerza muchas llaves alegóricas en cerraduras que se resistían. Gracias a esas llaves encontró significados totalmente nuevos del sentido literal del lenguaje bíblico.

El uso de la alegoría por Orígenes fue fuertemente atacado por Porfirio y por cristianos a quienes él mismo alude en sus obras bíblicas. Pero no fue una invención particular de Orígenes. Tenía muchos precedentes entre paganos y judíos. Las alegorías de Orígenes eran llaves falsas para descubrir el sentido simple de la *Escritura*. Sin embargo, pensaría Orígenes, como él sugiere en algún lugar, que le habían sido dadas por inspiración de Dios y estaban reservadas a unos pocos predilectos discípulos cristianos. Solo quien cierra, puede abrir.

San Agustín había dicho en su *Tratado de Doctrina Cristiana* (III, 38): "¿Qué disposición más liberal y fructífera podría haber tomado Dios con respecto de las Sagradas Escrituras que la de que las mismas palabras pudieran ser entendidas en diversos sentidos, todos los cuales están sancionados por el testimonio coincidente de otros pasajes igualmente divinos?". Según W. Blake (Carta a Butts, 22 de noviembre de 1802) el esquema medieval de un significado cuádruple en todas las cosas —la cuadriga, el carro tirado por cuatro caballos—, por mecánico que sea en la práctica, es al menos un precepto para no detenerse en un solo significado sólido y constante. Como también en Blake: "Ahora yo veo una cuádruple visión y una cuádruple visión me es dada a mí; es cuádruple en mi supremo deleite y triple en la noche de suave Beulah, y siempre doble. ¡Que Dios nos libre de la visión única y el sueño de Newton!

El Espíritu Santo es un escritor elocuente, un vehemente y un copioso escritor, pero no palabrero; tan alejado de un estilo indigente como de uno superfluo.

—J. Donne 1572-1631

Durante siglos, mucha gente ha creído que la *Escritura* es la palabra infalible de Dios. Flavio Josefo pensaba que las Escrituras hebreas eran verdad divinamente inspirada. Allá por los años 90, un cristiano desconocido afirmaba que las Escrituras son la palabra verdadera del Espíritu Santo. Ireneo, obispo de Lyon, afirmaba que las Escrituras son perfectas porque fueron obra de la palabra de Dios y de su Espíritu. La creencia en que, como palabra de Dios, nunca yerra ha sido preeminente en el cristianismo evangélico desde el siglo XIX.

La noción de la palabra infalible de Dios en la *Biblia* tiene todavía fervientes defensores: se les llama fundamentalistas. "Pero creo que con los fundamentalistas, en sentido estricto, existe un malentendido", advierte Lane Fox. No sostienen que la *Biblia* sea toda literalmente verdad. Afirman más bien que la *Biblia*, bien entendida, nunca incurre en el error: es inerrable. Esta creencia va unida a la creencia de que la *Biblia* ha sido inspirada por Dios. Lo que los así llamados fundamentalistas afirman de la *Escritura*, cualesquiera que sean sus motivos o razones para sostenerlo, tiene un pedigrí mucho más antiguo. Una escritura infalible exige aceptar la alegoría, la creencia de que un texto puede parecer decir una cosa, cuando en realidad significa otra más profunda y más plena. Esta creencia se remonta a unos dos mil años, cuando iba unida a la más fundamental, de que la *Escritura* ha sido inspirada.

El término fundamentalista se relaciona directamente con el Congreso Bíblico Americano celebrado en Niágara, estado de Nueva York, en 1895. Los exégetas protestantes conservadores definieron allí cinco puntos de fundamentalismo: la inerrancia verbal de la *Escritura*; la divinidad de Cristo; su nacimiento virginal; la doctrina de la expiación vicaria; y la resurrección corporal en la segunda venida de Cristo. Cuando la lectura fundamentalista de la *Biblia* se propagó por otras partes del mundo, dio origen a otros tipos de lecturas igualmente "literales" en Europa, Asia, África y América del Sur. Este es uno de los movimientos emancipadores más legítimos de nuestro tiempo. Este género de lectura encuentra cada vez más adeptos, a finales del siglo XX, en grupos religiosos y sectas, pero también entre católicos.

El fundamentalismo tiene sus variaciones sobre el tema. Se sienten fundamentalistas, creyentes insatisfechos con la división de pensamiento científico y religioso. Hay que recordar que, en el curso de la historia, el movimiento comenzado por la Reforma logró una victoria importante, se dio una gradual expansión por el mundo occidental del principio de separación de la Iglesia del Estado. Pienso que uno de los beneficios genuinamente seculares de la democracia ha sido tratar de aliviar a la religión de todo su peso: del poder secular o temporal. Parece ser una regla general que cuanto más ortodoxa o fundamentalista es una actitud religiosa, tanto más vigorosa es su resistencia a esa separación.

Y es más consistente su esfuerzo en hacer aprobar una legislación ejerciendo presiones en la autoridad secular. En Israel, y en buena parte del mundo musulmán e hindú y en otras partes, se ve que la actitud de estos grupos religiosos es la peor base imaginable para una sociedad secular. El fundamentalismo, sea de un cristiano, un musulmán, un judío o de otros creyentes, va asociado con la ideología de la religión y la política. La creencia fundamentalista confiesa que es literalmente fiel a la letra de los Evangelios. Tiene una mitología social e ideológica y sus numerosas variantes. Parece fundarse en algunas herejías gnósticas.

El fundamentalismo entiende que hay solo un *Evangelio* pues tres de los cuatro conocidos —los sinópticos— se reconcilian en muchos puntos. El Espíritu Santo escribió el *Evangelio*, y los cuatro evangelistas eran solo portavoces o meros dictáfonos. Fue escrito, sobre todo, para garantía de la pureza completa del texto y la infalibilidad de sus traducciones. Borges frecuentemente lee la Cábala como se deben leer los textos poéticos. Y reconoce que las diversas, y a veces contradictorias, doctrinas que llevan el nombre de la Cábala proceden de un concepto del todo ajeno a nuestra mente occidental, el de "un libro sagrado". Dice textualmente que el *modus operandi* de los cabalistas era incorporar pensamientos gnósticos a la mística judía, para justificarse con la *Escritura*, para ser ortodoxos.

Borges interpreta y resume así el pensamiento de la Cábala. Citaré este texto: "La idea es esta; el *Pentateuco*, la *Tora*, es un libro sagrado. Una inteligencia infinita ha condescendido a la tarea humana de redactar un libro. El Espíritu Santo ha condescendido a la literatura, lo cual es tan increíble como suponer que Dios condescendió a ser hombre. Pero aquí condescendió de modo más íntimo: el Espíritu Santo condescendió a la literatura y escribió un libro. En ese libro, nada puede ser casual. En toda escritura humana hay algo casual". En una vindicación de la Cábala, Borges no quiere vindicar la doctrina, sino los procedimientos hermenéuticos o criptográficos que a ella conducen.

¿Por qué el Maestro Jesús, me pregunto, no escribiría sus enseñanzas y sus dichos de su puño y letra?; o ¿por qué no dictaría su buena nueva a sus apóstoles? O, mejor todavía, ¿por qué no idearía un modo de imprimirlo? Quizá Jesús prefirió seguir el ejemplo de Pitágoras que no escribió una línea. Sócrates tuvo en su discípulo Platón un amanuense lúcido y tampoco tomó la pluma para escribir sus famosos *Diálogos*, a los que luego Platón supo dramatizar. Los fundamentalistas creen, con instinto bien fundado, que su concepción de la verdad es indiscutible. Aseguran que el primer propósito de la

Biblia era la verdad en el sentido de corrección descriptiva: sea histórica, científica o doctrinal. Un libro sagrado, para ser aceptado como tal, debería haber sido definitivamente exacto.

* * *

La última tentación

El siguiente texto contiene un modo de razonar muy contrario al literalismo. Lo pronuncia el abad personificado en Mesías que se dirige al padre Habacuc en *La última tentación* (1955) de Nikos Kazantzakis. En el prefacio a la novela declara que no es una biografía; es la confesión de todos los hombres que luchan. Expresamente comprende a "todos los hombres". "Al escribirlo", asegura el novelista, "cumplí con mi deber". Explora esta novela el lado humano del Mesías. Respecto a su controvertida novela, añade que la doble naturaleza de Cristo —el sufrimiento, tanto humano como sobrehumano, de un hombre para alcanzar a Dios— "ha sido siempre un profundo misterio para mí. Mi principal anhelo y la fuente de mis venturas y desventuras desde mi niñez, ha sido una incesante y cruel batalla entre el espíritu y la carne… y mi alma es el campo de pelea donde esos dos ejércitos se han encontrado y han luchado". Confiesa Kazantzakis que desde el tiempo de su infancia se sentía obsesionado por la idea de Cristo y por "el misterio de la unión del hombre y Dios, de la carne y el espíritu, de la muerte y la inmortalidad".

El tema básico de la novela es la idea del combate: el del hombre contra Dios, el del cuerpo contra el espíritu, el de las dos partes del hombre una contra otra. Para una sucinta información de este episodio podemos consultar un ensayo de Arnulfo E. Velasco de la Universidad de Guadalajara. "He aquí", dice Violeta, "un fragmento de *La última tentación* digno de reflexión:

—Monjes —dijo—, debo hablaros. Esta será la última vez que os dirijo la palabra. ¡Abrid vuestros oídos y que se vaya el que tenga sueño! Lo que diré es difícil de comprender y es preciso que todas vuestras esperanzas y todos vuestros temores se despierten, agucen el oído y respondan.

—Escuchamos, santo higúmeno —contestó el más viejo del grupo, el padre Habacuc, llevándose la mano al corazón.

—He aquí mis últimas palabras, monjes. Tenéis la cabeza dura y os hablaré valiéndome de parábolas.

—Escuchamos, santo higúmeno —repitió el padre Habacuc.

El higúmeno inclinó la cabeza y comenzó a hablar más bajo:

—¡Primero batieron las alas y enseguida se presentó el ángel! —dijo.

El monje se llevó la mano al corazón y continuó:

—Dijiste: "Primero batieron las alas y enseguida se presentó el ángel". Jamás hemos visto esta frase en las Escrituras, santo higúmeno.

—¿Cómo habrías de verla, padre Habacuc? ¡Ay!, ¡vuestro cerebro es torpe! Abrís los libros de los profetas y vuestros ojos no pueden leer más que letras. Pero, ¿qué pueden decir las letras? Son las negras rejas de la prisión donde el espíritu se asfixia y clama. Entre las letras y las líneas y alrededor de los blancos márgenes, circula libremente el espíritu. Yo vuelo con él y os traigo la gran nueva: ¡monjes, primero batieron las alas y enseguida se presentó el ángel!

—La última tentación, 11

"Hay literalismos que nos aprisionan con más fuerza que nuestras propias tendencias", observa McDonnel tras una lectura de *Reimaginar la Psicología*, de James Hillman. Los literalismos aprietan más que cualquier otro tótem o fetiche personificado; el literalismo es un punto de vista egocéntrico; equivale a un encierro en el yo. Su función específica es representar el punto de vista literal.

Es como si dijera: Solo Yo soy literalmente real y verdadero. Hay que trasladarse de lo literal a lo metafórico para proteger de su literalismo al hombre medio. Owen Barfield piensa que lo que domina hoy es el pecado del literalismo. Norman O. Brown asegura en *El cuerpo del amor* (1986): "Lo que hay que abolir es el literalismo, la adoración de imágenes falsas: idolatría. La verdad es siempre en forma poética; no literal sino ocultamiento simbólico y velado; luz en las tinieblas... la alternativa al literalismo es el misterio. En la *Epístola* (*II Corintios*: 3-6) se lee: "Porque la letra mata mas el espíritu vivifica".

Los significados literales, en oposición a las interpretaciones simbólicas o espirituales, son un asunto de "vida" o "muerte". Un retorno al simbolismo y a redescubrir que todo es simbólico. "Todos fugaces, solo uno simbólico (*alles Vergangliche nur ein Gleischiss*)". El retorno al simbolismo sería el fin del literalismo protestante. El simbolismo en su forma preprotestante constaba de interpretaciones tipológicas, figuradas y alegóricas, tanto de la *Escritura* como de la liturgia. Pero los grandes reformadores protestantes fueron muy explícitos en su condenación del método tipológico: "El sentido literal de las *Escrituras* es, por sí solo, toda la esencia de la fe y de la liturgia cristiana". *Sola fide, sola litera*: "la fe es fe en la letra".

Goethe ha dicho que todas las cosas son metáforas. Hay una línea famosa en el *Fausto* de Goethe: "Todo lo temporal no es sino una referencia metafórica". Años después Nietzsche añadiría: "Todo lo eterno no es sino referencia metafórica". Y eso es lo que todos somos. En todas partes la gente hace lo mismo: adora metáforas y, a veces, está dispuesta a morir o matar por ellas.

Los significados literales son artículos empaquetados para consumidores pasivos. En la poesía simbolista, el lector se incorpora a la obra, participa activamente en el proceso poético mismo: al espectador le corresponde dar, por su propia cuenta, con el vínculo. Todo el pueblo de Jehová se convierte en profetas. Los significados literales son espíritus solidificados en materia; las ánimas se convierten en árboles, como Dafne; o en doncellas de piedra, Cariátides.

Literalismo es idolatría, tomar las sombras por realidad; tomar abstracciones, invenciones humanas, proyecciones inconscientes del espíritu humano como poderes autónomos; dejar que las metáforas mueran y entonces, ya muertas, postrarse ante ellas y tomarlas literalmente. La búsqueda del Jesús histórico: o es literalmente verdadero, incluso los milagros literales, o bien no es verdadero en absoluto. El Jesús histórico, un acontecimiento unido en el tiempo unilineal, ¿qué tiene eso que ver con nosotros, aquí y ahora? El argumento mismo que establece su divinidad milagrosa separa nuestra humanidad de su divinidad.

Observemos una falacia lingüística muy relacionada con la frase "literalmente verdad". Comúnmente entendemos por "literalmente verdad" lo que se describe con exactitud. Libros, revistas, periódicos, nos informan de lo que existe fuera de los libros, de las revistas y de los periódicos que leemos. Lo que leemos llamamos "verdadero" como si fuera una respuesta verbal de la información que buscamos. Esta concepción de sentido literal en el modo descriptivo solo funciona y se apoya en la experiencia vivida y en la lógica que conecta sus datos: funciona en la escritura científica e histórica.

Pero hubo de transcurrir mucho tiempo antes de que tal sentido descriptivo pudiera llegar a su plena madurez, porque depende del auxilio de la tecnología. En el área del espíritu este tipo de literalismo se convierte en lo que

Pablo llama la letra que mata que es lo mismo, con otras palabras, a lo que dijo el santo higúmeno a sus monjes en la *Última tentación de Cristo*. Por ejemplo, el autor de la *II Epístola a los Corintios* escribe: "La ley escrita condena a muerte, pero el Espíritu de Dios da vida". He aquí una imitación del lenguaje descriptivo, una falsa objetividad frente a algo que no existe allí.

En los primeros siglos del cristianismo un creyente daba por supuesto que la base de la fe, su fe cristiana, era una descripción fiel de los acontecimientos históricos narrados en el Nuevo Testamento. Este seudoliteralismo se presentaba como declaración y afirmación, pero sin la evidencia de la experiencia de lo sentido y vivido.

Y la creencia llegó a ser un proceso de autohipnosis diseñado para contrarrestar la insuficiente evidencia. Suponemos que los argumentos de razón tienen un poder compulsivo para aceptar esto, lo otro y lo demás. Es solo verbalmente racional, retórica que busca no las pruebas, sino convencer y convertir. Rara vez se convence a alguien con argumentos si no encuentra empatía psicológica, un eco interior en el lector. Y si las palabras fallan, como acontece a menudo, el último recurso es declarar anatema a los disidentes por sostener opiniones contrarias a los del sistema social del que dependen o de la institución a la que pertenecen. No es difícil pasar de ahí a la psicosis de la caza de herejes, de disidentes, etc.

Si me desvío de la doctrina aprobada y definida, tengo que extirpar de mí ese tumor canceroso. Crueldad, terror, intolerancia y odio en cualquier religión siempre significa que Dios ha sido sustituido por la figura del demonio. Y a todo eso acompaña casi siempre una falsa noción literalista. Ocurre este fenómeno en la historia del cristianismo y también en otras religiones y notablemente en el Islam. Cuando la muralla marxista y los muros americanos han caído, presenciamos el resurgir del mundo musulmán como amenaza a la paz. Las chispas de esa intransigencia saltan del fundamentalismo o de un falso literalismo de creencia.

El mismo principio de perversión diabólica se hizo presente cuando Ruhollah Khomeini mandó asesinar al poeta Salman Rushdie. El Ayatola chiita de Teherán convertía todo el libro sagrado del *Corán* en versos satánicos. La novelista canadiense Margaret Atwood en *The Handmaid's Tale* (1985) se imagina un futuro distante de la Nueva Inglaterra donde un movimiento religioso reaccionario vuelve a la histeria, recrea los prejuicios y el sadismo sexual del Puritanismo del siglo XVII. Los primeros puritanos vinieron a América para implantar una sociedad religiosa y monolítica, una sociedad que no estaba dispuesta a tolerar disensión dentro de ella. Fueron perseguidos en Inglaterra por ser puritanos; pero al venir a EE. UU. comenzaron a perseguir a quienes no eran puritanos.

Cuando Raquel vio que ella no podía darle hijos a Jacob, sintió envidia de su hermana Lea y le dijo a su esposo: —Dame hijos, porque si no, me voy a morir. Pero Jacob se enojó con ella y le dijo: —¿Acaso soy Dios? Él es quien no te deja tener hijos. Entonces ella le dijo: —Mira, toma a mi esclava Biha y únete con ella; cuando ella tenga hijos, será como si yo misma los tuviera. Así podré tener hijos.

—*Génesis*, 30: 1-3

La historia narrada por Atwood apunta a un futuro no distante y presenta un severo retrato de la vida en EE. UU. de un grupo de fanáticos que deciden dar un golpe de estado y derrocar al gobierno. En la *dystópica* República de Golead, el régimen anuncia nuevas de guerra y de terror. Se suprimen los derechos. A las mujeres se les prohibe trabajar, poseer dinero o propiedades. La enfermedad y la contaminación ambiental han diezmado los índices de fertilidad. El control de la natalidad y de la homosexualidad son crímenes castigados con la pena de muerte. Las pocas mujeres quedan a disposición de los jefes de gobierno y sus esposas estériles.

El panteísta irlandés Escoto Erígena dijo que la Sagrada Escritura encierra un número infinito de sentidos y la comparó con el plumaje tornasolado del pavo real. Siglos después, un cabalista español dijo que Dios hizo la Escritura para cada uno de los hombres de Israel y, por consiguiente, hay tantas Biblias como lectores de la Biblia.

—J. L. Borges,
Siete noches, 254

* * *

Secreto mesiánico

Todos los profetas —sin excepción— han profetizado solamente el tiempo mesiánico (epoké). En cuanto el tiempo futuro, lo que el ojo ha visto excepto tú, Señor, que actuará por quien es fiel a ti y queda esperando.

—M. Blanchot,
Religion After Religion

Os ha nacido hoy en la ciudad de David un Salvador, que es el Mesías, el Señor.

—S. Lucas

El Nuevo Testamento comienza con el mito del Mesías y termina en el *Libro de la Revelación*, con la metáfora del Mesías, la visión de todas las cosas en su infinita variedad unidas en el cuerpo de Cristo. Y así como el mito no es antihistórico sino contrahistórico, así la metáfora, la declaración de que dos cosas son idénticas aunque diferentes, no es ni lógica ni ilógica, sino contralógica. Según el *Evangelio perdido* (1994), primero existieron los dichos de Jesús y más tarde se escribieron los cuatro *Evangelios*. La gente que seguía a Jesús, no los doce elegidos, escribió el libro de los dichos que un día se perdió y luego se encontró. En lugar de narrar una historia dramática de la vida de Jesús, el libro de los dichos solo contenía un puñado de sus enseñanzas. Oyendo esas enseñanzas consideraban a Jesús el fundador de su movimiento. El *Evangelio* de Jesús era un "evangelio de dichos".

Para descubrir el secreto mesiánico de Cristo debemos recordar que esta distinción nos lleva a conclusiones diferentes. De esta distinción podemos deducir el significado preciso del mito cristiano o su mitología, tal como Frye define el mito: una narración, con un principio, un punto medio y un fin. El pueblo de los seguidores de Jesús, según el profesor Mack, no lo veían como Mesías o como el Cristo. No encontraban en las enseñanzas del Maestro una crítica severa del judaísmo; tampoco consideraban su muerte un prodigio divino, trágico o salvador.

Pensaban que era un maestro cuyas enseñanzas le permitían vivir con entusiasmo en tiempos de agitación social. No formó un culto del Cristo como el que surgió entre las comunidades cristianas familiarizadas con las cartas de Pablo. El pueblo de Quelle no era cristiano: era el pueblo de Jesús (EP, 15). Este novedoso descubrimiento cambia la imagen convencional de los orígenes del cristianismo. La idea popular, basada en la imagen de Jesús en los *Evangelios*, es que Jesús apareció como el Mesías judío que vino a reformar la religión del judaísmo.

El pueblo de Quelle no reconocía un grupo especial de discípulos adiestrados para ser líderes ni consideraba la muerte del Maestro como un insólito suceso divino. Con esa mentalidad popular no se figuraban que Jesús fuera un agente de revolución. La teoría de la revolución es un concepto del siglo XX.

Supone que el conflicto de Jesús con la clase dirigente de Jerusalén fue generado por una misión mesiánica e interpreta los Evangelios a la luz de los relatos de Josefo. Las facciones judías luchaban por el control del templo en la guerra romano-judía. Los cultos de Cristo deben haber surgido de los seguidores de Jesús esparcidos por Siria septentrional.

Pienso que los *Evangelios* nos dan la vida de Jesús en forma de mito. Frye nunca niega la existencia histórica de Cristo. Al contrario, razona que Jesús no es presentado en los *Evangelios* como figura histórica, sino como una figura que desciende a la historia desde otra dimensión de la realidad y por eso muestra cuáles son las limitaciones de la perspectiva histórica (DV, 16). Lo que los Evangelios vienen a decir es: "Esto es lo que le ocurre al Mesías cuando viene al mundo: es despreciado y rechazado". Tratar de buscar en los rincones del texto del Evangelio un Jesús históricamente creíble parece una simple excusa más para despreciarlo y rechazarlo. Los Evangelios presentan a Jesús como un Dios en la Tierra. No podemos leer los Evangelios como narraciones históricamente objetivas, excepto si lo hacemos por pura corazonada.

Los evangelistas no pensaron escribir un guión para que, veinte siglos después, Martín Scorcese hiciera una película en que Jesús se enamorara de María Magdalena; o que se sintiera angustiado por conflictos psicológicos y tuviera que visitar a un mago, a falta de un psiquiatra. Lo que en verdad interesa a los evangelistas es decir que históricamente Jesús era, en realidad, el Mesías del Antiguo Testamento. Decimos *era* suponiendo que estas narraciones fueron escritas unos quince años después de que Jesús fuera crucificado. Este modo de leer la *Biblia* se funda en una antiquísima creencia de interpretación llamada tipología.

Nada sucede por primera vez. Nada hay en el Antiguo Testamento que no reaparezca en el Nuevo Testamento. Esta es la concordia scripturarum, la misteriosa correspondencia entre las dos escrituras, para ser vista por quienes tienen ojos para ver. Su efecto es hacer lo Nuevo contemporáneo; transformar el tiempo en eternidad; la historia, sub specie aeternitatis.

—E. Benz
Ecclesia spiritualis, Stuttgart, 1934

La *Biblia* hebrea contiene un Testamento Antiguo. La *Biblia* cristiana contiene dos: Antiguo y Nuevo. Y la relación que hay entre estos dos, desde el punto de vista del lector cristiano, es que todo lo que sucede en el Antiguo Testamento es un "tipo" de algo que ocurre en el Nuevo. Violeta quiere comprender esta especie de enigma. Pero, ¿cómo sabemos que el Antiguo Testamento es verdadero? Porque el Antiguo se cumple en el Nuevo; y ¿cómo sabemos que el Nuevo es verdadero? Porque en él se cumplen las profecías del Antiguo. Después de la resurrección los discípulos vieron a Cristo y le dijeron, un tanto confundidos: "Este asunto de la resurrección nos cuesta comprender". Y Jesús, sin asombro alguno, les respondió: "Abran las Escrituras y encontrarán allí que el Mesías ha de resucitar de entre los muertos". Todo esto me parece un girar en círculo. No hay modo de encontrar el comienzo. Los evangelistas no pretenden ser biógrafos. Siguen este único criterio: lo que sucede a Jesús en su narración debe coincidir con lo que el Antiguo Testamento dijo que le ocurriría al Mesías.

San Pablo, en una de sus Cartas, a *Romanos*, habla de Adán como un *typos* de Cristo. Pedro habla del bautismo cristiano como anticipos de la historia del Diluvio. El héroe oculto de la narrativa bíblica, el Mesías prometido, es identificado como Jesús en los Evangelios, lo que constituye la escena de reconocimiento del Romance, compuesta de héroes y villanos. Es una historia del divino héroe que mata al dragón profundamente incrustado en su estructura. Para San Pablo, el Mesías era ese héroe oculto del Antiguo Testamento revelado en el Nuevo.

La profecía incluye el futuro pero no está fija en el futuro. Pienso que el profeta Ezequiel hubiera preferido presenciar una verdadera resurrección, un movimiento vertical de un morir presente en una presencia viviente del cuerpo espiritual. "El Maestro Nazareno", escribe Frye, "habla a menudo de su reino espiritual en metáforas del futuro, pero también dice muy claramente, en la parábola de los talentos, que en la vida no es bueno echar todo al traste suponiendo que una vida después será mejor o más fácil".

"Mucho antes de Jesús", escribía O. Rank en *Beyond Psychology* (1939), "el problema central del movimiento religioso, y ocasión de frecuentes revueltas en Palestina, había sido la esperanza mesiánica, es decir, la doctrina judía de un salvador que lograría la liberación final de este pueblo sometido". Esta típica utopía de un salvador que habría de poner fin a todos los sufrimientos del pueblo escogido se confundió con la concepción del rey divino durante el tiempo relativamente breve que las tribus nómadas se asentaron en el territorio conquistado. Ellos, entonces, "rechazaron a Jehová" como a su líder y, para no ser menos que otros pueblos, quisieron también tener un rey. El pueblo judío, aferrado algo tardíamente a la institución de la realeza, se embarcó por primera vez en una forma más realista en el mesianismo político.

La idea de un rey ideal que no habría de abusar de su poder —natural o concedido a él— no solo dominó en la historia de Babilonia y de Egipto, sino también había sido, en realidad, la base de la vida en el grupo primitivo. Su prosperidad era garantizada por el rey y salvaguardada por todos los tabúes impuestos en él (BP, 8). En tiempos de Jesús la cuestión palpitante era todavía si el Mesías podría ser solo hijo de David o un héroe enviado por Dios del cielo, como se creyó había sido el rey David. El pueblo judío se encontraba desde un principio con este problema vital: el de la sucesión. A partir de la época de David, la esperanza mesiánica del pueblo toma dos direcciones. Una representa la solución popular frente a la escoliasta de la predestinación del salvador. Cada vez que uno de los muchos profetas declaraba ser el Mesías, se convertía en un problema vital. Se manifiesta en la famosa referencia de los Evangelios mencionada solo una vez en el templo de Jerusalén: "¿Cómo dicen los escribas que el Cristo es Hijo de Dios?" (*Marcos*, 12: 35-36).

Con la pregunta de los fariseos cómo puede ser el hijo de David y el Mesías, Jesús llevó *ad absurdum* la lucha tradicional de las ideologías de sucesión en boga. Solo podía preparar una solución pero no una respuesta a la pregunta de por qué se había comprometido Jesús a enseñar la escatología de San Juan Bautista. Educado en la escatología judía del Mesías que logra la "resurrección de la nación", Jesús se vio arrastrado por judíos y romanos a aceptar la ideología del Mesías, combinando así el reino terrenal con el celestial. "Sus parábolas", observa Rank, "como las de *Hamlet*, las entiendo como medio de ocultar y de revelar y de encontrarse a sí mismo. Solo por un milagro podía él llegar a ser el Mesías enviado por Dios; no por un milagro mágico, sino por el de su resurrección personal de la que Pablo era no un mero "testigo" ocular sino una visión vivida en su conversión. En realidad Pablo inaugura un nuevo comienzo en el Cristo ahora resucitado: *hic et nunc* (aquí y ahora).

No era, como lo había visto Jesús, un cumplimiento de la tradición pasada, representada por los antiguos profetas. Era algo más prodigioso: cumplimiento del futuro en el presente (BP,154). El pueblo judío, inquieto y desterrado, conservó en su historia la lucha de una tribu errante que trataba de establecerse por medio de la realeza divina, pero se sentía incapaz de resolver el problema de la sucesión. A esta carencia de liderazgo político se debe el nacimiento del cristianismo, del dualismo en la ideología mesiánica. El pueblo judío tenía que trasladar la llegada del Mesías a un futuro indefinido: la escatología del último día. Al mismo tiempo, el Mesías debía ser el Ungido —el griego *christós*—, el rey salvador del fin de los tiempos; su manifestación corporal cumple simultáneamente y aplasta las esperanzas irreales de los judíos.

El retraso del Mesías, la llamada *Parusía*, se transforma en la verdadera fuerza motriz en el dramático crecimiento del cristianismo primitivo. De este encuentro, la esperanza futura del Mesías con la necesidad de una salvación inmediata en la vida presente, surgió el cristianismo. Con la noción judía de la resurrección de la carne en el juicio final, la interpretación helenista de la revelación del espíritu, Pablo salvó la primitiva secta cristiana (BP, 155).

* * *

Mito e ideología

Ideology relies on myth—on store—and the mythology, good or bad creates the ideology, good or bad.

—WP, 25

En una discusión inicial del mito y de la mitología apuntábamos que este nos viene a menudo institucionalizado en una ideología. ¿Qué entendemos por ideología en este contexto? En las obras de la segunda parte de su vida, Northrop Frye reflexiona sin descanso en la preocupaciones primarias vinculadas a la literatura. El interés de Frye en la ideología se hace más pronunciado al fin de su carrera, durante los años 1980 y a principios de los noventa. En unas notas de su diario se pregunta ¿por qué me sentiría fascinado por Frazer? Porque asocia la mitología con la ansiedad de provisión de comida: preocupación primaria. Y ¿por qué seguí entusiasmado con la Diosa Blanca de Graves? Porque asocia la mitología con la ansiedad sexual: preocupación primaria. Y ¿por qué me fascinó la sibila de G. R. Levy? Por otra asociación de la mitología con techo, abrigo y edificios: preocupación primaria. Estas preocupaciones vitales del ser humano son casa, comida, procreación, posesión de alguna propiedad, libertad de movimientos, etcétera. Pero a menudo sacrificamos las preocupaciones primarias en el altar de las secundarias o ideológicas, que dominan en la sociedad formando una mitología "social atrincherada".

Vaclav Havel, *Stories and Totalitarism*, contrapone el poder liberador de las "historias" con otro poder represivo: la ideología totalitaria. Define estas historias como conflictos entre realidades separadas o previamente no relacionadas. Es decir, distingue "la incursión de una lógica en el mundo de otra lógica". Son historias que implican pluralidad e incertidumbre. Ninguno de los actores posee la verdad; la verdad solo existe en la historia como un todo; es una visión solamente poseída por el oyente o por el lector. El totalitarismo es un estado en el cual todo se da por conocido, un agente que monopoliza la verdad. Las historias, por definición, son imposibles o infalibles. Frye acostumbra hacer una distinción semejante entre ideología y mito. El mito crea un contra ambiente por el cual las esperanzas y miedos que hemos elegido o eliminado de nuestra vida pueden volver a entrar en la existencia social. En nuestra vida social preferimos decir lo que popularmente entendemos hoy por "políticamente correcto", a decir la verdad. La imaginación es levadura que impide se derrumbe lo convencional: un lugar común. Entre otras cosas nos recuerda en qué tipo de sociedad queremos vivir.

La dimensión imaginativa de una cultura tiene una autoridad decisiva sobre las ideologías y el trasfondo histórico de las que se separa. Frye hace una distinción tajante entre las preocupaciones primarias y secundarias. La ficción y la poesía expresan ansiedades y deseos humanos, pero los expresan en un "como si…"; y en un modo de lenguaje de imágenes, de preocupaciones primarias en un área universal de interés humano esencial y urgente. Por universal aquí se entiende este hecho: no se concibe la existencia de una sociedad sin tales deseos y miedos fundamentales.

Las preocupaciones primarias —comida, casa, amor, propiedad, libertad de movimientos— son materia prima del mito y de la literatura. Libertad de movimiento no es simplemente libertad para viajar de Madrid a Moscú. Debe comprender libertad de pensamiento y de crítica. La propiedad debería abarcar otros campos: investigación científica, producción de poesía, música, pintura, escultura y otros. El placer sexual debería ser materia de amor y de compañerismo. Comida y bebida deberían ser bienes compartidos dentro de la comunidad. Es la relación estrecha de la imaginación con esas preocupaciones lo que hace de la literatura algo más que un entretenimiento. Eso le concede una gran seriedad y consistencia (NFC, 75).

Frye discute el tema de la ideología degenerada del mito, divorciada de las preocupaciones primarias y secundarias del ser humano en la sociedad. Entre las ideologías que vivimos y con las que debemos operar están, por un lado: la religión, el marxismo, el nacionalismo y demás. Por otro lado, la ideología tiene mucho que ver con un conjunto de preocupaciones secundarias o de materias identificables de creencia del mito de una sociedad. Es un área protegida y restringida de creencia.

Un mito imaginativo se convierte en una ideología cuando toma la forma de una mitología social cuya universalidad se afirma y se impone a una sociedad. Las ideologías vienen a decir esto: "Tu orden social no funciona siempre como quisieras, pero es lo mejor que posees en el presente". Es como decir: "Así lo han decretado los dioses para ti. Obedece y trabaja". Para los monjes sería: *ora et labora* (WP, 24). Las ideologías de hoy corren en continuo cambio, divorciando las preocupaciones secundarias de las primarias. No existe mito puro e inmaculado sin mezcla alguna de ideología. En una era en la que dominan ideologías chocantes, sospechamos y tememos que el mito inspire mala ideología (WP, 25).

Pero Frye invierte esta acostumbrada noción de la subordinación de la mitología a la ideología. La ideología está inspirada por el mito y la función de la literatura es recrear el mito detrás de la ideología. La excepción a la regla son lo que llama "mitos secundarios" generados por una ideología ansiosa por eliminar la otra mitad de sí misma. Y la mitología, buena o mala, crea una ideología: buena o mala. Frye propone su propia versión de lo que, en su mitología tradicional, se considera importante. Se vale de esta versión para formar y reforzar un contrato social. Una ideología viene a ser mitología aplicada. Adaptan los mitos a una estructura, ideología en la que debemos creer o decir que creemos. Se supone que lo ideológico y político poseen un valor absoluto y ponen su veto a otras preocupaciones.

Todos los niveles de la cultura desembocan en el nivel ideológico. La literatura se preocupa de la importancia de la cultura imaginativa, en su sentido más profundo, en sus relaciones con las necesidades esenciales. "Nadie aceptaría", dice Frye en *The Critical Path*, "una concepción de la literatura como un mero diccionario o gramática de símbolos e imágenes que nada dicen. Cualquier persona dedicada a la literatura sabe que dice algo en una totalidad, no solamente en sus obras individuales".

Hay mitos que nos llegan institucionalizados, aceptados como verdades refrendadas por la autoridad de la tradición. Son los mitos ideológicos los que dan fundamento al cristianismo oficial, al judaísmo, islamismo, marxismo, etcétera. No podemos imaginar un mito que no se convierta en una forma ideológica. Pero para Shakespeare el mito no es ideológico. Dante, y quizá más obviamente Milton, reflejan la ideología de su tiempo, aunque su estructura es radicalmente estructura poética. Un poeta refleja algo de la ideología de su tiempo: la de ayer y la de hoy.

Algunos críticos parecen ignorar el lenguaje poético que no solo es diferente del lenguaje ideológico, sino que está siempre en lucha contra ese lenguaje poético para liberarlo e individualizarlo. No hay mito puro ni concepción inmaculada del mito. Solo existe en encarnaciones, en obras de literatura. Son las que nos deben interesar y lo que ellas crean es un contra ambiente cultural frente a las que son no diría pervertidas, pero sí— desvirtuadas en modelos ideológicos de autoridad.

Frye advierte que los pan ideólogos no conciben mito que no venga en forma ideológica. Para Shakespeare el mito no es ideológico. Concluyamos esta sesión con un poema del poeta egipcio Ahmed Fouad Negm. "El estado de Egipto", dice él, "está sumergido en la mentira". Negm escribió este poema después de la derrota de los árabes por Israel en 1967:

And the people are confused / But everything is O.K. as long as our / damned masters are happy / Because of the poets who fill their stomach with poems / Poems that glorify and appease even / traitor / With God's will, they will destroy the / country.

En las dos sesiones siguientes leeremos el *Génesis*. Lo de la creación del mundo, del primer hombre y de la primera mujer: el aspecto humano de la creación. Haremos un *collage* con los comentarios de los alumnos que han elaborado el tema de la creación y recreación; con textos del libro de Harold Bloom en el *Libro de J*. La *Biblia* tiene poco o nada que decir acerca del pasado cultural; y veremos hasta qué punto sirve de guía a la creatividad humana. Mito y literatura son indistinguibles en la épica de Gilgamesh, mucho más antigua que cualquier parte de la *Biblia*.

* * *

Bibliografía del Capítulo 3

1 **Cayley, D.**; *Northrop Frye in Conversation*, (Ontario: Anansi Press, 1992).

2 **Hamilton, A.C.**; "Northrop Frye on the Bible and Literatura", (*Christianity and Literatura*, vol. 41, n.º 3, 1992).

3 **Frye, N.**; *El gran código: una lectura mitológica y literaria de la Biblia,* (Barcelona, Editorial Gedisa, Traducción de Elisabeth Casals, 1988).

4 **Borges, J. L.**; *Ficcionario: Una antología de sus textos,* (México, Fondo de Cultura Económica. Edición, introducción y notas de Emir Rodríguez Monegal, 1985 y 2003, 35).

Capítulo 4
El paraíso prohibido

Cuentan que un día Tupana bajó en medio de un gran viento y del fondo del agua sacó un poco de tierra. La amasó con su palma y formó una figura de persona. Sopló humaza en la boca y entonces, cuentan, habló. (Habló, pero los misioneros les han prohibido ahora decir el nombre de Tupana).

—E. Cardenal,
Canto cósmico

Desde el primer Adán que vio la noche / y el día y la figura de su mano, fabularon los hombres y fijaron / en piedra o en metal o en pergamino / Cuanto ciñe la tierra o plasma el sueño.

—J. L. Borges,
Alejandría, 641, A. D.

La *Biblia* comienza mostrando en su primera página la realidad de Dios manifiesta en la creación. Y en su última página esa misma realidad se revela en una nueva creación de la que el ser humano es partícipe. Participa al ser redimido, o separado del elemento predatorio y destructor adquirido desde sus orígenes, de la naturaleza. Entre las visiones de la creación desciende la Encarnación que presenta a Dios y al hombre indisolublemente unidos en una empresa común (WP, 135).

En la primera línea del libro *Creación y recreación* (1980), Frye confiesa: "Como crítico literario tengo especial interés en saber cómo la *Biblia* ha afectado la estructura e imágenes de la literatura".

La primera palabra que suscita la atención del lector es la palabra creación. Dios creó el mundo, dice la primera página de la *Biblia*. Y en la página primera del manual del crítico, aún no escrito, se dice que lo que él estudia en el primer borrador son las creaciones humanas. La noción de creación es tópico muy repetido en la cultura secular y religiosa. Sea en hipótesis, en teorías de la evolución del universo —el *bing-bang* cósmico— o también en el océano de ansiedades que se manifiestan en las creencias de muchos pueblos, la creatividad es cualidad de la vida humana. Refleja ideas religiosas tradicionales de la creación divina. El aspecto divino o humano de la creación no puede negarse ni ignorarse. La noción de Dios creador, en opinión de Karl Barth, parece excluir al ser humano como creador. Este teólogo sugiere que el ser humano es una criatura hacedora de cosas o que fabrica instrumentos algo más refinados que las de aquel *homo faber* prehistórico de hace millones de años. Mas la imaginación del *homo sapiens-sapiens* poeta se afana en crear y recrear con palabras una parte del código verbal del universo. Crea y recrea una literatura que es maestra de la vida. Los alumnos, coautores de esta parábola, saben expresar este tema en sus meditaciones, pensamientos artísticos e imaginativos. En Gavilan College, a dos puertas de esta aula de la facultad de Humanidades, enseñan cursos de *Creative Writing*, es decir, cómo crear con la imaginación. Pero, ¿esto es posible?

La mitología, embrión de la literatura y de las artes, no de la ciencia, es recreada por los poetas en cada generación sin hacer declaraciones de la naturaleza o de la ciencia. Y como la ciencia no crece de la mitología ni puede ser reemplazada por el mito, el poeta anima y exhorta a la ciencia a seguir su propio camino. La primera de las dos historias de la creación no es propiamente hablando un mito sino un notable comienzo amítico. Es muy diferente de los mitos de los dioses, con sus creaciones y batallas con el caos; historias tan conocidas en otras culturas del cercano Oriente.

El Dios de la *Biblia* hace todo sin oposición, sin esfuerzo alguno. *Hágase*: un primer *fiat*. Piensa Borges, lector asiduo de la *Cábala*, que "Dios, cuyas palabras fueron el instrumento de su obra, […] crea el mundo mediante palabras; Dios dice que la luz sea y la luz fue. De ahí se llegó a la conclusión de que el mundo fue creado por la palabra "luz" o por la entonación con que Dios dijo la palabra "luz". De haber dicho otra palabra y otra entonación, no habría sido la luz, habría sido otro.[1]

> *Dijo Dios: "Haya luz" y hubo luz. Esto se proyecta del eco a la voz humana. Para Dios fiat lux quería decir fuit lux (Génesis, 1:3). Leo Juda: Et dixit Deus, sit Lux, et fuit lux. Se hizo la luz.*

Los textos bíblicos invitan y apremian al lector a aceptar una actitud diferente hacia la *Biblia* y las mitologías. Se imaginan muchos que las religiones bíblicas eran más históricas que mitológicas; que singularmente eran distintas de las culturas vecinas del Oriente Medio. Distinguir entre mito y literatura, estrictamente hablando, es casi imposible. El mito no puede existir excepto en una formulación narrativa. No hay modo de distinguir mito y literatura en la épica de Gilgamesh, mucho más antigua que cualquier parte de la *Biblia*.

* * *

Las rosas del paraíso

Esta mañana / hay en el aire la increíble fragancia / de las rosas del Paraíso. / En el margen del Éufrates / Adán descubre la frescura del agua.

—J. L. Borges,
Himno

El narrador del *Génesis* heredó dos historias de la Creación, cuyos temas generales parecían diferentes, y decidió ponerlas juntas como si fueran complementarias. En los capítulos siguientes hace otro tanto con dos historias que se contradicen: las del Diluvio. No se menciona la tentación de Eva o el drama de la caída, aunque esos tópicos fascinarían más tarde a los escritores judíos.

No encontramos hasta el año 200 a. C. en los escritos de Ben Sira el traspié de Eva, a quien la tradición vio como autora original del pecado y de la muerte. En vida de Sira, se dice, las mujeres judías tenían derechos que no gozaron en tiempos bíblicos. ¿Época patriarcal? Digamos que el mito de la caída, siendo un mito de alineación, expresa el sentido de identidad que se nos concede al nacer. Es, de algún modo, nuestra identidad real o total. Este sentido va unido con la concepción de Dios como un padre, porque representa todo cuanto ha existido antes de que hayamos hecho posible nuestra existencia. Diríase que la paternidad es el símbolo más apropiado para expresar el sentimiento de haber nacido con una identidad desconocida, la nuestra, y además algo más grande que nosotros mismos. De las dos figuras de los padres, la madre es la persona de quien debemos separarnos —partir y parto— para nacer. Venir a nacer es ser dado a luz, una partida temporal. Y el énfasis en la figura masculina en la *Biblia* se conecta con su resistencia a la fatalidad cíclica de todas las religiones fundadas en la Madre Naturaleza.

Las primeras palabras del *Evangelio* de Juan: "En el principio existió la Palabra", en mayúscula, intentaban ser un comentario cristiano de uno de los dos mitos de la creación de la *Biblia*. El verso del *Génesis* "Y Dios dijo: hágase la luz y la luz fue hecha" reconoce que la "Palabra" era el poder creador que trajo lo que nombraba al ser. Una mitología casi siempre comienza con alguna forma de creación; y todos los demás mitos están implicados en ella. Algunos críticos piensan que la única teoría necesaria de la literatura es una teoría de la creatividad, y cómo las obras de literatura llegan a ser. No hay muchos mitos de la creación que dan a la "Palabra" una función central creativa. Una de ellas es el mito maya americano preservado en el llamado libro sagrado de los mayas, *Popol Vuh* o libro del indígena Quiché. Aquí el silencio primordial se rompe con la palabra que comienza la historia de la creación.

De todas las criaturas es el hombre designado con autoridad, porque solo él podía articular el lenguaje en contraste con los gruñidos y chillidos de las bestias. Pero cuando el hombre continuó alabando a sus dioses, los dioses se inquietaron y se preguntaron si toda esa articulación no amenazaba su posición privilegiada. En las culturas del Cercano Oriente y del Mediterráneo dominan dos tipos de mitos de creación. Imaginemos un primitivo arquitecto hacedor de mitos, íngrimo y solitario en el jardín del Edén, a punto de hacer un diseño del mito a priori, ignorando o prescindiendo, si posible fuera, todo contexto social, cosa que no podría existir. Su plan mítico de creación depende de si mira hacia arriba o hacia abajo cuando comienza a construir. Si mira hacia abajo, ve la Tierra con sus estaciones que cambian, lugar del que nacen todas las criaturas vivientes y al que vuelven, al morir. Este mito sería un mito de creación sexual, un mundo que se renueva cada primavera como en la vida real.

En el principio era el invierno y luego la primavera; o al principio existía un cuerpo femenino del que algo nació. Una figura obvia sería la tierra-madre, vientre y tumba de toda la vida. De esa figura, del que todo procede y a la que se retorna, sería la muerte y la fuente de toda vida. En tal creación, el mito de la muerte con el dolor y soledad que la acompañan, no sería problema. La vida no puede entenderse sin la muerte. En el mito de la creación sexual con su madre-tierra ella es, en sus primeras fases, símbolo de *natura naturans*. La naturaleza es una fuerza que irrumpe de vida y de energía, de personalidades divinas, espíritus de árboles, montes, ríos y piedras. "Esta es la base de lo que se llama paganismo, la fe instintiva del *paganus* o del campesino que vive pegado a la tierra, su ambiente propio, muy alejado de la envoltura aislante de la cultura". Los mitos de creación en la *Biblia* parecen, a primera vista, intolerablemente patriarcales. H. Bloom sugiere en el *Libro de J* que el escritor fue una mujer: hipótesis verosímil.

La deidad va asociada exclusivamente con el sexo masculino. El hombre es creado primero y luego la mujer, del cuerpo del varón. No hay duda de que la narración del dominio sobre la mujer se ha confundido con la ideología social patriarcal, explotada, sin duda, para apoyar y defender la supremacía del varón. Pero dentro del mito mismo hay un elemento del aspecto masculino y femenino que se distingue de las relaciones sociales de hombre y mujer. Pienso que Aristóteles fue más cauto al señalar que el sexo era análogo en su distinción de forma y materia sin sacar conclusiones morales sobre la superioridad social del hombre.

Ya se sabe que en el libro del *Génesis* hay dos narraciones de la creación. La del primer capítulo y los primeros tres versos del segundo, se llama la narración sacerdotal que va del *Génesis* 2:4 hasta el fin del segundo capítulo, y se llama la narración *yaveísta* por el nombre que usa: Dios. Es una especie de cosmogonía semifilosófica. Si abrimos una vez más la *Biblia*, nos encontramos en un imaginado jardín del Edén: lleno de metáforas. La primera metáfora surge en el primer episodio del *Génesis*: el mito de la creación del mundo, del primer hombre y de la primera mujer.

Nuestros primeros padres en los árboles / comían toda clase de frutas / incluyendo la del bien y del mal... alargándoles / los brazos y las piernas esos árboles.

—E. Cardenal,
Canto cósmico

Cuando éramos niños, la voz de nuestros padres nos prohibía caer en la tentación de la curiosidad: no tocar, no gustar, no abrir cosa prohibida. ¡Mirar pero no tocar!, letrerillos en las tiendas de porcelanas: ¡No tocar!, aunque parezcan de fina porcelana china. En el cuento de *Barba Azul* todo está permitido menos abrir la puerta. A Pandora, en la *Ilíada*, se le prohíbe abrir la caja o destapar el jarrón del que salen todos los males; y haciendo honor al nombre de Pandora —todo don— salieron de ella todos los bienes, ¿gracias a la generosidad de Elpís?

En el legendario discurso de Aquiles, último capítulo de la *Ilíada*, figuran dos jarras de Júpiter que contienen dones. La jarra que está en el suelo junto a Aquiles contiene cosas buenas; la otra, las malas. Poco después de casarse con Epimeteo, Pandora abrió una jarra que, según le había advertido Prometeo a Epimeteo, debía mantenerse cerrada, pues contenía todos los males que podían infestar al género humano. Todos ellos —Vejez, Fatiga, Enfermedad, Locura, Vicio y Pasión— menos el séptimo, la Esperanza (Elpís) salieron en forma de una nube, hiriendo a Epimeteo y a Pandora en todas las partes de sus cuerpos y luego atacaron a la raza de los mortales. ¿Por qué la Esperanza permanece en la jarra? ¿Por qué es buena o es mala? Y ¿por qué está a disposición del hombre o por qué le es negada? No hay indicio de que la Esperanza quedara aprisionada por serle negada al hombre. Hesíodo distingue los males de los que el hombre es, en parte, autor y responsable, de los que los cometen por causas no comprobables. Yavé prohíbe a Eva comer la fruta prohibida. Lo prohibido es un tema frecuente en culturas aborígenes. Así lo cuenta el poeta Cardenal:

Los djaga se dicen castigados / por comer la fruta del árbol mringa mringa que estaba prohibido. En los indios maquiritare de Venezuela: Los maquiritares: una fruta robada, que fue la yaca. Pero los Iuba hablan de unos bananos.

—E. Cardenal

El que abraza a una mujer es Adán. La mujer es Eva. Todo sucede por primera vez.

—J. L. Borges,
La dicha

Dos versiones con dos vistas diametralmente opuestas leemos en el *Génesis*. En una, el Ser Supremo crea al hombre y a la mujer simultáneamente, a Su imagen y semejanza. Los dos seres sexuales son iguales, se afirma. Y al completar el sexto día, viendo Dios que estaba muy bien todo lo que había hecho, ya satisfecho tomó su primer descanso sabático.

La segunda versión afirma que Yavé creó a la mujer porque Adán no halló entre los animales una compañera adecuada. El yaveísta anuncia la historia de la creación del mundo con una preaurora de soledad y de quietud maravillosas. Antes, todo estaba sumido en el vacío, en el caos. ¿No comienzan así muchas de las primeras deliciosas historias del creador que da vida a las criaturas de su imaginación? Dios aparece solo frente a la bruma que sube de la tierra recién creada. Es tierra algo seca, pero lo bastante húmeda como para formar del barro un Adán virginal. Y el Creador piensa en un asistente de jardinería. Hablando de una de las leyendas más curiosas de la Cábala […], la del golem que inspiró la famosa novela de Meyrink (que me inspiró un poema), dice Borges: "Dios toma un terrón de tierra (Adán quiere decir tierra roja), le insufla vida y crea a Adán que, para los cabalistas, sería el primer golem. Decimos el 'adán' con una 'a' minúscula porque no es aún el 'Adán' con mayúscula".

Pensaba que el poeta es aquel hombre / Que, como el rojo Adán del Paraíso / Impone a cada cosa su preciso / y verdadero y no acabado nombre.

—J. L. Borges,
"La luna"

El muñeco modelado se convierte en un instante de barro-en-carne y luego en ser viviente: ya tiene un alma. Desde ese momento Adán retiene memorias de la arcilla roja, "polvo del suelo" en hebreo, *adamah*, y forma el hombre (el *adam*). Como si la semejanza de las dos palabras apuntara a una conexión real entre dos objetos; o tierra madre del que fue formado, como tributo a la tierra-diosa y a la humanidad. No se dice que Adán fuera moldeado a imagen de Yavé quien, mirando a Adán le dice, "No es bueno que el hombre esté solo". Si Yavé ve que el primer hombre parece estar aburrido o insatisfecho es porque también Él, que lo hizo a Su imagen, parece algo insatisfecho. ¿Se arrepentirá más tarde? Adán quiere adivinar la mente de su hacedor y piensa: "Si Dios está solo en el universo, también estoy yo; debo descubrir el porqué de ese 'no es bueno' del Creador". Pero se olvida Adán de que él no es como Dios que, "siendo el SER", es y está solo, sin compañía, sin otro ser igual a Él, porque no hay otro igual a Dios. Y tampoco hay cerca de él diosa alguna porque la han desaparecido a la abominable. Solo Él sabe el porqué. Adán tampoco está consciente de la dualidad. Y como el Adán virginal y solitario parecía no ser feliz en las seis horas que pasó en el paraíso, Yavé decide crear a los animales domésticos para solaz natural de Adán. Y todo lo que se le ocurre es darles nombres, porque nombrar aquí es crear. Es natural que quiera imitar y emular a Yavé.

Según una tradición judía, que Harold Bloom recoge en una de sus obras, Adán ve que los animales van y vienen en parejas: macho y hembra. Cuando finalmente crea a Eva, el Adán satisfecho le da su bienvenida de admiración y de asombro: ¡Al fin ésta! Un escoliasta judío sugiere que los animales iban desfilando primero para que Adán, al verlos procrear, se diera cuenta de lo que aún le faltaba. Quizá entonces surgió en Adán solitario la noción de sexualidad. Pero si Dios quiso dar a Adán un ayudante, ¿por qué creó a la mujer?, se pregunta Violeta tal como lo hace San Agustín; por qué no le dio, en su lugar, un buen ayudante varón: un jardinero más. Es natural que Adán se imaginara cómo sería su vida en aquel pequeño universo del paraíso de Mesopotamia. También reconoce Adán que tiene en él potencia animal; y advierte que todas las características simbólicas de todos los animales de su paraíso terrenal se dan en él, el adán desnudo, creado de la arcilla roja. Y piensa en lo que a él le falta en la margen del Éufrates donde Adán descubre la frescura del agua, oyendo el rumor del río que corre a unos pasos del jardín.

Algo onírico hay en la mujer, algo nacido del sueño del varón. / Su sexo, ese poquito de infinito. Atracción de ese rincón de la mujer. Cueva de los Misterios.

—E. Cardenal,
Canto cósmico

Y cuando el Adán solitario se pasea en su Edén sin compañía humana adecuada, sin la "costilla consorte", como diría James Joyce, Yavé decide sumirlo en un profundo sueño y le arranca una simple costilla. Pero en ese suave desgarrón de su costado Adán no siente dolor; solo un leve cosquilleo. Este sueño sería una profunda metáfora del misterio del amor; pero más que un sueño natural parece anestesiado, como observa Harold Bloom.[2] Quizá se sugiera que el amor del hombre a la mujer es esencialmente narcisista, fundido en el gran misterio del nacimiento. Adán sueña que él es el único, el primer hombre en dar a luz. En esta versión el milagro incluye una especie de creación contranatural de la mujer de un cuerpo más o menos masculino, en claro contraste con el proceso uniforme de la naturaleza. "Porque, así como la mujer salió del hombre, así también el hombre viene por medio de la mujer; y todas las cosas vienen de Dios, según se lee en la *Epístola* de Pablo a los Corintios" (1, 11:12). Sonora, pero ¿no les parece incongruente la comparación del apóstol? De este modo explica San Agustín la creación de Eva, sacada de la costilla de Adán: "Dios no deseó crear a la mujer que se uniría con el hombre del mismo modo que Él había creado el hombre sino, en cambio, sacándola de él, a fin de que la especie humana entera pudiera proceder totalmente de un único hombre (*De Civitate Dei*, XII, 21). La división de ese único hombre en los dos sexos es parte de la caída: sexos son secciones.

La mayoría de las personas, varones o hembras, nace con veinticuatro a veintiséis costillas. Quién no sabe que, removiendo una de ellas, poco o ningún efecto produce en la salud; o no causa molestia en la función muscular de un individuo. De haber escogido Yavé, para crear a la mujer, una mano o el pulmón de Adán, hubiera crecido ciertamente su valor orgánico. Virtualmente en todas las construcciones, desde la simple tejavana de un pastor al templo de la Sagrada Familia, los edificios contienen un elemento estructural parecido al costillar humano.[3] Al extraer una sola costilla de Adán como materia prima, el narrador yaveísta influyó poderosamente en muchos lectores de la *Biblia*.

No pudieron menos que deducir, de esa historia, que la función vital de la mujer era servir de soporte a su consorte Adán. Antes, en la cultura más igualitaria de Sumeria, la palabra para expresar vida "ti" significaba también costilla. Pero en la nueva cultura basada en el alfabeto, otro significado de la palabra bíblica hebrea costilla (*tsela*) era tropiezo, palabra que aún rebaja más a la mujer. Adán supone que, sin darse cuenta, involuntariamente, provee la sustancia con que Yavé comienza su segunda y más grande creación. La mujer es creada no de la arcilla sino de la costilla de Adán. Y nos figuramos que está muy animada y, por eso, Yavé ya no tiene que prestarle aliento como al Adán que fuera muñeco hecho de barro. La mujer se alienta por sí sola.

Después de todo, es verdad que Eva salió del costado de Adán; que la separación de los sexos —fisión, división, duplicación— se produce mientras duerme y sueña Adán. La Eva que sale de la costilla de Adán no es tan solo una mujer, sino la Emanación: el mundo como mujer. No pudo entonces imaginarse el narrador del *Génesis* que aquella mujer era un mundo, otro mundo; ni podía soñar entonces que la mujer, Eva, poseía un par de cromosomas sexuales X, pero Adán solo un cromosoma Y. Y así es que Eva, desde entonces, parece una incógnita: una X que nadie puede ignorar. Y ADN, material genético de los organismos, es nuestro ADÁN. Recuerdo que a principios de la década del 80, aparecieron las primeras evidencias de que ese cromosoma X no estaba tan dormido como se creía.

La soledad y aburrimiento del primer Adán, antes de la creación de los animales, se convierte ahora en otro aburrimiento pasajero del ser humano. Y la serpiente vio a Eva y pensó que la mujer también estaba un tanto aburrida y solitaria. Sucede esto a veces a mujeres y a hombres cuando uno de los dos trabaja todo el santo día fuera de casa. Cuando esto ocurre, siempre aparece alguien. La primera fue la serpiente, la más sutil de todas las criaturas de Dios. El aburrimiento nos visita cuando no hallamos verdadero interés en la vida ordinaria.

Si supiéramos cuán extraordinaria es esta vida tan ordinaria, jamás caeríamos en el aburrimiento que acompaña al pecado. Si el pecado nos da angustias, es cosa de un instante. Basta descubrir un pequeño rincón sucio del universo donde escondemos la cabeza; un rincón en el que nunca nos fijaríamos si imagináramos un universo de cosas infinitas e interesantes dentro y fuera del yo.

> *El árbol del misterio, el árbol del conocimiento: serpentina sapientia, "en pos de la materia a través de sus infinitas divisiones; la divinidad serpentina que es la sabiduría de este mundo".*
>
> —N. O. Brown

"Puedes comer del fruto de todos los árboles del jardín, menos del árbol del Bien y del Mal": es toda una prohibición. Y la serpiente invitó a Eva a escoger curiosamente lo prohibido. Y ella respondió: "Dios dijo a mi marido que no debemos comer ni tocar el fruto de ese árbol, porque si lo hacemos, moriremos". Mas la serpiente corrige y precisa: "No, no es cierto. No moriréis". Y no mueren. "Si lo coméis, tus ojos y los de él se abrirán y seréis como Dios". Y bastó eso, un abrir y cerrar de ojos. Viendo Eva que el fruto del árbol era agradable a la vista y sabroso, le dieron ganas de comerlo. La mujer ya se ha embarcado en su primera aventura: descubre por sí misma el misterio del

Bien y el Mal del árbol; o quizás reconoce los dos árboles en uno. Y tomó la fruta, la comió y sus ojos se abrieron de par en par. Y cuando llegó Adán, encontró a su mujer ya más sabia que él porque la fruta le supo tan bien.

La curiosidad es indispensable para adquirir conocimiéto, sabiduría; es búsqueda que sale del corazón mismo de la cultura judía heredada del Antiguo Testamento. Y, con todo, en esa primera relación entre los dos primeros seres mortales con su dios, Yavé consideró a la curiosidad femenina como el mayor pecado. Más tarde, mucho más tarde, aparecerá una lista de los siete pecados llamados capitales, mas la curiosidad no estará entre ellos.

Al comer del árbol prohibido, Eva adquiere un conocer cultural. Arrebata el conocimiento del dominio divino, da el primer paso hacia la cultura y transforma la existencia humana. Este conocimiento se define en términos muy curiosos: "En ese momento se les abrieron los ojos…". Además se dan cuenta de que están desnudos, cosa que no han percibido en su inocencia infantil. Ahora pueden coser sus taparrabos de las hojas de la higuera que cubren más que las de un manzano. De algún modo el conocer cultural ha llegado con el comer del fruto, del conocer todas las cosas. El estado natural de los comienzos de la humanidad en el Edén ha desaparecido. Hombre y mujer se hacen criaturas de la cultura, capaces de hacer creaciones propias. Han de salir pronto del jardín para emprender una existencia cultural. Dejan su infancia liminar y entran en el mundo de la realidad. Dios ratifica este cambio en su existencia y reconoce que han abandonado el mundo animal, aunque no del todo, cubriéndose con pieles de animales.

> *Pero nosotros estamos desnudos no como suponéis, pues estamos cubiertos con una envoltura de gloria y no mostramos las partes pudendas de nuestros cuerpos.*
>
> —*Recabitas* II, 457

Y en la siguiente línea de la historia de los Recabitas se dice que Adán y Eva estaban verdaderamente desnudos. Pero oyen una voz: "¿Quién ha dicho que estabais desnudos? ¿Qué hay de malo en esa desnudez?". Dos seres humanos desnudos, sin verguenza, son la culminación de una visión de la creación como hogar de seres conscientes. No es simplemente el ambiente humano, sino una extensión de la humanidad sin la enajenación que tiene ahora. Algo de la desnudez del hombre y la mujer se revela en su astucia infantil; y la astucia de la serpiente también está en su desnudez natural, en su paraíso. La desnudez de un niño es casi idéntica a la astucia de la serpiente: no sabe de vergüenzas; le basta su inocencia. La creación natural tampoco conoce culpa original.

Si la conciencia tan sutil de la serpiente reside en su desnudez como la desnudez humana, tal astucia expresa la libertad de la serpiente. La serpiente se siente en el Edén como en su propia casa, a sus anchas. Ni su discernimiento ni su hablar asombran a la mujer. La serpiente no es un ser mágico. Nada de eso. La serpiente, observa el profesor Harold Bloom, es la criatura más irónica de Yavé. La mujer responde a la serpiente y modifica curiosamente la orden de Yavé al añadir: "No lo podrás tocar". El tabú de tocar es cosa de la serpiente, exponente de cuán infantil puede ser su conciencia. No puedes comerlo, ni siquiera tocarlo, decimos a un niño, mistificando su sentido de privación. ¿Miente la serpiente? No, aunque no diga toda la verdad. Es una verdad a medias cuando insiste: "La muerte no los tocará". La serpiente se dirige no solo a la mujer, sino también a Adán, que debería estar presente; que oiría lo que la mujer oye y no se resiste en dar a Adán el fruto. Eva es niña, adolescente, mujer activa, la más curiosa e imaginativa criatura. Adán hace de niño imitador. He aquí a dos niños y una criatura natural, la serpiente, con algún conocimiento preternatural.

La sabiduría de la serpiente expande la conciencia por el conocimiento del Bien y del Mal. Es un discernir concedido por Yavé graciosamente a los ángeles. "Entonces cosieron hojas de higuera y se taparon con ellas. Cuando Dios, al atardecer, salió a pasear por el jardín, les preguntó: "¿Quién ha dicho que estaban desnudos? Tienen hojas ahí en el sexo. ¿Es que han comido de aquel árbol?". Adán echó la culpa a la mujer y esta, a la serpiente. Y este dios, como lo explicará más tarde, era un ser celoso (*Éxodo*, 20:5), convertido en ser temible porque, como diría a los ángeles: "El hombre ha sido como nosotros, conocedor del Bien y del Mal. Ahora, pues, evitemos que alargue la mano y coja del árbol de la vida y lo coma, y viva eternamente". Por tanto, "el Señor lo expulsó del jardín para labrar la tierra… para guardar el camino del árbol de la vida" (*Génesis*, 3: 22-24).

¿Qué significa la palabra "conocimiento", en términos bíblicos, cuando se le prohibió a Adán comer el fruto del árbol del conocimiento? Parece extraño que sea prohibido cuando toda instrucción nos lleva al conocimiento. El profesor Frye responde: "El conocimiento del Bien y del Mal es resultado de una moralidad fundada en la represión sexual, pero no es un conocimiento real. Pensemos en Orígenes quien, al leer dos historias de la creación, se pregunta: "Pero ¿por qué dos historias?; ¿por qué debería Dios habernos dado dos historias de la creación que parecen inconsistentes, pero no pueden ser porque, al fin y al cabo, son divinamente inspiradas?".

Y el comentario de Orígenes es muy interesante porque también él está pensando en el Evangelio de San Juan: "En el comienzo existió la Palabra". Es que la Palabra encarnada en la narración yaveísta es ordinaria, humana y muy parecida al lenguaje de Saussure. Y Dios nos da no una creación alternativa, sino la creación de forma platónica. Creo que comienza naturalmente con la narrativa de "P" donde se hace énfasis en la palabra imperativa. Dice: "Y Dios dijo que había de haber luz y 'hubo luz'". En otras palabras, la cosa real es creada por el poder de pronunciar la palabra y la característica de esta creación es que cualquier cosa creada por el poder de la palabra queda fija, estable, mientras en el yaveísta la palabra es más bien el poder de intercomunicación donde Dios dice: "Ahora bien, puedes comer de todos los árboles excepto de uno". Y Eva va directamente al árbol y come el fruto del árbol.

¿Qué podemos decir de Lilí, la legendaria primera compañera de Adán? Lilí es uno de los intentos de comprender dos mitos muy diferentes de la creación, tal como afectan a los seres humanos. La Lilí original era, según la leyenda, la primera compañera sexual de Adán y la progenitora de todos los demonios. Lilí siempre ha tenido una existencia marginal. Su nombre viene de *Isaías* (34: 14): "Allí habitará el fantasma que espanta de noche", donde ella es un dragón nocturno; pero aunque ella aparezca en algunas leyendas judías, en realidad no adquiere fascinación literaria especial hasta la era romántica. Está en el *Fausto* de Goethe y en una muy notable historia de George McDonald en el siglo XIX.

¿Qué han que conocer del Bien y del Mal? ¿Reduciremos este problema al conocimiento o conciencia de la sexualidad? Bien y Mal no son otra cosa sino discernimiento de libertad y de sus límites, conciencia angélica, casi divina. Cuando no nos conocemos, solamente conocemos nuestra propia desnudez, pero la vergüenza consiguiente no tiene alusiones sexuales. Abrimos los ojos y nos vemos como pueden vernos otros: como un objeto. Pero nadie está allí para ver al hombre y a la mujer sino su Creador. Han dejado de ser niños, al menos a su juicio; y han adquirido la astucia de la serpiente aun cuando la serpiente adquiera metafóricamente su desnudez en el terrible juicio de Yavé sobre ella.

Presenciamos no la caída del Hombre y de la Mujer, y su desobediencia seguida por la sentencia de muerte como una especie de indefinida suspensión. Más bien es como un romance familiar transformado en una tragedia familiar. Es una separación hiriente, una expulsión de la casa, del jardín de Yavé que es ambos: padre y madre, al menos simbólicamente. Lo que constituye un pecado contra Dios es lo que la gente hace en desafío de Dios: y nada más; no una conciencia de pecado sino una mala conciencia.

Los niños saben cuando han desobedecido. Oyen los pasos de sus padres, se esconden, se ven como ellos creen que serán vistos: astutos y desnudos. Cuando decimos que el hombre tuvo miedo porque estaba desnudo, ¿oímos a un ser capaz de pecado? No es que el hombre acuse a la mujer o la mujer a la serpiente, sino que cada uno, al estilo infantil, relaciona lo sucedido como un fenómeno de causa y efecto. Nos gustaría oír una vez más a la serpiente presentando su defensa; pero Yavé se nos adelanta con su juicio. Nada tan inconmensurable como el castigo de Yavé. La venganza de Yavé contra la serpiente es tan excesiva que ha animado a dos disparatadas lecturas del narrador yaveísta: la primera, ver a la desgraciada serpiente como si fuera Satán; la segunda, exaltarla misteriosamente como liberadora.

La maldición a la mujer toma un tono patético particular. El dolor del parto está irónicamente asociado a un control sexual putativo del hombre sobre la mujer. Y la maldición a Adán, "trabajarás duro para ganar el pan", está conectada íntimamente por Yavé con el ciclo, "del polvo al polvo", de la vida y la muerte. Parece no haber punto intermedio aquí; el origen y el fin de la vida vienen a ser lo mismo. Vino entonces la separación. Todas las demás divisiones, en oposición chocante, nacieron de ella: varón y hembra, vida y muerte, bien y mal. Con la dualidad vino la caída, pues antes de eso no existía. La dualidad apareció con dos árboles prohibidos: "Podrás comer del fruto de cualquier árbol pero no de este ni de aquel". El árbol número uno era el árbol de la ciencia del Bien y del Mal. El número dos, el de la ciencia de la inmortalidad; o quizá era un mismo árbol convertido en dos.

La mujer activa al hombre y este es acción; pero es ella quien paga las consecuencias. Adán culpa a la mujer y la mujer a la serpiente. Y los tres reciben la maldición. Pero de los tres, el hombre recibe el castigo menor. La mujer parirá con dolor y la serpiente se arrastrará por siempre. La serpiente fue la más sabia en el jardín. Adán y Eva: los expulsados del tiempo. "Echó fuera a Adán y apostó a la entrada del paraíso de deleites unos querubines, y una espada de fuego que giraba, para guardar el camino del árbol de la vida (*Génesis*, 3:24). Con la expulsión vino el destierro. El Edén que el profeta del exilio Ezequiel describe como el "jardín de Dios" es para el narrador yaveísta menos un lugar que una era, muy temprana, hoy ya olvidada. No encontramos aquí el jardín de Dios, sino un jardín soñado y diseñado por nuestros antepasados: expulsados de nuestro jardín. Cristianismo y Judaísmo parecen religiones de exilio: Adán y Eva expulsados del jardín del Edén. En el exilio surge el lamento del que se hace eco la Salve. La caída, el pecado en el *Génesis*, es una caída en una naturaleza objetiva, una creación en la que no hemos participado.

La imaginación despierta de un sueño debe "de-crear" este mundo caído para ser partícipe en la creación. Las estatuillas-diosas del Neolítico, diosas de abultados senos, vientres y caderas rollizas, como la Venus de Dusseldorf, son imágenes simbólicas de un estado de conciencia sin nacer en el que permanecemos dentro de la naturaleza, objeto pasivo de nuestras propias y protegidas emociones. En el estudio del mito y metáfora, Frye cita el dicho del Zen budista: "Primero hay un árbol y una montaña; luego no hay árbol ni montaña; y después hay un árbol y una montaña". Esto corresponde a las tres fases de creación-de-creación-recreación. La montaña final es una creación en la que participamos. En vez de caer en una idolatría de la naturaleza, la imaginación va más allá de los cielos vacíos de su tierra original.

Santiago Paeng lee una breve discusión dialogada del famoso filósofo y teólogo medieval Pedro Abelardo (1079-1142) en torno al pecado original de Adán y Eva: "Si es necesario el consentimiento individual para cometer un acto pecaminoso, ¿qué ocurre con el pecado original? ¿No heredamos nuestra naturaleza pecaminosa de Adán y Eva por el acto de procreación? De ninguna manera. La idea de pecado hereditario no tiene sentido. Puesto que no tenemos las intenciones de Adán y Eva, no podemos heredar su pecado, pero sí heredamos su castigo, así como los descendientes de una persona cuya propiedad ha sido confiscada por un crimen, deben quedar sin propiedad.

* * *

Contrato social

El mito de la creación es parte de una estructura mitológica más amplia, conocida como el contrato social. El contrato del paganismo pone juntos a los dioses, a la humanidad y a la naturaleza. Y en un reconocimiento común aparece la ley, por ejemplo, al final de la Orestia de Esquilo, donde los dioses ratifican el orden de la naturaleza y hasta cierto punto se juntan ellos mismos. A medida que se desarrolla el paganismo se ve claro, por la época del Imperio Romano, que los dioses crecen de la naturaleza. Realmente dependen de este contrato y el único dios esencial es el divino César. En el mito de la creación bíblica la naturaleza no toma directamente parte del contrato social que es un "testamento" entre Dios y el hombre, no teniendo la naturaleza ley, excepto lo que Dios le concede. En tiempos del Nuevo Testamento los dos mitos de la creación se convierten en dos contratos. Uno se fija en Cristo, cuya divinidad es una encarnación de Dios en el hombre. Otro, en el César o Anticristo, encarnado en Dios, vínculo entre la ley moral y natural (39).

¿Hubo un Jardín o fue el Jardín un sueño? / Lento en la vaga luz, me he preguntado, / casi como un consuelo, si el pasado / de que este Adán, hoy mísero, era dueño / no fue sino una mágica impostura / de aquel Dios que soñé.

—J. L. Borges,
"Adam Cast Fort"

Opinar que para introducirse en el Paraíso hay que pagar una entrada de llanto, opinar que la flamígera espada del arcángel guardián solo puede abatirse con la aflicción (y mejor si es inútil y además provocada) lo considero la más grave blasfemia.

—A. Gala[4]

"A ti llamamos los desterrados hijos de Eva, gimiendo y llorando en este valle de lágrimas", se reza en la Salve. Este arquetipo del destierro, exclusión del jardín del Edén, se repite en la vida, en el Edén, en el vientre materno, en el seno de la Iglesia, en el encantador jardín de la infancia. "Hay gente que está convencida", continúa el poeta A. Gala, "de que hemos nacido para sufrir; de que el mundo es un valle de lágrimas". Siglos de tradición están tras la imagen de toda la Tierra como un lugar de exilio, ordinariamente Tierra desierta y estéril donde Adán y Eva caminan cabizbajos y avergonzados, como en el lienzo de Masaccio "La expulsión de Adán y Eva del Paraíso" (ca. 1425).

Mirando atrás se podrán ver, a las puertas del Paraíso, fieras espadas en manos de fieros guardianes, como lo ve el exilado poeta Czeslaw Milosz: "El pensar nostálgico de un retorno a una existencia de antaño feliz, se intensifica con la conciencia de la prohibición. Y, con todo, nunca dejará de abandonar el pensamiento del día en que terminará su exilio". Más tarde, mucho más tarde, quizás aquel sueño tomará forma de una ciudad dorada, perdurable, más allá del tiempo, de una Jerusalén celestial. La imagen bíblica se apoya en un tópico; el exilio significa mirar atrás: al país de origen.

Muchos poemas y novelas escritos en siglos pasados describen una región del mundo de donde han venido; un sueño del a veces emigrante que extraña esa región como más hermosa de lo que ha sido en realidad, simplemente porque ya está perdida. Y, con todo, se impone una observación. El desplazamiento crea una distancia medida por cientos y miles de millas. La imagen bíblica se traslada en el espacio de las puertas del Edén a los bordes o fronteras de un estado guardado por soldados armados: querubines de la tiranía. Sin embargo, la distancia no solo puede medirse en millas, sino también en meses, en años o en decenas de años.

Según lo anterior, se puede considerar la vida de cada individuo como el de un movimiento implacable que va desde la infancia, pasa por la juventud, llega a la madurez y se detiene tras la vejez. El pasado de cada individuo sufre transformaciones constantes en su memoria; y a menudo adquiere rasgos de una tierra inalcanzable, más y más extraña con el discurrir del tiempo. La diferencia entre desplazarse en el tiempo y en el espacio se hace más diluido. Un adiós al país natal, a sus paisajes, costumbres y lengua arrojan, al nostálgico soñador, a una suerte de tierra de nadie comparable quizá a un desierto, un lugar de contemplación.

El único remedio contra la pérdida de orientación es crear y recrear un nuevo Norte-Este-Oeste-Sur; situarse en ese nuevo espacio, elevándolo a un segundo poder. Lo que se ha perdido se recupera en un nivel más alto de viva presencia. Pienso en un viejo expatriado que, meditando en el país de su juventud, se da cuenta de que está separado de él no solo por el espacio, sino también por las arrugas de su rostro, de su cabello gris, señas dejadas por un guarda severo: el tiempo. ¿Qué es el exilio si en este sentido todos participamos de esta condición?

No es un dislate pensar que el Edén verdadero se halla en donde nosotros nos hallamos, aunque existan quienes han decidido no disfrutarlo sino sufrir en él.

—A. Gala

* * *

Bibliografía del Capítulo 4

1 **Bloom, H.**; *The Book of J. Translated from the Hebrew by David Rosenberg, Interpreted by Harold Bloom*, (New York, Random House, 1991).

2 **Borges, J. L.**; *Obras Completas 1975-1985*, (México, Emecé Editores, 1989, 169).

3 **Shlain, L.**; *The Alphabet versus the Goddess Venus: The Conflict Between Word and Image*, (New York, Penguin Putnam Inc, 1998).

4 **Gala, A.**; "Un valle de risas", (Madrid, *El País*, diciembre de 2005).

Capítulo 5
Apocalipsis y milenio

A un extremo de la Biblia la imaginación ideológica concibe un inmediato futuro: un milenio, la inauguración de un reino mesiánico donde la justicia y la paz se esparcirán por todo el mundo.

—N. Frye,
On Religion, pág. 358

Sueños de un inminente reino se extienden por todo el Nuevo Testamento; y fuera de él. Pero como con el correr de los años no llegó a materializarse, se dejó en manos de un futuro indefinido. La imaginación mítica trata no de un milenio sino de un Apocalipsis, una transformación total de la realidad sin conexión directa con el futuro, como la historia del Edén tiene con el pasado; pero que nos confronta con la imperiosa invitación de beber de esta agua de la vida.

El *Apocalipsis* es el nombre del último libro de la *Biblia*. El *Libro de la Revelación* nos habla de las últimas cosas escritas en su cueva de Patmos, destierro y retiro, por Juan el teólogo, el divino. El evangelista presenta en ese libro una visión panorámica de ciertas cosas en la experiencia humana que toman diferentes formas. Al anciano visionario y poeta surrealista le pareció que el sol se oscurecía, la luna se convertía en sangre. Vio siete caballos que galopaban por todo el mundo; enormes dragones que brotaban del mar. Todas esas apariciones fantásticas son imágenes reprimidas de un pueblo cristiano perseguido; imágenes que brotan a la superficie y son conciencia de lo que ocurre. Cuando el ser humano crea lo que él llama historia, quiere ocultar lo que a él mismo le sucede (BCM, 225).

Siempre ha existido en el cristianismo populista un fuerte anhelo por un dramático fin de la historia, por un inminente futuro que terminará pronto. Quizá esa concepción popular del tiempo sea uno de los rasgos menos atractivos del cristianismo. El siglo XVII vio, con Galileo, un espacio mitológico ocupado por un espacio científico. Descubrimos que podríamos vivir sin la metáfora de un Dios sentado en su trono, arriba en los cielos. ¿No dijo el astronauta ruso Yuri Gagarin que en su vuelo espacial no había encontrado siquiera una huella de Dios?

Al parecer hemos superado esa estructura particular de la metáfora. Y ya no necesitamos proyectarla más. Pero al mismo tiempo que ocurría la revolución en el espacio, un arzobispo irlandés llamado James Ussher (1581-1656) explicaba que el mundo había sido creado 4000 años antes de Cristo y que duraría por seis mil años cuando comenzara el séptimo milenio. Pero por un pequeño error de cuatro años en el cálculo, el milenio comenzaría en 1996. Y, como recordarán, no hubo milenio ese año. Hemos superado la metáfora del tiempo como superamos la metáfora del espacio conectado con la actividad de Dios en el mundo.

¿Qué significa ese fin? Son meditaciones de catástrofes asociadas con un fin del mundo imaginado y forman parte de un ir y venir circular. Por qué no vivir en paz viendo que las cosas vienen y van, nacen y mueren. El *Apocalipsis* revela nuestra ignorancia de la llegada de un fin, pero no de un fiero, aterrador Armagedón. En la narrativa bíblica el movimiento va de la Creación al Apocalipsis aunque ocurra en un ahora presente. No es un movimiento cíclico cerrado; va de una creación a una nueva creación. Y esta nueva creación es, también, un ahora antiguo ya restaurado. Es solo nueva para la humanidad. Representa una nueva experiencia, una vivencia más amplia. "El *Apocalipsis*", dice N. Frye, "es una vasta estructura metafórica en la que todas las categorías de la realidad o de la cadena del ser se identifican con el cuerpo del Mesías".

"Ciudad de oro, unión final del novio con la novia, todo eso y mucho más. Son, creo yo", observa M. Araceli Cruz, "enormes porciones psíquicas de inquietud que salen a flote ante el pánico de una inminente explosión atómica, señales de una súbita disolución de nuestro planeta por el terror". Muy temprano en la historia del cristianismo existieron vívidas expectaciones apocalípticas, es decir, pesadillas de cataclismos históricos y cósmicos que precedían la *Parusía*, el retorno o segunda venida de Cristo, que establecería un nuevo cielo y una nueva tierra. La frase, por supuesto, viene del *Libro de la Revelación*, el texto apocalíptico concentrado en el Nuevo Testamento. Fue probablemente escrito durante una de las persecuciones de los cristianos por las autoridades romanas.

No hay que sorprenderse. La imaginación apocalíptica casi siempre ha florecido bajo condiciones de peligro y turbación. "O pueden ser proyecciones de ansiedad", añade Myrvold, "que provienen de la incapacidad humana de encontrar el centro de un más allá de ese ir y venir. Porque si vivimos en paz con la eternidad del ahora, la explosión del universo es tan perfectamente aceptable como la misma muerte. Otra cosa muy diferente es la sabia meditación de los astrónomos que hablan de un proceso orgánico".

Todo lo que viene, se va. Por eso el héroe no sería héroe si la visión de la muerte lo acoquinara. La primera condición es reconciliarse con la tumba, como sugiere Campbell en *El héroe de cien caras*. Nada retiene su propia forma; la naturaleza, la gran innovadora, renueva constantemente las formas. Nada perece en todo el universo: es metamorfosis en Ovidio. "El cristianismo", decía el mitólogo Campbell, "parece haber nacido de una honda meditación de las desilusiones de la vida. En los primeros siglos, antes y después de Cristo, el pueblo judío se sentía angustiado con solo imaginarse el fin del mundo. Esa angustia se refleja en los Rollos del Mar Muerto. Habla de un nerviosismo existencial: el que iba a venir está por llegar".

Miedo y euforia juntos o combinados. El cristianismo nació en ese ambiente. Y cada mil años los milenaristas piensan fervorosamente que el mundo va a terminar. El jefe indio Seattle de las tribus que, en otro tiempo, habitaban el área del estado de Seattle, escribió un magnífico ensayo cuyo tema central enseña cómo ponerse en sintonía con el universo:

¿Por qué he de lamentarme de la desaparición de mi gente?, decía fumando su pipa. Todo llega a su fin, el hombre blanco llegará también a su fin; y otro tanto, el universo.

Uno puede vivir en paz con eso. No significa que no debamos esforzarnos por corregir la situación personal o social, pero siempre que ese esfuerzo se haga en paz. Ganar una carrera de galgos es magnífico, pero perderla también. Para lo que nace, la muerte es cierta y para lo que está muerto, nacer es cierto. No hay que lamentarse de lo inevitable. El Ser Supremo que habita en todos nunca puede ser destruido. Las armas no lo mutilan; las aguas no lo mojan. Por tanto, para qué lamentarse de la muerte de una criatura, como dice el Bhagavad Gita.

Todas las cosas están en proceso: nacen y retornan. Las plantas florecen pero solo para volver al rizoma. Volver a la raíz es buscar reposo; buscar reposo es encaminarse al destino; dirigirse al destino es eternidad; conocer la eternidad es iluminación; y desconocer la eternidad trae caos y mal. Conocer la eternidad conduce a la comprensión; la comprensión abre horizontes; la amplitud de visión trae nobleza; y la nobleza es como el cielo. Descendemos a la muerte para refrigerarnos. He aquí una plegaria azteca para recitarla al morir: "¡Querido hijo! Has superado los trabajos de esta vida. Ahora complace a nuestro Señor llevarte. No gozamos este mundo por siempre, solo brevemente; nuestra vida es como un calentarse al sol".

A nosotros, los más efímeros. Cada cosa, una vez, solo una vez. / Una vez y nada más. Y también nosotros / Una vez, aunque no sea más que una sola: / haber sido terrenal no parece revocable.

—Rilke,
"IX Elegía del Duino"

El milenarista David X

En plena primavera de 1999 recibí por correo ordinario un opúsculo firmado por David X con una invitación efusiva, muy fervorosa, propia de un converso, para asistir con otros muchos al *show* más maravilloso de todos los tiempos que ni la televisión más potente podría transmitir al mundo por un milagro del Dios encarnado. En mayo del mismo año, el hermano David X decidió trasladarse del estado de Nueva York a un lugar muy próximo del Monte de Los Olivos. David ya había reservado en una parcela de Tierra Santa un asiento de preferencia para presenciar la segunda venida de Cristo; no se sabía si iba a descender de madrugada o al despuntar el alba del 1.º de enero de 2000. Eran conjeturas devotamente sostenidas por la fe. Desde su casa móvil se mantuvo en contacto con sus amigos norteamericanos decididos, también, a vender sus posesiones y trasladarse pronto a Tierra Santa. David borró de su memoria, no de su pasaporte, su apellido reteniendo su mínima identidad: la de su ceremonia de inmersión bautismal en un lago cercano a Ítaca, Nueva York. Muy cerca del fervoroso creyente milenarista, unos musulmanes palestinos tenían ya alquiladas todas las habitaciones de su hotel meses antes de la noche de San Silvestre.

Madre: esta noche se nos muere un año / en esta ciudad grande, todos están de fiesta.

—A. E. Blanco,
"Las uvas del tiempo"

Nada de zambombas, serenatas, gritos… de los madrileños, que a las doce campanadas del Nuevo Año van tomando las doce uvas, una a una, pidiendo deseos de las uvas del tiempo, como canta el poeta venezolano bajo el signo del bifronte Janus. El júbilo de los milenaristas era un mudo beso de éxtasis y de paz. ¿No les gustaría estar presentes en el Hotel del Monte de los Olivos cuando regrese Jesús?, decía un volante enviado a más de mil congregaciones cristianas en los Estados Unidos.

David canceló sin más su correo electrónico. Pensé si David volvería a su casa de Ítaca si Cristo descendiera transfigurado a la Nueva Jerusalén. Nada he sabido del desencanto de David por no haber presenciado la segunda venida de Cristo en carne y hueso, pero eternamente joven y transfigurado. Para qué esperar esa segunda venida, si uno renace en el Bautismo. Al darle gracias por su invitación, no quise mencionarle que una metáfora es una figura poética que proclama una verdad espiritual. ¿Por qué nos atrae tanto la historia del milenio?

El historiador Robin Fox Lane nos da su versión del pánico que recorría en la Iglesia entre los cristianos de los primeros siglos.[1] Los judíos comenzaron a escribir los oráculos sibilinos en el estilo de oráculos sibilinos auténticos en el siglo II a. C. o quizá antes. Los oráculos querían expresar reacciones no hostiles a los poderes paganos, fueran helenistas o romanos. Querían también expresar expectaciones apocalípticas. Pero, más que todo, también iban a convencer a judíos, prosélitos y paganos ocupados en una reflexión ante sucesos históricos. Eran una filosofía mediocre de la historia apoyada en expectaciones apocalípticas. Mientras tanto, los oráculos aún resonaban en oídos de cristianos. El divino Apolo respondía a sus clientes, allá por la mitad del siglo III. Mas los vecinos de un villorrio de Egipto vivían inquietos, por cuestiones de diferente especie.

Si Dios decidiera acabar con el mundo después de seis mil años, ¿gozarían los cristianos mil años de placeres carnales? o ¿sería el gran espectáculo del reino de los santos para verse desencarnados, menos robustos y más espiritualizados? Esto se preguntaban algunas comunidades cristianas divididas ante el pánico de un inminente fin. Había, en esas comunidades, cristianos perfeccionistas. Pero un buen sábado de adviento, el obispo Dionisio de Alejandría decidió visitar a sus atemorizados diocesanos al saber que su rebaño temblaba porque veían venir al lobo. Él, como buen pastor, quería consolarlos: ¡Por Dios santo, hijos míos, no se angustien por esos falsos rumores!

Los paganos del entorno, despreocupados de profecías y de oráculos, y algo más dados a la reflexión, vivían preocupados del comienzo del mundo pero no de su posible fin. No pensaban en la resurrección de la carne. Les bastaba ir al cementerio, abrir una tumba para ver y tocar los huesos de sus deudos difuntos.

El apóstol Pablo, en brillante metáfora, comparó el Fin, ese fin, con los dolores de parto de una madre. El Fin, como la metáfora sugiere, era inevitable en un mundo ya preñado de su propia destrucción. Cuando los cristianos de Tesalónica se vieron perseguidos, confundieron sus sufrimientos con las primeras tribulaciones de las que habían oído hablar a Pablo. Pero el profeta Agabo, dicen los Hechos de los Apóstoles, "vino a vernos y, tomando el cinturón de Pablo, se ató con él de pies y manos y dijo: 'De esta manera atarán los judíos de Jerusalén a quien lleva este cinturón y lo entregarán en manos de los gentiles'". Capítulos antes (11: 28), Agabo había predicho, por medio del Espíritu, que iba a haber "una gran hambre en todo el mundo".

Pero la hambruna pronosticada por el pequeño profeta, según cálculos del historiador Lane Fox, ocurrió antes de la muerte del rey Agripa, en pleno verano del año 44. Flavio Josefo habla de una hambruna en Jerusalén allá por los años 45 o 46. Pero el Espíritu anunció la hambruna que ocurrió en Egipto y no en todo el mundo. Los *Evangelios* de la tradición cristiana fueron menos exactos. Sus ideas del fin del mundo hablan de si el reino de Dios está entre ellos o dentro de su poder; de si el fin era nada más que el fin del orden social o era la caída de Jerusalén. Lo cierto es, sin embargo, que algunos de ellos creyeron que los Apóstoles presentes "no sufrirán la muerte sin antes haber visto al Hijo del Hombre llegar en su reino" (*Mateo*, 16: 28). La inminencia del fin turbó a los fieles tesalonicenses mientras la falsa alarma del fin, que precedió a la muerte del discípulo amado Juan, el teólogo, hizo que se añadiera un capítulo más a su Evangelio: El *Libro de la Revelación*.

Hubo otras falsas alarmas en los siglos siguientes y un torrente constante de falsificaciones cristianas, pero ninguna fue tan trágica como estas. Mientras tanto pensaban: "Hemos oído estas cosas aun en los días de nuestros padres", decían ya los cristianos en los años 90 de la era cristiana y "vean, hemos llegado a viejos y nada nos ha sucedido". En los años 130, Justino compuso un libro dedicado al "más culto y filósofo Emperador Antonio Pío". Dios, explicaba el prelado, estaba retrasando el fin porque quería ver a los cristianos esparcidos por todo el mundo.

Para el año 200, Tertuliano reconocía que los fieles cristianos oraban para que el fin del mundo no ocurriera en vida de ellos. Cincuenta años después, los dolores del parto anunciados por Pablo adquirieron una nueva interpretación. Cipriano de Cartago (ca. 148-258) trató de explicar a sus compañeros obispos del norte de África que no deberían sentirse deprimidos ante la mala conducta de unos pocos cristianos. Era un duro preludio y prueba de que el fin estaba a punto de ocurrir. Un día era como mil y la Creación había durado seis días. El mundo habría de perdurar seis mil años, agraciado por el séptimo día de descanso. Pero quedaba otra incógnita: ¿cuándo será el fin de los seis mil años?

¿Qué realidad histórica contiene el milenio? Solamente es, creo yo, un punto de referencia en mi conciencia, algo parecido al *bindu* en la terminología hindú. Yo mismo podría adivinar, no sin un tenue escalofrío, cuál es mi milenio personal con solo imaginarme el capítulo final de mi vida. En mi fin está siempre mi comienzo. Un jalón milenario no solo es un fin y un comienzo, sino también puede ser parte de un ciclo, de un retorno. Para el sabio Lao Tse siempre ha sido el retorno. Esto sugiere el retorno en el Taoísmo: "Sentirse enteramente sereno". Las diez mil cosas nacen juntas; en su nacer está su retorno. Ahora florecen y, floreciéndose, vuelven a su rizoma; retornar a la raíz es paz; paz es aceptar lo que debe ser, conocer lo que perdura.

En ese conocer está la sabiduría; sin él, todo es caos; saber que lo que perdura es tener el corazón abierto, ser magnánimo, dichoso. Siguiendo el Tao el cuerpo llega a su fin pero nada hay que temer. Sin embargo el terror ha existido desde el comienzo. La angustia cósmica llenó de pesadillas a los cavernícolas de Cromañón. No soñaban un inminente Armagedón.

Muchos siglos antes de la Edad Media, los clérigos hablaban de un mundo que envejece —*mundus senescit*—, maduro ya para un bien merecido olvido. Solo un San Agustín se enfrenta a esa senectud del mundo en la precisa manifestación clínica del saqueo de Roma. Y concluye que, lo que parece ser la antigua edad en la Ciudad del Hombre, puede ser la juventud en la Ciudad Celestial: "No traten de asirse a ese viejo mundo; no rehúsen salir al encuentro de su juventud en la de Cristo, que te dice: 'El mundo es pasajero, transeúnte; el mundo envejece y decae; el mundo se ahoga en su vejez'. No tengan miedo: su juventud será renovada como la del águila" (Sermo 81, PL 28, 505).

Videntes sumerios podían anunciar la destrucción del mundo con solo examinar el hígado malformado de una oveja o ante la visión de una siniestra conjunción de estrellas. El Veda hindú habla de *pralaya*, la disolución de todas las cosas al fin del ciclo universal, como el *samvartaka*: una conflagración cósmica que borraría el universo del pizarrón planetario. El Mahabharata y el Purana ven siete soles ardiendo; sus llamas alcanzan la cima del reino de Brama.

> *Debemos volver la vista hacia el fin. La plegaria cristiana pide el fin del mundo: que llegue pronto. La meta es ponerle fin a este mundo; la única cuestión es cómo. Un error, al respecto, podría resultar sumamente costoso.*
>
> —P. Brown

El sentido cristiano de la historia es el sentido de vivir en los últimos días. ¡Hijitos!: es la última hora. Toda la era cristiana está en los últimos días.

El Nuevo Testamento es el comienzo del fin: el sentido de que el viejo es simbólico solo es el sentido de que ahora estamos en el momento del cumplimiento: *illis temporalibus figuras fuiste futurorum quae implerentur in nobis, in quos finis saeculorum advenit*. Ver en acontecimientos pasados figuras de acontecimientos futuros que se cumplirán en nosotros, que confrontamos el fin del mundo (*Marcos I*, 15; *Juan II*, 18). ¿Cómo se sentían los cristianos esperando la Segunda Venida?, se pregunta Violeta. Se consideraban extraños peregrinos en este mundo. No amar el mundo ni las cosas de este, eran su máxima. "Viven en sus propios países como extranjeros; comparten todos los deberes como buenos ciudadanos, sufren todas las desventajas como extranjeros. Tierra extraña para ellos es su país, extranjeros en su propia patria (*Epist. ad Dionetum*, 5:5).

Este sentido de enajenación es aún mayor entre los cristianos gnósticos. Pero el sentimiento no estaba confinado a los círculos cristianos. En la escuela platónica se había convertido en un lugar común. El emperador filósofo Marco Aurelio (A. D., 121-180), el último de los cinco "buenos emperadores", podía expresar en sus Meditaciones el sentimiento de no pertenecer: 'Toda la vida del cuerpo humano es una corriente que fluye; toda la vida de su mente, sueño y delirio; su existencia, un estado de guerra y con residencia en tierra extranjera; su fama posterior, el olvido". Solo podía preguntarse: "¿Hasta cuándo?".

"El movimiento profético del Montanismo aseguraba", dice el autor de *Paganos y cristianos*, "que la Nueva Jerusalén descendería pronto del cielo y el reino de los mil años de Cristo en la Tierra comenzaría pronto". La profecía cristiana había estado vinculada por mucho tiempo con las esperanzas del milenio. Como observa Lane Fox: los profetas mantenían vivas las esperanzas y la esperanza los mantenía vivos, contentos o menos infelices a los profetas. Pero mientras tanto los cristianos ortodoxos esperaban que la Ciudad Celestial apareciera en Palestina, la voz del profeta cristiano Montano (ca. 170), con fuerte tono de patriotismo local, aseguraba que el lugar designado para la dichosa cita era Pepuza, una aldea remota en el sur de Frigia donde todos los buenos cristianos deberían esperarla.

Los montanistas ansiaban acelerar la llegada del Apocalipsis para dar un salto mortal de la materia al espíritu, absteniéndose de la vida sexual y de otros torpes hábitos. Pero el Espíritu Santo se mantenía en silencio, sin nada que decir del valor religioso o intelectual de sus profetas. "La cita milenarista no ocurrirá en Pepuza", aseguraban de momento los obispos. De Frigia se extendió a todo el este del imperio: a Roma, al norte de África y hasta España. Y aunque la profetisa Maximila había declarado: "Después de mí no habrá más profetas, sino el fin del mundo", la profecía sin embargo continuó. La vieja tradición de los profetas inspirados fue reemplazada con una idea más conveniente de un guía divino que les fue concedida sin que los principales dignatarios de la Iglesia lo notaran. La profecía pasó a la clandestinidad y reapareció en las manías quiliastas del tardío otoño de la Edad Media y en muchos movimientos evangélicos.

En este lado, no el más apartado del oeste entre los que serían antepasados de Moctezuma, los discípulos de Quetzalcoatle, el Salvador mexicano, esperaban su segunda venida. Antes de morir aseguró a los habitantes de Cholula que él volvería de nuevo para gobernarlos. Esta notable tradición la guardaban ellos en su corazón lleno de alegría, dice Prescott en su libro *Conquista de México*. Y los mexicanos confiaban que su benevolente deidad retornaría.

* * *

Dies irae, dies illa

Aquel día, el día de la ira, amanecería seguramente mil años después del nacimiento del Salvador. Todavía en 1999 la gente ha vuelto a hablar de la segunda venida de Cristo; de la aparición del Mesías ungido; del Mahdi; del Deumo Imam y hasta de Buda. ¿Serán solamente los que esperan esa llegada, unos pocos, los lectores y creyentes literalistas? Un pequeño grupo de neo nazis esperaba, inquieto, la reaparición del Führer que vendría del espacio y proclamaría: "Soy la reencarnación de Hitler: vengo del planeta Cero". Y no hay por qué enumerar las predicciones del fin del mundo como consecuencia de cataclismos cósmicos o por asalto de los extraterrestres tras un loco girar del orbe. Otros hablan de la extinción total, de la desaparición del universo entero por una colisión de galaxias enteras. Y qué decir de uno de los cincuenta estados de nuestro país, el gran estado de California, arrancado de cuajo de la majestuosa Sierra Nevada por un terremoto, para hundirse en el Océano Pacífico como otro Atlantis que un día podrían descubrir mis nietos Jordan y Dominic, desde su Rancho Murieta, recostado en las faldas de la Sierra Nevada.

La Iglesia predijo y predicó el fin del mundo para un día específico y sostuvo, con San Agustín, que ella era el reino de Cristo; que el milenio comenzó con el nacimiento de Cristo y que su aparición en la Tierra era un hecho consumado. ¿Cuándo tendrá lugar el Juicio Final? ¿Mil años después de Cristo? No. Puede ser mañana de madrugada. Esta misma noche puedo morir antes o después del primer canto del gallo vecino y, desde ese momento, mi destino está sellado. Para mí será el fin de mi mundo. No me quedaría otro auxilio que el de resucitar espiritualmente de esta tierra bendita y continuar soñando con metáforas hasta una nueva resurrección.

La noción de un día específico estaba arraigada, sin embargo, en la mayoría de los bajos estratos de la sociedad cristiana: más entre iletrados que entre prelados. Era artículo de fe que, con el solsticio de invierno del año 1000, el mundo habría de perecer con el Juicio Final. Algunos creían que iba a ocurrir la madrugada de Nochebuena, horas después del *Ite Missa est* de la Misa de Gallo. O sería después de dar un beso al Niño Dios en su pesebre, antes o después de acariciar al asno y al buey que lo acompañan en la gruta de Belén. Para la mayoría, el miedo de un inminente desastre entró vagamente en su diario vivir, idea nebulosa que en un instante les hizo ponerse en carne de gallina para sacudirse luego las alas y continuar picando lombrices, disfrutando de vivir a placer.

Muchos se reían de la idea de que hubiera magia en el número 1000. Otros temblaban ante la vista de la cifra mística M(il). En su rectitud, sabían no solo el día y la hora precisas del cataclismo venidero, sino también la duración exacta: tres años y medio. Estos perfeccionistas cristianos, inspirados en un dicho antiguo, creían que los bienaventurados se recreaban en ver almas torturadas por demonios entre gritos de agonía sin fin, como uvas trituradas en el lagar; o enganchados por garfios de acero al rojo vivo, para hundirse en hielo o en fuego: ecos de la visión infernal de Tertuliano.

Por dos mil años no ha habido fin de siglo que no esperara *el "fin del mundo"*. Ya en el año 40 antes de Cristo, Virgilio escribió que el fin de la edad de hierro estaba cerca y que pronto comenzaría una Edad de Oro. El *saeculum aureum* o *saeculum felicissimum* de los latinos no es idéntico con el *guenos chryséion* de la edad de una raza de oro. El hinduismo ha estado esperando por largo tiempo al jinete de caballo blanco Kalki, el décimo Atavara de Vishnu, muy cerca de la presente. "Entonces vi aparecer un caballo blanco a cuyo jinete, que llevaba un arco, se le dio una corona y salió triunfante, y para triunfar más (*Apocalipsis*, 6:2). Meditación de catástrofes, de explosiones nucleares, nuevos actos de terrorismo universal, de desintegración del mundo, tienen en nuestra cultura un ciclo regular: cada mil años.

Son meditaciones, repito, de la desilusión de la vida por quienes no saben amar esta tierra. He aquí otro curioso símbolo mitológico interpretado en términos de un acontecer histórico. Los símbolos míticos, por afinidad con otros, no hablan de hechos históricos sino de sucesos espirituales. El fin del mundo es un acontecimiento psíquico, no histórico. Quizá solo sea una ficción verdadera. Hacia el final del quinto Evangelio, según Tomás, los discípulos preguntan al Maestro ¿cuándo llegará el reino? Y la respuesta de Jesús está en contraste con lo que se lee en *Marcos*: 13, donde se afirma que el Rey vendrá entre nubes y guerras. En este *Evangelio* Jesús dice: "El reino no vendrá por expectación. No dirán: Vean ahí… El reino del Padre está extendido por todo el mundo y los hombres no lo ven". Eso se conoce como el Gnosticismo Hermético, *bondi* en Sánscrito. Basta cambiar de mira para ver todo el mundo radiante y espléndido a pesar de los terrorismos que nos rodean. El fin del mundo es un evento psicológico importante. Hay que entenderlo y vivirlo así.

Será cuando la trompeta suene, como escribe San Juan el Teólogo. Ha sido en 1757, según el testimonio de Swendenborg. "Fue en Israel cuando la loba clavó en la cruz la cerna de Cristo, pero no solo entonces. / Ocurre en cada pulsación de tu sangre. / No hay un instante que no pueda ser el cráter del Infierno. / No hay un instante que no pueda ser el agua del paraíso.

—J. L. Borges,
Doomsday

Cada pasaje del *Libro de la Revelación* forma un denso mosaico de alusiones al Antiguo Testamento, con su eco en el Nuevo Testamento. El autor del *Apocalipsis* narra, en seis series de siete, sucesos que corresponden posiblemente a los seis días de la Creación, con un séptimo día de contemplación tan característica del mundo más allá del tiempo. Los pasajes históricos de la *Biblia* no se preocupan de la historia ni paran mientes en ella; ni adoptan el criterio de un Tucídides o de Gibbon o de quien escribe historia. La *Biblia* reproduce otro tipo de historia llamada *Heilsgeschicte* o historia sagrada. Trata de sucesos que se repiten, pero distintos de los sucesos que preocupan al historiador.

Esta forma de historia sagrada se usa para representar la vida de Cristo en los *Evangelios.* Se preocupa no con el pasado que ya es ido, sino con el pasado usado como material para una visión presente, tal como se imaginó Juan en sus visiones entre las sombras de la cueva de Patmos. Lo que se aplica al pasado, se aplica también al futuro. Muchos eruditos en materia de milenios nos dicen que en la primera generación del cristianismo todos esperaban que el fin del mundo llegaría en cualquier momento. Lo interpretaban como un suceso literalmente futuro, algo que habría de ocurrir el próximo martes como el día señalado para ser el último de la historia. Posiblemente la profecía bíblica tiene la misma referencia oblicua del futuro, que la que tiene con el pasado; y que el futuro, como el pasado, es asimilado en la visión presente.

Frye piensa que muchos teólogos, entre ellos Calvino, no sabían cómo entender los enigmas del *Libro de la Revelación.* Les causaba pesadillas quizá porque su lectura del *Apocalipsis* era de sentido literalista, poco imaginativo. Verdad es que el *Libro de la Revelación* par*ece* ser escrito para enloquecer al lector literalista cultivado en especulaciones teológicas. El *Libro de la Revelación* presenta al lector el material ordinario de la profecía bíblica: un derrocamiento inesperado de la sociedad seguido de tremendas calamidades de la naturaleza, de grandes terremotos, de hambrunas, de enormes plagas de langosta y de otras más que Juan, el divino, no podría haberse imaginado entonces. El escritor sugiere que ocurren todo el tiempo. Solo que nuestro proceso ordinario de percepción los elimina y el lector crea lo que él llama "historia" para ocultar su propio apocalipsis. La *Revelación* intenta decir exactamente que esta es la revelación, un subconsciente menos pesimista de lo que pensamos ver.

En la cuarta serie, la visión central apocalíptica es la narración del nacimiento del Mesías. Esta historia es la tercera que aparece en el Nuevo Testamento. Presenta el nacimiento del Mesías bajo el mito del nacimiento del héroe amenazado por un dragón que intenta devorar al niño.

Estas visiones terminan con la última cosecha y la última vendimia, que son el pan y el vino de una eucaristía demoníaca. Pero en este sentido expresan la ira de Dios en lugar de la comunión de Dios. El hombre no come pan y no bebe vino. Se convierte en pan y vino y lo comen los poderes de la muerte. La vendimia simboliza la identificación del vino con la sangre, asociada fatalmente con la guerra (ibid., 239). En la sexta serie hay una profecía del milenio que no es de las últimas cosas que suceden. La visión del tiempo en la *Biblia* parece infantil. De hecho es casi increíble que, en el siglo de Galileo y Newton, existiera un arzobispo irlandés que había elaborado una cronología de la *Biblia* y declaraba que la creación del mundo había ocurrido 4000 años antes de Cristo y, por tanto, el mundo llegaría a su fin en 1996.

Seis mil años de historia corresponden a seis días de la creación; y el milenio corresponde al sábado: séptimo día. El gobierno del Mesías sería de mil años. Después de eso comienza lo divertido. En 2996 comenzaremos la guerra con COG y luego vendrá la apoteosis del último juicio. El autor del *Libro de la Revelación* incorpora en su visión toda la dimensión del tiempo. Trata de describir el fin de todas las cosas y de incluir toda la categoría del tiempo, desde la Creación hasta el fin del milenio, dentro de un marco que en realidad lo trasciende. Es después del milenio cuando los sucesos tienen lugar; esto, en un sentido, es el fin del tiempo. Marcan la progresión de la mente humana de la categoría del tiempo al mundo eterno o espiritual, que es algo muy distinto.

La era cristiana entre los años 66 a 70 fue una época de revueltas en el Imperio. Parece no haberse enterado Flavio Josefo de que las expectaciones apocalípticas de ciertos partidos revolucionarios en Judea las compartían también los judíos en la diáspora y habían sido apropiadas por grupos cristianos. Sus expectaciones no eran diferentes de los que vivían en las provincias esperando el retorno de Nerón para combatir la tiranía de Roma.

La información más precisa de este estado psíquico nos la da el *Apocalipsis* de Juan, afirma Arnaldo Momigliano, no Flavio Josefo. El retorno de Nerón, tan esperado en los círculos paganos, se transforma en el Apocalipsis: el adviento del Anticristo. La destrucción de Roma, la nueva Babilonia, significaba la llegada del milenio. El Apocalipsis da expresión mesiánica a los sentimientos de resentimiento contra Roma. Es curioso que fuera escrito por un cristiano ya que la tradición de Eusebio tiende a disociar completamente el cristianismo de los judíos, que rehusaban rebelarse contra Roma.

La fecha precisa del *Apocalipsis* que Ireneo había señalado en el período de Domiciano (Adversus Haereses 5.30.3) no es relativamente importante comparado a su contenido antiromano y más específicamente contra Nerón. Pero no olvidemos que hay dos claves —interna una y externa otra— que nos permiten fechar con precisión la obra por los años 68 y 69 a. C.: la rebelión judía. El libro presupone la existencia del Templo de Jerusalén (11:1) y predice (cap. 17) un gobierno de siete emperadores romanos, el último de los cuales habría de gobernar brevemente. Comenzando con César, como lo hace Suetonio, el séptimo emperador es Galba cuyo gobierno fue breve. Esto no puede ser puramente coincidencia, señala Momigliano.[2]

Estas expectaciones, en parte políticas, en parte mesiánicas, no se limitaban a Judea o al año de los cuatro emperadores. Y por eso la cuestión de la fecha y lugar del origen de cada documento apocalíptico es de limitada importancia. La existente colección de los libros sibilinos, que contienen textos que pretenden serlo de sibilas paganas, fueron escritos fuera de Palestina, por judíos y cristianos, entre los siglos II y III d. C. La expectación del fin del mundo está explícitamente conectada con el fin de Roma. No es accidental que el octavo libro de los oráculos sibilinos fuera escrito en la era de Marco Aurelio. Es totalmente un texto cristiano en su forma presente. Este libro predice la caída de Roma (PJC, 115).

Es muy probable que la doctrina de la destrucción del mundo (*pralaya*) fuera ya conocida en tiempos védicos. La conflagración universal (*ragnarok*), seguida por una nueva creación, es un elemento de la mitología germánica según M. Eliade quien, en el Mito del Eterno Retorno, escribe: "El ciclo completo se termina por una disolución, un *pralaya* repetido con mayor intensidad en *mahapralaya*, gran disolución al fin del ciclo mil. Hemos indicado que algunas imágenes apocalípticas del fin del mundo recurren en las visiones escatológicas judeo-cristianas.

Pero el judeo-cristianismo hace una innovación de primera importancia. El fin del mundo ocurrirá solo una vez. El cosmos reaparecerá después de la catástrofe y será el mismo cosmos que Dios creó al comienzo del tiempo, ya regenerado y restaurado a su gloria original. El primer paraíso no será destruido de nuevo, no tendrá fin. El fin del mundo para el judeo-cristianismo es parte del misterio mesiánico. Con la venida del Mesías, creían los judíos, se anunciará el fin del mundo y la restauración del paraíso. Para los cristianos el fin del mundo precede a la segunda venida de Cristo y al Juicio Final. Los profetas proclaman que el cosmos será renovado con un nuevo cielo y una nueva tierra de gran abundancia en el jardín del Edén. El lobo y el cordero vivirán en paz; el tigre y el león crecerán uno al lado del otro y "se dejarán guiar por un niño pequeño" (*Isaías*, 11:6).

Después de convertirse en religión oficial del Imperio Romano, el cristianismo condenó el milenialismo como herético aunque algunos ilustres Padres de la Iglesia lo habían profesado en el pasado. Pero la Iglesia había aceptado la historia y el *eschaton*. Ya no era el suceso inminente como lo había sido durante las persecuciones. El mundo —este mundo tan miserable con todos sus pecados, injusticias y crueldades— continuaría hasta un fin señalado por la Providencia. Solo Dios sabía la hora del fin del mundo y una cosa parecía cierta: el fin no está cerca a pesar de las esperanzas milenaristas.

Con el triunfo de la Iglesia, el Reino de los Cielos estaba ya presente en la Tierra y, en cierto sentido, el viejo mundo había sido destruido. En este antimilenialismo de la Iglesia reconocemos la primera manifestación de la doctrina del progreso. La Iglesia había aceptado el mundo tal como era, aunque trató de hacer la vida humana menos mísera de lo que había sido durante otras épocas. La Iglesia había tomado una actitud más clara contra los profetas y las visiones apocalípticas de otros tiempos.

Siglos más tarde, después de la expansión del Islam en el Mediterráneo y, en especial, después del siglo XI, los movimientos milenaristas y escatológicos reaparecieron, esta vez contra la Iglesia o su jerarquía. Por siglos la expectación del fin del mundo y la inminencia del Juicio Final han desaparecido de las iglesias cristianas. Queda ya un espacio estrecho para la creencia del hermano David, si consideramos la confusión y el desconcierto popular de Israel, Palestina y otros. Si reaparece el Mesías será para complacer a los nuevos milenaristas.

La mitología escatológica y milenarista reapareció en el escenario europeo de la Segunda Guerra Mundial en dos movimientos políticos totalitaristas. El Nazismo y el Comunismo, en apariencia radicalmente secularizados. Cargados de elementos escatológicos anunciaron el fin de este mundo con el genocidio del pueblo judío y el comienzo de una época de bienestar y de prosperidad. Norman Cohn, autor del *Pursuit of Milenium*, dice esto del nacional-socialismo y del marxismo leninista: "Bajo la terminología seudocientífica uno puede reconocer en cada caso una fantasía de las muchas que corrían en la Europa medieval. La batalla final decisiva de los elegidos —la raza Aria o el "proletariado" frente al mal, sean los judíos o la burguesía— recibirán, en compensación por todos sus sufrimientos, la dicha de un dominio total, un mundo purificado de todo mal en el que la historia ha de encontrar su culminación.

* * *

Bibliografía del Capítulo 5

1 **Lane Fox, R.**; *Pagans and Christians*, (San Francisco, Harper / Row, 1986, 132).

2 **Momigliano, A.**; *On Pagans, Jews and Christians* (Middletown, Connecticut, Wesleyan University Press, 1987, 113 y sigs).

Capítulo 6
Misterios cristianos

Os hemos dado a conocer el poder y la venida de nuestro Señor Jesucristo no siguiendo mitos ingeniosos (sesophismenois mythois), sino después de haber visto con nuestros propios ojos su majestad.

—II Carta de San Pedro, 1:14

Los judíos reclaman signos (sémeia); los griegos buscan la sabiduría (sophía); nosotros proclamamos a Cristo crucificado, escándalo para los judíos, para las gentes, locura".

—Pablo,
I Corintios 1: 22-24

"**C**uéntales una historia… pero asegúrate de que sea buena. No tiene que ser una historia verdadera porque son historias lo que la gente quiere". Podemos leer ciertas historias en el contexto de la narrativa cristiana de gran importancia en la difusión del cristianismo. Llamémoslas, pues, mitos. Eran en su mayoría historias de *Evangelios* y, también, simples historias. Los primeros misterios cristianos predicaban doctrinas, dogmas de fe, más que creencias de experiencias privadas. "Mito", dice Ítalo Calvino, "es la parte oculta de cada historia, zona soterrada e inexplorada, pues no hay palabras que nos hagan llegar allí". Y como los mitos van entretejidos de imágenes y de palabras, su aparente enigma es paradoja, ironía misteriosa de la expresión humana.

En *El evangelio perdido* (1993), Burton Mack afirma que ya no se pueden leer los *Evangelios* narrados como relato fidedigno de sucesos históricos asombrosos y únicos en el momento fundamental de la fe cristiana. Los *Evangelios* deben leerse como resultado de la creación cristiana primitiva de un mito. Se imagina el comentarista que el primer siglo de la era cristiana vivió una explosión de imaginación colectiva. Eran tiempos inciertos, de efusión de energía humana y de actividad intelectual invertida en la producción de mitos (EP, 215).

Pero los cristianos no eran el único pueblo que creaba y recreaba mitos. La literatura de esa época habla de mundos fantásticos, de exploraciones imaginarias, de figuras legendarias. El judaísmo y el cristianismo están llenos de sueños en sus Escrituras Sagradas en la "biblioteca divina" del profesor Vian. Fueron precisamente los cristianos quienes lograron la mitología que la cultura occidental aceptó finalmente como propia. Los cristianos primitivos imaginaron su mito como historia. El mito se centró en la importancia de Jesús como fundador de las congregaciones que los cristianos iban formando. Así, historia y mito se fundieron en una única caracterización. Son mitos de origen, imaginados y escritos como si hubieran ocurrido en tiempos recientes, en un lugar específico.

Jesús se educó entre gente que poseía textos sagrados como el *Tanak*, pero no la *Biblia*. La autoridad de sus textos, los libros de la ley, era incuestionable. Pero ¿qué significan exactamente estos y todos los demás? Se nos dice que Jesús fundó el cristianismo sobre una espléndida despreocupación por comentar pasajes textuales (EP, 120). No se sugiere en los *Evangelios* que Jesús anticipara un Nuevo Testamento escrito ni declara que esperaba que sus enseñanzas fueran escritas en rollos. Los primeros cristianos se dejaban guiar sobre todo por la fe. No eran fundamentalistas textuales. Oír a Pedro o a Pablo era oír a un hombre de fe y de convicción, no a una *Biblia*.

Hasta el primer viaje misionero de Pablo y después, los cristianos no se desprendieron de la identidad judía ni aceptaron a los gentiles como iguales. De ahí se vio claramente que un cristiano que no era un judío podía ser cristiano. Algunos judíos eran saduceos, fariseos o esenios. Eran cristianos, fueran judíos cristianos o gentiles cristianos, según su partida de nacimiento. Según testimonio de Pablo, que conoció a Jesús pero solo en una visión (en una luz que lo derribó de su caballo), el Maestro se había manifestado en la forma de Dios. Se vació tomando la forma de un siervo, se humilló entre los hombres, murió y fue exaltado por Dios de nuevo sobre todos los demás.

Los textos más primitivos del Nuevo Testamento eran epístolas, no *Evangelios*. El género epistolar adquirió entonces nueva importancia porque los primeros cristianos combinaron la predicación misionera y un ausente liderazgo apostólico. Cuando Pablo escribía una carta a los conversos de Galacia por los años 49 o 50, no tenía idea de que redactaba el primero de los textos que sobrevivirían unos quince años quizás antes de que existieran los *Evangelios*. Las cartas de Pablo no citan los dichos de Jesús. Estos habían quedado en la memoria de sus seguidores. Les preocupa Jesucristo resucitado aunque las enseñanzas orales de Pablo perdidas, pudieron tener un punto de vista diferente. Cuando las obras —hechos y dichos— de Jesús comenzaron a ser escritas, no fueron de una vez idealizadas como libros sagrados de la *Escritura*. Las palabras de la tradición oral de Jesús eran, a menudo, más valoradas que un texto.

Creencia puede significar muchas cosas. El cristianismo primitivo veía el mito como cosa de invención y de hechura pagana. Pero me pregunto qué otra palabra menos profana podría escoger en tal situación. No un término para narrar maravillosas hazañas de dioses, sino para una historia que pudiera iluminar un misterio inexplicable. Los miembros más letrados de la naciente Iglesia sabían que la palabra griega *mythos* estaba asociada con misterio; precisamente tenía que ver con los Divinos Misterios. Pero los cristianos siempre se han sentido incómodos con la noción de mito. No han querido ver sus propios mitos como producto de la imaginación y del esfuerzo intelectual humano. Este es uno de los dilemas de la imaginación cristiana cuyas resonancias se sienten en la obra de Herbert Musurillo. No parece que esta resistencia se deba a una perversión propia de los cristianos sino a algo particular que forma parte del mismo mito cristiano.

Los santos Padres de la Iglesia se inspiraron, a menudo, en unos judíos helenizados, algo anteriores a la era cristiana.[1] Filón de Alejandría atribuye a los judíos devotos estas palabras: "Los Libros que llamáis sagrados también contienen esos mitos de los que acostumbráis a reíros cuando los oís explicar a otros". Ya antes de la era cristiana, algunos exégetas estaban convencidos de que algunas páginas del Antiguo Testamento tenían una cualidad mítica, de la que no era Filón partidario, aunque él admitiera que muchos pasajes de la *Biblia* son míticos, pero solamente cuando se entienden en sentido literal. Para liberarse del literalismo desmedido había que recurrir al milagro de la alegoría que disolviera con ella la apariencia mítica. J. Daniélou indica que la interpretación alegórica ejerce una verdadera función desmitificadora.

Orígenes señalaba que el Antiguo Testamento es, al mismo tiempo, mito y verdad: es decir, *mythos* y *logos*, según la *idiosincrasia* de sus lectores. Para los judíos, que solo percibían la "superficie", era mito; para los cristianos, quienes, a través de la alegoría, comprendían su profundidad, era verdad. Los cristianos, escribe Orígenes en *Contra Celso*, "colman con los mayores honores a los libros de la Ley al mostrar la profundidad de enseñanzas sabias y misteriosas que encierran estos textos, cuyo sentido no ha sido vislumbrado por los judíos, que mantienen con ellos un contacto demasiado superficial y mítico".

A los (judíos) que tienen inteligencia de niños, la verdad se proclamaba aun en forma de mito; pero he aquí que para los (cristianos) que buscan la enseñanza y quieren progresar, los mitos de antes, para decir su nombre, se metamorfosean en la "verdad que estaba oculta". Verdadera presunción infantil de querer ocultar un misterio a los no cristianos. En resumidas cuentas, subjetivizando la *Biblia*, declaran que el mito, que únicamente era mito, no se encuentra en los *Libros Sagrados*. Todo un gesto de vanidad de la ilusión comparativista. Esta era, en breve, la ideología compartida por muchos judíos helenizados y algunos Padres de la Iglesia. La apariencia mítica corresponde a los judíos y la verdad profunda es privilegio de los cristianos.

Todas las versiones de este entender se asemejan: "Os hemos dado a conocer el poder y la venida de nuestro Señor Jesucristo, no siguiendo mitos ingeniosos (*sesophisménois mythois*), sino después de haber visto con nuestros propios ojos su majestad". Esta viene a ser la profesión de fe, claramente antimítica, definida en la *II Epístola de Pedro* (2:16). La palabra mito ocurre en cinco pasajes del Nuevo Testamento. En la *I Carta a Timoteo* (1:4) y en (4: 6-7) mito equivale a "vana palabrería", a "leyendas profanas y cuentos de viejas". En la *II Carta a Timoteo* (4:4) avisa contra la tentación de apartar sus oídos de la verdad, volviéndolos a "cuentos mentirosos".

En *I Carta a Tito* (1:14), San Pablo amonesta a su discípulo que exija a los cristianos de Creta, de origen judío "[…] y no hagan caso de cuentos de judíos ni de mandamientos de hombres que le han vuelto la espalda a la verdad". Los textos de San Pablo, en particular, caracterizan mito y verdad como dos posiciones contrarias, de tal modo que la adhesión a una de ellas implica el rechazo a la otra. Para una comprensión más completa de este tema, el lector puede acudir al estudio de J. Pepin *Cristianismo y mitología* en el *Diccionario de las mitologías y de las religiones de las sociedades tradicionales y del antiguo mundo*, bajo la dirección de Yves Bonnefoy. Los filósofos griegos, contemporáneos de la época de expansión del cristianismo, definieron el mito por su capacidad de dotar de apariencia temporal lo que es intemporal. "Los mitos", escribía Plotino, "si quieren serlo realmente, deben parcelar su contenido en el tiempo y separar, los unos de los otros, a numerosos seres que están juntos y que solo se distinguen por su rango o sus poderes" (*Eneada, III* 5[50] 9, 24-26); el filósofo Salustio, al interpretar el mito de Cibeles y Attis, señala que la "diferencia con el cristianismo es sorprendente; sobre todo en los primeros siglos, el cristianismo sitúa, en el corazón de la fe, la realidad del tiempo y la novedad en el desarrollo histórico". Aquí el motivo de la Iglesia primitiva por denunciar categóricamente el mito parece clara.

En las contadas ocasiones en que los escritores del Nuevo Testamento explícitamente se refieren al mito, lo rechazan categóricamente para resaltar y reclamar que el mensaje de la salvación se funda en hechos ocurridos. Los *Hechos de los Apóstoles* (26:26) proclaman que los actos salvíficos de Dios en Cristo no han ocurrido "en un rincón". La tendencia tradicional cristiana de considerar el mito como un modo primitivo de discurso, sin valor alguno para enseñar la verdad, está pues fundada invocando la *Escritura* judía y cristiana a la historia como el teatro de la acción salvadora de Dios. Pedro apóstol traza una línea divisoria que viene a decir: Para los gentiles, todo lo antepasado fue pura fábula pero a nosotros, cristianos, se nos apareció la pura verdad.

Es verosímil conjeturar que era una verdad que obedecía más a un programa de vida y menos a la elección de términos como misterio o enigma. Estos términos significaban algo secreto, oscuro y oculto a otros, mas no a los creyentes cristianos. A los cristianos de la Iglesia primitiva les preocupaba el testimonio auténtico de la vida y muerte de Jesucristo. Y para los primeros años de formación de la vida de la Iglesia en el Espíritu Santo, esto podía incluir una experiencia incorporada al mito.

Henri-Charles Puech señala el doble sentido del término "histórico" de la religión cristiana. No solamente nace en un momento preciso de la historia y su fundación, como su fe, reposa en una persona, Jesús; el cristiano debía imaginarse y declarar que no podía haber "más mitos" sino un solo "mito verdadero": el misterio cristiano. Adorar a los dioses y héroes paganos, por maravillosas que fueran sus hazañas, era caer en el pecado de idolatría. La fe cristiana tenía otros sentidos inteligibles solo a su imaginación cristiana. No pocos esperaban que la heroica figura de Cristo habría de borrar del culto y hasta de la imaginación, a los héroes de otras religiones, de una vez por todas.

En el cristianismo primitivo, la fuente principal extrabíblica era la clásica. Unos trataron de hacerla desaparecer por considerar que todos los mitos clásicos eran parodias demoníacas de la única verdadera. En esta visión no eran mentiras y, por tanto, no eran mitos. La amonestación contra los mitos estúpidos (*mythos bebelous*) aparece ya en las epístolas pastorales del Nuevo Testamento. Quizás el ataque aquí va contra la profusión de mitopoeia de los escritos gnósticos. De ser así, habría que excluir toda mitología del canon, sea cual fuera el canon en esa época (WP, 34).

Entiendo que los Evangelios quedaron impresos en el mundo occidental como representación de una verdad, muy por encima de todos los mitos. No es difícil comprender la actitud de exclusividad cristiana, dadas las circunstancias en que vivían: el sentimiento de que había de mantenerse el principio de "no más mitos". En aquel tiempo el único modo de establecer tal principio era negar que la historia cristiana fuera un mito. La tolerancia religiosa, práctica común en Grecia y Roma, produjo una acumulación asombrosa de opciones. "Había demasiados cultos", como señala E. R. Dodds en *Paganos y cristianos*, en una edad de ansiedad.[2]

Había demasiados misterios y demasiadas filosofías de la vida. Se les ofrecía una gran variedad de "seguros de vida" en un supermercado religioso. Y, con toda esa gran variedad de ofertas a mano, podían aún no sentirse completamente seguros. El cristianismo decidió hacer borrón y cuenta nueva aliviando, en gran parte, el peso de la libertad de las espaldas del individuo. Bastaba escoger un producto, un solo misterio, el que mejor satisficiera a su fe. Requería hacer una irrevocable elección y el camino a la salvación estaba ya asegurado. La paz romana había asegurado el "pan nuestro" de cada día, pero había provocado conflictos intelectuales como los que surgen en medio del lujo y de la indolencia.

Los viejos mitos y tradiciones se habían convertido en juguetes de diletantes. Y los contemporáneos de San Pablo, como los de Buda quinientos años antes, no encontraron en ellos la más mínima ayuda. Entonces se volvieron hacia aquellos mitos orientales que les ofrecían, no la salud de su cuerpo, como sus viejos mitos, sino la del alma. El mito cristiano ofrece un tipo de vida enteramente diferente al de los primeros mitos. Si los primeros cristianos llamaban a los mitos "fábulas vanas y cuentos de viejas", haciéndose eco de Platón, era quizá por considerarlas concepciones indignas, de poco mérito. No tenían interés alguno en censurar a los dioses paganos por su no-existencia, sino en reprocharles por no ser buenos dioses.

Para establecer a su Dios les bastaba con ahuyentar y espantar a los demás dioses, sin destruir las fábulas falsas. Bastaba sustituirlas con las nuevas creencias. Aunque los cristianos parecen atacar al paganismo en el tema de la veracidad, nada de eso hicieron. El fin de sus polémicas era persuadir no a un adversario, sino desterrar a todos los rivales y hacerlos sentir que su Dios no podía tolerar competencia al oponerse a los dioses paganos. Los paganos creían que todos sus dioses eran verdaderos y nadie excluía a los otros. Poco importaba que los ataques a los dioses de fábula fueran impertinentes. Lo importante era dar a entender que no se toleraría apaciguamiento alguno. La gente no quería ya más hablar de ellos.

"Eran indignos de existir. Estaban cansados" (Veyne, 114). Eusebio de Cesarea diría que los dioses paganos no eran dioses falsos, sino dioses falsificados; demonios que han querido pasar por dioses para confundir a los hombres particularmente en su conocimiento del futuro; o eran demonios que hablaban por boca de los poetas. En verdad, es más difícil eliminar un producto de la imaginación que negarlo; y muy difícil es negar a un dios aunque sea el dios de otros. El mismo judaísmo antiguo se vio con no pocas dificultades. Afirmó que los dioses extranjeros eran bárbaros o que no eran tan poderosos como el dios nacional; o menos interesantes. Desdén, miedo y ansiedad, sí; pero ¿negación? No.

A un patriota furibundo le sucede algo parecido. ¿Existen los dioses de otros? No importa su existencia si son dioses de madera o de piedra. Eran sordos. Preferían tratar a los extraños como era costumbre entre los cristianos que antiguamente exorcizaban a los gentiles que deseaban incorporarse al mito cristiano. Es decir: solo nuestros mitos son verdaderos. Los mitos de los demás son "solo mitos". A menudo se aplica este criterio a todo cuanto nos es extraño, a todo lo que designamos extranjero, aunque convivamos con ellos en el mismo país, en la misma comunidad o en el mismo gueto político.

Nuestro dios es un solo Dios verdadero, al igual que nuestra fe, nuestra religión, nuestro credo, nuestra raza, son verdaderos. Si comparamos la tradición budista con la cristiana, parece faltarle a esta un entender de los símbolos míticos a pesar de haber nacido y vivir rodeada de ellos. Sería solo aplicable a la ortodoxia cristiana institucionalizada. O habrá algo en el cristianismo, una especie de núcleo de entendimiento mítico que es tan válido como en el hinduismo o el budismo. En estos dos, la interpretación histórica de los símbolos, la referente a la vida de Buda, es cosa secundaria. "Me parece", dice McDonnel, "que la cristiandad primitiva trató de entender y justificar las semejanzas entre su religión y la de los paganos". Justino insistía: "No es que nosotros pensamos como los otros, sino que todos ellos nos imitan en lo que dicen".

Clemente de Alejandría acusaba a los griegos de haber robado de los cristianos. E insatisfecho aún, se imaginó la "Tesis de la imitación demoníaca" que luego la reimaginaron Tertuliano y Justino. "Los demonios", escribía Justino, "hallan una tierra abonada para sus manipulaciones, en particular en las Sagradas Escrituras". Las profecías mesiánicas, visiones misteriosamente inspiradas, describían al Salvador antes de su llegada. "Y los demonios", razona Jean Pepin, "para engañar y desorientar a la raza humana, tomaron la ofensiva y apuntaron a los poetas que crearon mitos griegos atribuyendo a Júpiter muchos hijos y monstruosas aventuras con la esperanza de que apareciera la historia de Cristo como una fábula de la misma especie".

En el reino de Tiberio César, siendo Poncio Pilato gobernador de una pequeña provincia llamada Judea, entrevistó a Jesús de Nazaret antes de ser crucificado en el Gólgota. Pilato pregunta a Jesús: "¿Y qué es la verdad?". A la tercera de Pilato, Jesús le contestó : "Yo nací y vine al mundo para decir lo que es la verdad. Y todos cuantos pertenecen a la verdad, me escuchan". Pilato le pregunta: "¿Y qué es la verdad?", pero no recibe respuesta. La pregunta es la última de cuatro, a ninguna de las cuales Jesús contesta directamente. Tres veces trata Pilato de hacer una simple pregunta, pero Jesús también le responde con preguntas y retiene el control de la entrevista. Una pregunta directa sobre el rey de los judíos termina con una pregunta abierta sobre la verdad misma.

En su contexto original en el Evangelio de San Juan, Jesús dice que Él es la Verdad. Quiere decir que la verdad es una personalidad y no una serie de proposiciones; y la verdad en el razonar original de Jesús era la unión de la naturaleza divina y la humana. El sentimiento que el destino humano está inseparablemente envuelto con algo divino es para Jesús lo que hace a uno libre. Quizá esto nos sugiere que no existe separación de lo secular y lo sagrado, como propone Iván. Sí, hay separaciones. Pero las separaciones, en muchos contextos, son mucho menos importantes que las cosas que tienen en común.

Todo en religión tiene un aspecto secular. Todo en la vida secular tiene un aspecto religioso. Hemos dicho que la verdad lo hace a uno libre y debe compartirse; no puede poseerse. Ciertamente la verdad no es una posesión.

Cuando es una posesión, es un secreto y se convierte en no-verdad. Pongamos un ejemplo. Si un científico hace un nuevo descubrimiento, lo primero que quiere hacer es publicarlo. Si un novelista tiene en su mente un nuevo modelo imaginativo para una historia, lo primero que quiere es publicarlo. Jesús dice a sus discípulos: "Id y publicad la buena nueva". Y también dice que, si invertimos nuestros talentos, se está haciendo algo bueno.

Normalmente hay dos tipos de preguntas en torno a la verdad. Una es la verdad que corresponde a los hechos: es la teoría de la correspondencia. Otra es que la verdad consiste en una coherencia con un sistema general de creencias. Es la teoría de la coherencia. Muchos reciben una respuesta en la fe. No depende ella de una verdad de hecho. Con fe o sin ella, sería absurdo leer las páginas de la *Biblia* literalmente, señalando cada frase por su verdad exacta o por su falsedad, ignorando sus metáforas y palabras maravillosamente próximas.

La *Biblia*, sin embargo, no es siempre un texto de este tipo. Refiere también textos, personas y sucesos desde el origen del mundo a su inminente fin. Pablo celebra la resurrección de Cristo. Lo vio como una luz que lo derribó de su caballo. De esa caída visionaria es parte su testimonio personal. En la primera visión del resucitado escribe: "Sé de un hombre en Cristo que hace catorce años —si en el cuerpo, no lo sé; si fuera del cuerpo, tampoco lo sé— fue arrebatado al paraíso". Unos se imaginaron luego el mito de la segunda venida; otros, el de la concepción virginal de Cristo. Otros vieron su Ascensión a los cielos y su transfiguración en el monte Tabor.

Si visitamos Roma, veremos en el techo de la catacumba de Santa Domitila la figura de Orfeo, vestido de una capa frigia tocando la lira y con un cordero sacrificial a sus pies. Parece un profeta pagano que anuncia la venida de Cristo. En su lugar esperaríamos ver a Cristo: el cordero pascual. En el artesonado hay escenas pintadas del Antiguo y Nuevo Testamentos y de sacrificios paganos. Parece que al comienzo del cristianismo hubo en Roma una especie de coordinación, no solo del Antiguo y del Nuevo Testamento, sino también de tradiciones paganas. Orfeo fue probablemente cantor, profeta y maestro. Fue martirizado y su tumba convertida en capilla.

Nada extraño que la Iglesia cristiana primitiva viera en Orfeo un prototipo de Cristo. Eran hombres, mediadores de lo divino, para multitudes de la moribunda cultura de Grecia en los días del Imperio Romano. Sostenían su fe en la añorada vida futura. Había, sin embargo, una diferencia notable entre la religión de Orfeo y la de Cristo. Aunque sublimada en una forma mística, los misterios órficos mantuvieron viva la vieja religión dionisíaca. El ímpetu vino de un semidiós en quien se preservaba la más significante cualidad de una religión enraizada en el arte de la agricultura. Esa cualidad era el antiguo modelo de los dioses de fertilidad.

Pero el cristianismo disipó los misterios. Cristo era producto y reformador de una religión patriarcal, nomádica, pastoral, cuyos profetas proclamaban la figura de su Mesías como un ser de origen absolutamente divino. El Hijo del Hombre, aunque nacido de una virgen, tenía sus orígenes en el cielo del que había descendido para encarnarse. Tras su muerte retornó al cielo para sentarse a la diestra de Dios hasta la segunda venida "cuando los muertos resucitaran". Orfeo fue destrozado por las ménades o muerto, según otros, a manos de las mujeres tracias. Ellas, ofendidas porque había rechazado su amor, echaron su cabeza y su lira al río siendo arrastradas por la corriente hasta Lesbos, donde todavía se oye la canción de las Musas. Y las Musas, llorando, recogieron sus miembros y los enterraron en Liebetram, al pie del monte Olimpo, donde hoy día los ruiseñores, cuenta la leyenda, cantan más armoniosamente que en ninguna otra parte del mundo.

> *O la piedra arcaica con Orfeo crucificado / Esa piedra en que Orfeo está crucificado / ¿Falsificada? Tal vez no. De todo modos, con esta verdad / Orfeo, despedazado por las ménades, figura de Cristo / A quien llamaron Orfeo báquico en las catacumbas / La fuente órfica / Del más allá. En las tabletas órficas.*

> —E. Cardenal,
> "Canto cósmico"

He aquí una imagen de la crucifixión como símbolo metafísico. Orfeo, en el mismo sentido que Cristo, va a la cruz —diría San Agustín— como va el novio al encuentro de su novia: voluntariamente. "Sobre la cruz está la luna, el motivo de la muerte y resurrección. Y sobre cruz y luna, las siete estrellas que representan a las pléyades, conocidas en la antigüedad como la lira de Orfeo" (Cardenal: Cantiga 39). Jesús es, a menudo, simbolizado por el pez, imagen de la presencia de la fuerza vital en las caóticas aguas primordiales, según C. Jung. El alma cristiana nada en las aguas de la vida. Los discípulos de Jesús eran pescadores. Panes y peces abundan en las parábolas del Evangelio y más en el milagro de la multiplicación de panes y peces.

Al mismo Cristo, ya resucitado, se lo representa comiendo un trozo de pescado; y en una ocasión promete a sus discípulos que los hará pescadores de hombres. Los primeros Padres de la Iglesia llamaban pececitos a los fieles: *pisciculi*. En este sentido, *pescar* puede significar un despertar espiritual del alma al salir de la oscuridad profunda a la nueva vida por el sacramento del bautismo. Nos referimos a Cristo como "pescador de hombres". Su nacimiento coincide con el comienzo de la era de Piscis. Esto explica la gran atracción que la nueva religión despertó en las multitudes del imperio romano.

"Cristianismo e hinduismo", sugiere Wendy Doniger, "comparten la misma imagen de un siempre creciente pez divino". Pero, como dice el refrán, el pez grande se come al chico. Y tiene sus variantes. Una es la del pez que se muerde su cola: la serpiente uróboro.[3] A Platón le parecía el ser humano un pez incapaz de ver el agua; era a un tiempo su vida y su prisión. Nietzsche tomó la imagen de la cueva de Platón e hizo su imagen del pez: "Miré a tus ojos recientemente, ¡Oh vida!, y entonces creí hundirme. Pero me pescaste del agua con una caña dorada y te burlaste al llamarte insondable". Pero en el hinduismo es el mismo Dios (Vishnu): pez y Hombre —llamado Manu— que lo pesca del agua para salvarlo… porque tan chico es el pez que corre el peligro de ser devorado por peces grandes. Cuando el pez crece, Manu lo traslada a una pecera y luego a una piscina. Finalmente, lo pone en libertad en el océano donde, ya robusto, pueda comerse a otros peces. Cuando se avecina el gran diluvio, el pez liberado pesca a Manu del agua y lo salva.

El cristianismo se figura a Dios como pescador; el hinduismo ve a Dios como pez, pero un pez que pesca. Las fronteras que separan a los seres humanos de los animales pueden cruzarse en dos direcciones: los humanos pueden convertirse en animales y estos en seres humanos. Los dos casos se dan en la mitología, pero es el primero —la transformación de la gente en animales— el que nos permite expandir nuestra imaginación mítica de lo que sería ser animal. También C. Jung sondea en las aguas de su psicología profunda. Y nada entre peces. El pez, símbolo de la diosa Yónica, era tan venerado en todo el imperio romano, que las autoridades cristianas insistieron en aceptarlo con una revisión extensa de los mitos, negando su significado más primitivo: el de los genitales femeninos.

Algunos decían que el pez representaba a Cristo porque pez en griego, *ichthys*, era un acrónimo de Jesús-Cristo-Hijo-de-Dios-Salvador. Pero el signo del pez cristiano era el mismo que el de la diosa Yónica. Dos lunas crecientes forman una *vesica piscis*, figura geométrica llamada también *mandorla*, que en italiano significa almendra. Con frecuencia rodea a la figura de Cristo o a la Virgen con el Niño. A veces se representa a Cristo-Niño dentro de la *vesica* sobre impuesta en el vientre de María. Era obvia representación de su útero virginal como en el antiguo simbolismo de la diosa.

A Clemente de Alejandría (ca. 160-215), maestro de Orígenes (ca. 185 - ca. 254), le parecía una ridiculez que en los misterios de Eleusis el momento culminante fuese la elevación de una espiga de cebada o de trigo. Y el misterio de la Misa católica, ¿no culmina también con la elevación de la sagrada hostia hecha de trigo? No es el objeto, es la referencia que encierra el sentido de un rito. Cualquier objeto puede convertirse en materia de culto. En Eleusis, el objeto central de los cultos mistéricos era la maravillosa comida de la planta: alimento de vida física que, al ser consumida, era alimento espiritual.

Un ejemplo muy claro de la continuidad mitológica es el mito de Osiris, transformado en el mito de Cristo. Es como si en el curso de los siglos se produjeran lentas agitaciones en el inconsciente para anunciar un nuevo mito. Este mito no es nuevo, es antiquísimo. Como diría C. Jung, es una nueva edición, nueva interpretación característica de una nueva época. Para los antiguos la transición de una época a otra era un evento importante. Así se entiende que Hammurabi (siglo XVIII a. C.), el famoso legislador de Babilonia, sintiera que él era el señor de un nuevo *Eón*. Vivió allá por el año 2000 a. C. Dos mil años más tarde, la época de César Augusto (63-14 a. C.) comenzó con el Divinus Augustus considerado como el nacimiento del Salvador. He aquí la versión poética de Cardenal de la égloga de Virgilio:

> *Ya llega la edad postrera de la Sibila de Cumas: ya comienza la gran serie de siglos nuevos, / ya vuelve la Virgen, vuelve el reino de Saturno, / del alto cielo nos baja una nueva progenie. / Cuida, casta Lucina, a este niño, que acabará la edad de Hierro / y hará surgir la Edad de Oro en el mundo. / (La misteriosa Égloga IV anuncia que ya llegó) / Borrados los rastros de nuestro antiguo crimen / liberada la tierra de su perpetuo miedo / Recibirá vida divina el niño.*

—E. Cardenal,
"Canto cósmico"

Pero la fecha del poema del romano de Virgilio (70-19 A.C) es precristiana. En su cuarta égloga bucólica anuncia el nacimiento de un niño que salvará al mundo. Por aquel tiempo, el mundo romano vivía suspirando por una redención.

Dos terceras partes de la sociedad eran esclavos, destino sellado por la desesperanza: un estado general de depresión. Y en la melancolía de la era de Augusto esta añoranza por la redención vino a expresarse en un poema mítico. Virgilio lo supo captar y mitificar. Leemos en otra cantiga del *Canto cósmico*:

La fiesta de las primeras es, con panes ácimos, / pasó a ser la Pascua después, y después cuerpo de Cristo. / También la danza del maíz tierno de los seminales / y las ceremonias del ñame a orillas del Níger / son eucarísticas. / Los solsticios, las cosechas, las vendimias. / La liturgia católica tenia el mismo ritmo cósmico. / "Las lluvias, las estaciones... (aludiendo / San Pablo la antigua religión cósmica.

—E. Cardenal,
"Canto cósmico"

El mito de Osiris se remonta aproximadamente a cuatro mil años antes de Cristo. No sabemos qué le precedió pero sí que le siguió; el mito de Cristo. Los teólogos aseguran que el punto de vista del Nuevo Testamento nada tiene que ver con la egiptología.

Todo era un solo gran mito para Salustio: sin valor en sí mismo sino en lo simbolizado, / el significado. Que oculta y revela, / Osiris muerto y resucitado de entre los muertos.

—E. Cardenal,
"Canto cósmico"

✦ ✦ ✦

El dilema de la imaginación cristiana

Todas las religiones en la historia del Mundo han hecho uso del simbolismo; cada movimiento religioso ha intentado expresar la experiencia básica de lo Sagrado, lo trascendente.

—Rudolf Otto,
The Idea of the Holy

"La literatura en el cristianismo primitivo", declara Violeta, "ha despertado en mí gran interés con la lectura de los signos y símbolos que San Agustín describe principalmente en su *De doctrina cristiana* (1.3, II.1-3)". En *La ciudad de Dios* subraya la importancia de aprender cómo descifrar el signo o el símbolo para llegar a la "Verdad": bien en las Escrituras, bien en el universo físico. San Agustín abre el camino para entender la revelación en medio de la foresta de símbolos que Dios ha esparcido por el mundo. Es este el medio básico de comunicación del género humano.

Hemos de ir al comienzo de la era cristiana para entender el dilema de la imaginación cristiana y la solución de ese dilema, propuesta por Herbert Musurillo S.J. Convengamos que los dolores de parto de la poesía cristiana fueron dolorosos y lentos como los del cristianismo. El talento poético que por entonces existía entre los cultores cristianos parece orientado a escribir versiones rítmicas de las historias bíblicas. Durante esos primeros siglos de la Iglesia dominaba esta cuestión palpitante: ¿qué necesidad hay de la poesía "profana", por clásica que sea, si los medios de salvación se asientan en los misterios de las Escrituras y en la voz de la catequesis de la Iglesia? Sus ceremonias litúrgicas se inspiraban en los salmos y en otros libros poéticos del Antiguo Testamento. Y hasta en ese caso tal poesía, leída o cantada, era puramente instructiva culminando en la gran plegaria de la Eucaristía.

El autor de *Symbolism and the Christian Imagination* (1962)[4] afirma que la imaginación cristiana creó una tensión considerable en el alma del cristiano, pero más todavía en los aficionados a la literatura profana. Era un fenómeno característico vivido por aquellos cristianos; sentían una fuerte compulsión por rechazar las obras de la imaginación, por abandonar la poesía como medio de expresión. Paulino de Nola (355-431), nativo de Aquitania, fue educado en Burdeos por el poeta y retórico latino Ausonio (ca. 310 -ca. 395), que escribió a Paulino siete cartas en verso (EP., 23-29) tratando de disuadirlo de entrar en la vida ascética.

Platón y Plotino habían sembrado con sus escritos una profunda dosis de desconfianza en la imaginación (*phantasia*): fuente de todo error. Y la poesía dramática, en general, no floreció en esa atmósfera platónica. Era más bien la descarnada "idea" y no la experiencia concreta que para los platónicos era la fuente de la verdad. El cristianismo absorbió del estoicismo, como se refleja en algunos Padres de la Iglesia, una actitud negativa hacia las pasiones;

soñaban en una apatía ascética que de ningún modo se podía alcanzar en la Tierra. Lo extraño es que la visión de la poesía de la Iglesia primitiva no se ajusta con el estudio de los salmos, de las profecías y del *Cantar de los Cantares* del Antiguo Testamento. Buena parte de la literatura hebrea era pura poesía y prosa imaginativa. El afable poeta Paulino de Nola, casado con la española Terapia, ordenado sacerdote en Barcelona en 394 y consagrado obispo, rehusó seguir el consejo de su antiguo maestro y amigo Ausonio. En su famoso décimo poema, Paulino de Nola expresa así el dilema cristiano:

Maestro, me exhortáis a dedicarme de nuevo a las Musas a quienes hace tiempo abandoné. Pero, ¿por qué? Un corazón entregado a Cristo está cerrado a Apolo. Y niega entrada a las diosas de la canción. Ahora otra fuerza, un Dios más grande, me exhorta y me llama a una nueva vida dedicada a un deber sagrado.

—P. de Nola[5]

Esta es la fuente de una visión artística auténticamente cristiana, transida por una tensión entre lo sobrenatural y el mundo en que vivió Paulino de Nola. El desdén del asceta de un placer inocente, que Aristóteles asocia con la música, y de la canción, parece ser la razón de abandonar la poesía profana. Esta repulsión del mundo corría en boca de los primeros predicadores cristianos, apoyados en la visión escatológica de Pablo y hasta del mismo Jesús. Psicológicamente hablando, los primeros cristianos "sentipensaban" que la más profunda exigencia de la fe solo podría satisfacerse por una separación definitiva del mundo; por la muerte, real o simbólica; o por el martirio o por el diario morir del ascetismo frente a las potencias del mundo. Esta actitud parece haberse extendido por todos los estudios y profesiones seculares.

Se cuenta que San Jerónimo reveló su angustia espiritual, parecida a la del poeta Paulino, en carta a la señora Eustaquia, su dirigida espiritual. Allá por el año 374, Jerónimo, conocido por sus traducciones y revisiones de los libros de la *Biblia* a la Vulgata, escoliasta, polemista y asceta, sufrió de fiebres y delirios que lo llevaron al borde de la muerte. En uno de esos delirios se vio ante el tribunal presidido por Cristo. Acusado y convicto de haber leído libros paganos, fue azotado hasta que pidió piedad y prometió dejar de leer sus libros clásicos favoritos. El filólogo Giovanni María Vian nos habla, en su libro, de la pesadilla literaria del cardenal eremita Jerónimo. Citaré, dice sor Paula, algunas líneas del filólogo. "El judaísmo y el cristianismo están llenos de sueños, ya en sus Escrituras sagradas. Desde el misterioso sueño de Jacob que Jesús se aplica a sí mismo, a los de Daniel, son más enseñanzas —profecías que manipulaban, en modo demasiado coherente, un mecanismo de metáforas— que auténticos sueños, como ha resumido Jorge Luis Borges recogiendo los principales en su *Libro de sueños*".

Más adelante el profesor G. M. Vian caracteriza esa pesadilla como símbolo del presunto contraste entre "el amor a las letras y el deseo de Dios". Jerónimo es acusado de ser ciceroniano y no cristiano (*Ciceronianus es non christianus*). San Basilio tuvo una experiencia semejante, aunque reconoció la importancia de la imaginación cristiana. El estudio secular, pensaba él, es como las hojas que protegen el fruto de un árbol. Pero advierte que el aprendizaje no-cristiano puede ser útil al menos para entender el error. Este santo Padre recomendaba a un joven cristiano seguir el ejemplo de la abeja: chupar la miel pagana.

No aprobaremos, por tanto, a los poetas, dice en carta a un joven, que pinten gente borracha o haciendo el amor… pero al menos prestaremos atención cuando narran una historia de los dioses. "Nuestra actitud hacia la literatura pagana", declara Basilio, "debería ser como la de la abeja, porque ella no trata de extraer y llevarse todo el néctar o lo que brilla en las flores. Sabe discernir la abeja lo que debe o no debe libar. Toma solamente lo que necesita y deja las flores sin tocarlas. Del mismo modo hemos de tomar de estos escritos, si somos sabios, solo lo que es necesario y casa con la virtud, dejando lo demás".

El pensar de Basilio es esencialmente semejante al de los Padres griegos del II siglo. Algunos de ellos no han corregido aún los prejuicios de hostilidad, recriminación y censura a los poetas. Una vez más se cierne la sombra de Platón que censuró a los dramaturgos de su tiempo porque en sus mitos presentaban a los dioses embriagados y adúlteros. Parece que la posición de Basilio es una adaptación de la analogía de la imagen de la abeja de Plutarco, en su tratado de *Cómo estudiar poesía*. La abeja cristiana, si tal especie de himenóptero existe, se vale de toda la literatura pagana, como la abeja de Plutarco que sabía discernir las flores eróticas y lascivas, de las de la virtud. Gregorio Nacianceno, amigo de Basilio, prefería escribir poesía en vez de explorar el problema de la imaginación cristiana.

Entre los Padres de la Iglesia, san Agustín sobresale por poseer una mente crítica muy equilibrada de la literatura, de la música y de las artes en la vida del cristiano. El desdén de Agustín por el mundo comenzó con su conversión. "Somos —dice— peregrinos de Dios por países extranjeros en el camino de la vida mortal; si queremos retornar a nuestra ciudad nativa, debemos usar (*uti*) este mundo y no buscar placer (*frui*) en él. No debemos desdeñar la literatura simplemente porque Mercurio es su patrón; del mismo modo que no ignoramos la justicia y la virtud porque son templos de estas virtudes. Literatura, retórica, historia, filosofía, matemáticas, son 'botín de Egipto' que los nuevos israelitas trajeron consigo en busca de la Tierra Prometida".

* * *

Mito y kerigma

Rudolf Bultman (1884-1976) se educó como crítico escoliasta en la escuela de historia de las religiones en Marburgo, donde formó su pensamiento del culto de Cristo en la cristiandad primitiva. Su mentor de tesis, Johannes Weis, le enseñó a leer el cristianismo primitivo en su contexto propio, es decir, entre las religiones del este Mediterráneo durante el período helenístico. En sus primeros escritos, el teólogo Bultman distinguía el Jesús no cúltico del cristianismo palestino, del Cristo mítico del culto cristiano helenístico. Sin embargo, contra la teología liberal, sostenía que la mitología de Cristo, como Señor de los cielos, era parte de la "conciencia" de la Iglesia que produjo el Nuevo Testamento. Aunque creía, podía vislumbrar alguna información históricamente segura acerca de la vida de Jesús de las narraciones evangélicas, y subrayaba que la ausencia de narración reflexiva en primera persona, la falta de información sobre las conexiones causales entre los sucesos bíblicos y el carácter evangélico de los *Evangelios*, limitan seriamente cualquier intento de averiguar sobre el Jesús histórico.

En su famoso ensayo *Jesús y el mundo*, escribe: "Creo ciertamente que ahora casi nada podemos conocer de la vida y personalidad de Jesús. Las fuentes sobre Jesús no existen". ¿Estaba, pues, la teología cristiana atascada con un núcleo mítico? Si la teología liberal estaba desacreditada y la neoortodoxia de Karl Barth evadía el problema, ¿existía alguna manera de predicar el Evangelio de la cristiandad primitiva sin reciclar la religión mitológica fuera de moda del cristianismo primitivo? Las semillas de la respuesta de Bultman están desparramadas por sus primeros escritos. Mas en *Nuevo Testamento y mitología* intentó aclarar el asunto en un lenguaje simple. En su primera frase, Bultman describía el mundo del Nuevo Testamento como enteramente mítico: "El retrato del mundo del Nuevo Testamento es un retrato mítico.

El mundo es una estructura de tres pisos, con la Tierra entre el cielo arriba y el infierno debajo. El cielo es la residencia de Dios y las figuras celestiales, los ángeles; el mundo, abajo, es infierno, lugar de tormento. Pero aun la Tierra no es simple escenario de ocurrencias diarias; más bien es teatro de fuerzas sobrenaturales en acción de Dios y los ángeles, Satanás y sus demonios. Los seres humanos no son dueños de su destino; los demonios pueden poseerlos y Satán puede poner malas ideas en su cabeza. Dios puede dirigir sus pensamientos y voluntad, enviarles visiones celestiales, permitirles escuchar sus mandamientos o confortarlos dándoles el poder sobrenatural de su Espíritu". Todo este lenguaje mitológico y los motivos individuales pueden fácilmente trazarse en la mitología contemporánea del Apocalipsis judío y el mito gnóstico de redención. Sería algo increíble para la Iglesia, pensaba Bultman, alentar al pueblo moderno para que aceptara esta visión.

Northrop Frye muestra su irritación ante los proponentes de la demitologización. Los *Evangelios* son mitos y cualquier intento de demitologizarlos los reduciría a nada (MM, 103). Si comenzamos a demitologizar los *Evangelios*, como algunos teólogos nos urgen hacerlo tratando de arrojar todo lo que es creíble o sugerido en el Antiguo Testamento; o el mito judío contemporáneo; o enseñanzas en busca de un núcleo histórico de sucesos de los que podemos decir "al menos esto debió haber ocurrido", veremos que lo que hemos quitado del texto de los *Evangelios* se reducirá a la nada. Apenas quedará una sílaba de ella (MM, 86). Y como cada sílaba de los *Evangelios* está escrita en el lenguaje del mito y de la metáfora, los esfuerzos por demitologizarlos serían inútiles. Nada quedaría de ellos; ni las lágrimas que derramó Jesús. La verdadera proclamación de la *Biblia* no puede ir en compañía de la "demitologización" de la *Biblia*, como quisieran algunos escoliastas. Lo peor que podemos es "demitologizar" dentro o fuera de la religión.

Irónicamente Bultman —a pesar de usar el término desacertado con su aséptico prefijo de demitologización— no intenta eliminar el mito del Nuevo Testamento. Así piensa Carl Jung. Al contrario, quiere reinterpretarlo simbólicamente para mostrarlo al mundo moderno. Frye piensa que quien demitologiza, remitologiza. Bultman sostiene, como Jung, que el verdadero sentido del Nuevo Testamento siempre ha sido simbólico, aunque la interpretación de Bultman parece más existencial que psicológica. Por mitología cristiana Jung quiere decir la vida de Cristo.

Una lectura literal de los Evangelios es incompatible con la historia y la ciencia. Pero si declaramos que Cristo resucitó de entre los muertos, ha de entenderse no literal sino simbólicamente. Entonces será capaz de varias interpretaciones que no entran en conflicto con la ciencia y no afectan el sentido de la afirmación.

Como sugiere Jung, una lectura psicológica de la vida de Cristo es un símbolo del viaje arquetípico del héroe desde el inconsciente primordial (nacimiento) a la conciencia del yo (adulto) para retornar al inconsciente (crucifixión) y para volver a salir de ella para formar la personalidad (resurrección). Entendido simbólicamente, Cristo sirve como modelo para los cristianos que buscan cultivar sus relaciones con su personalidad. Sin negar la historicidad de Cristo, puede aún ser inspiracional como un héroe mítico. En verdad, lo que primero llama la atención de Jung en la vida de Cristo, ha sido psicológico: "La vida de Cristo fue concreta, personal y única". En todos sus rasgos esenciales tenía, al mismo tiempo, un carácter arquetípico. Este carácter puede reconocerse por las numerosas conexiones de detalles biográficos con motivos míticos universales.

La vida de Cristo no es excepción en cuanto pocas de las grandes figuras de la historia han realizado, más o menos claramente, el arquetipo de la vida del héroe con sus característicos cambios de destino. Puesto que la vida de Cristo es arquetípica en alto grado, representa a tal grado la vida del arquetipo. Pero como el arquetipo es la precondición inconsciente de toda la vida humana, su vida, cuando es revelada, también revela el fundamento vital inconsciente de todo individuo. Jung arguye que los mismos *Evangelios* presentan una figura combinada: mítica e histórica. "En los *Evangelios* los reportajes de hechos, leyendas y mitos están entretejidos en un todo. Esto es precisamente lo que constituye el sentido de los *Evangelios* e inmediatamente perderían su carácter de totalidad si uno tratara de separar lo individual de su arquetipo con un escalpelo crítico".

La literatura es una de las formas de la felicidad, y quizás ningún escritor me haya deparado tantas horas felices como Chesterton.

J. L. Borges

Apologista de un catolicismo católico, Chesterton siente gran afinidad con el paganismo, con sus creencias. Lee sus mitos con una sencillez y sentido común propios de quien ama el mundo en que vivió con la mayor naturalidad imaginable. Confiesa, una y otra vez, en *El hombre eterno* (*Everlasting Man*, 1925) que los asuntos mitológicos pertenecen a la parte poética del ser humano. Y le extraña que se olvide que un mito es fruto de la imaginación y, por tanto, una obra de arte. Hay que ser poeta para hacerlo y para criticarlo. Hay más poetas que no-poetas en el mundo, como lo prueba el origen popular de tales leyendas. Pero por alguna razón que nunca he oído explicarla, "es solo una reducida minoría la gente no-poética dedicada a escribir estudios críticos muy eruditos de estos poemas populares" (ibid., 101).

La mitología es una de las pocas artes que se ha realmente perdido y el verdadero origen de todos los mitos ha sido redescubierto. Tan demasiadas son las claves de la mitología como los criptogramas en Shakespeare (ibid., 103). Los mejores críticos están de acuerdo en que los más grandes poetas en la pagana Hellás, por ejemplo, tenían una actitud hacia sus dioses que parecía asombrosa y enigmática a la gente de la era cristiana. "Poderoso y tupido es el llamado árbol de la mitología que extiende sus ramas por todo el mundo y, bajo ellas, en separados cielos, ostentan pájaros de colores, suntuosos ídolos de Asia, fetiches de barro medio cocidos en África; reyes y reinas legendarios de las hadas del bosque, enterrados entre viñedos y olivares de los lares latinos y transportados a las nubes del Olimpo. Esos son los mitos y quienes no simpaticen con ellos no simpatizan con la humanidad. Pero quienes sienten simpatía pon los mitos, se convencerán de que no son y nunca fueron una religión, al menos en el sentido en que el cristianismo o el islam lo son" (ibid., 109). Un hombre no se ponía en pie para declarar con toda solemnidad: "Creo en Júpiter, en Juno y Neptuno", tal como lo dice uno al afirmar: "Creo en Dios, padre Todopoderoso". La sustancia del paganismo puede resumirse así. Es un intento de alcanzar la realidad divina solamente a través de la imaginación. Los ríos de la mitología y de la filosofía corren paralelos y no se mezclan hasta encontrarse en el mar del cristianismo. Nunca hasta entonces se había dado tal unión entre sacerdotes y filósofos. La mitología busca a Dios por medio de la imaginación; o busca la verdad por medio de la belleza en el sentido en que la belleza incluye mucho más que la grotesca fealdad (ibid., 111).

Un cristiano puede decir que no concibe un Jesucristo mítico; por el contrario, es un personaje histórico; su grandeza misma se funda en su absoluta historicidad. Un cristiano no conmemora la pasión de Cristo como el Día de la Independencia Norteamericana o el Descubrimiento de América. No conmemora un suceso sino reactualiza un misterio y lo hace perenne: es decir, Jesucristo muere, resucita aquí y ahora: *hic et nunc*. Su resurrección es un suceso "histórico", repetido en un ciclo litúrgico. Pero la muerte de Cristo pertenece a un contexto histórico particular.

* * *

Yo soy el camino

Metáfora es lenguaje primordial: todo tipo de lenguaje puede reducirse a metáfora, pero cuando hablamos en lenguaje metafórico propiamente dicho, no puede existir más reducción: solo podemos cambiar una metáfora por otra.

—N. Frye

Jornada es literalmente camino recorrido en un día. Un jornalero recibe su jornal por un día de trabajo. Pero metafóricamente una jornada puede prolongarse a diez, a veinte años de odisea, y hasta puede comprender una vida entera: la narración de un *journée*, el ciclo de un día, porta comúnmente acciones como símbolo de toda una vida (WP, 90). Porque las jornadas de la vida son parte de la iniciación, para repetir la idea de Mircea Eliade. En una jornada se distinguen el caminante que hace el camino y la dirección que decide seguir hasta su destino. En pura metáfora el énfasis recae normalmente en el caminante. Así, en el conocido cantar de Antonio Machado, caminante y camino parecen inseparables: "caminante, se hace camino al andar". En el poema "Esto soñé" dice el poeta: el caminante es suma del camino. En la jornada religiosa y en otros aspectos existenciales de ella, el énfasis recae en el camino. La vida puede ser, en ciertos casos, y casi siempre es, camino de principio a fin.

"Yo soy el camino", es una metáfora atribuida a Jesús. La *Biblia* muestra una jornada de principio a fin: del Génesis al Apocalipsis, que termina con una extraordinaria revelación. La jornada como metáfora de la vida —el punto de partida y el de llegada— obviamente son el nacer y el morir "la muerte no es el otro lado de la vida, sino del nacer". En la vida del héroe, la forma de su jornada es una búsqueda. A esta suele preceder una visión: Odiseo cuenta siempre del auxilio y consejos de la diosa Atenea. El joven imberbe, puro y necio, Parsifal dispone de un hurí, de Trevisent. Don Quijote tiene visiones en sus jornadas o salidas. El héroe emprende una aventura para matar al dragón. Tristán rescata a la heroína de un gigante. Odiseo debe destruir Troya, la ciudad hostil, y volver a Ítaca para reunirse con su esposa Penélope y su hijo Telémaco. Si su búsqueda tiene éxito, el héroe vuelve a su casa. Ítaca es como el fin de la *Odisea* si bien Ulises debe aún emprender otro viaje al interior del país.

Caminante, no hay camino, se hace camino al andar.

—A. Machado

En la búsqueda cíclica genuina, la conclusión es el punto de partida renovado y transformado por la búsqueda misma. En *La Eneida* de Virgilio Eneas va de la vieja a la nueva Troya. En el éxodo bíblico, el pueblo de Israel va de Egipto a la Tierra Prometida, que también es un retorno a la Tierra Prometida y a la búsqueda del Mesías, como lo muestra la liturgia cristiana, donde la palabra de Dios comienza como persona de la Trinidad, en la presencia de Dios; después, desciende a la Tierra para redimir al género humano y vuelve a la misma presencia con su ascensión a los cielos (MM, 214). El camino es un método o una manera de proceder en una siguiente repetición que nos trae al centro del camino o senda.

En la *Biblia* el camino traduce normalmente el hebreo *derek* y el griego *odós*. A través de toda la *Biblia*, aunque muy enfáticamente en el Nuevo Testamento, se pone en fuerte contraste el camino recto a nuestro destino y el camino desviado que puede mal dirigirnos o confundirnos. Este contraste metafórico es frecuente en todo la literatura cristiana. Abrimos la *Divina comedia* del Dante, por ejemplo, y en la tercera línea del canto del Purgatorio habla de un camino perdido o borrado: *"Che la diritta via era smarrita"*. Otras religiones usan la misma metáfora. El budismo habla de un sendero óctuplo. En el taoísmo, el Tao se traduce normalmente por camino. El libro sagrado *Tao te Ching* comienza diciendo que el Tao del que puede hablarse no es el Tao real. Y se nos avisa estar conscientes de las trampas en lenguaje metafórico; en la frase oriental, común es confundir la luna con el dedo que apunta a ella (ibid., 215).

Al leer la metáfora "Yo soy el camino", pienso en el famoso cantar de Antonio Machado: el camino que se hace al andar. La metáfora de la jornada le viene a Jesús principalmente de la parte más esotérica de su doctrina. Habla a un público aún inmerso en un mundo-tiempo donde parece apropiado sugerir extensiones de tiempo como "en el mundo del más allá o después de la vida" hacia otras formas desconocidas de existencia y para guardar la metáfora de una jornada completa de esta vida. Pero en los diálogos de Jesús con sus discípulos, en el Evangelio de Juan, nos encontramos en un área mas esotérica. Jesús dice a sus discípulos que va a prepararles un lugar. Cree el maestro que ellos saben a dónde va él y, por consiguiente, conocen el camino.

Pero Tomás le confiesa: "¡Señor, no sabemos a dónde vas, ¿cómo vamos a saber el camino?". Y el Maestro les responde: "Yo soy el camino". Quizás refuta aquí o deconstruye la metáfora total de la jornada, del esfuerzo de ir allí para llegar aquí. Felipe no se contenta con la metáfora del Maestro y pide algo más; quiere que le muestren al Padre y la respuesta viene a ser: No hay nada allí; todo lo que necesitáis, parece decir, está aquí y solo aquí. En "Yo soy el camino" el tiempo se detiene. No hay jornada a un país desconocido. Todo lo que los discípulos tienen que hacer es cruzar la puerta abierta del cuerpo frente a ellos. Es decir, creer en la resurrección. Quizá todo lo que sucede en los *Evangelios* no es un acontecimiento, sino un billete de entrada para asistir a una representación después de la resurrección. Con la excepción de que la realidad del Espíritu no es tanto el futuro, cuanto una expansión de las posibilidades imaginativas del presente. En los sinópticos Jesús dice a sus discípulos que el reino de los cielos está dentro de ellos y entre ellos.

Nada de lo que Jesús dice parece haber sido tan difícil para que sus seguidores entendieran su metáfora del aquí de aquí. Mi reino no es de este mundo. No se trata de un reino literal; los reinos literales solo son sombras. La realidad es carne. Pero la carne no es una figura cuya realidad aún queda por develar. La realidad del cuerpo no está dada, sino que hay que hacerla real, realizarla dándose cuenta de ella; al cuerpo hay que edificarlo, no con las manos, sino con el espíritu. Es el cuerpo poético; el cuerpo hecho; el hombre se hace a sí mismo, a su propio cuerpo, en la libertad simbólica de la imaginación. El cuerpo eterno del hombre es la imaginación, es decir, Dios mismo; el Cuerpo Divino, Jesús: nosotros somos sus miembros (Blake: *The Halcón*, 776; cfr. *Efesios II*, 21-22). El cuerpo es plástico; la imaginación es emplástica. La realidad revelada por la imaginación no es el cuerpo literal sino el simbólico. Él tomó un pedazo de pan y dijo: "Esto es mi cuerpo. O Tat Tvam Asi: Tú eres Eso". Tú eres el yo universal; todas las cosas son cosas de Buda; la identidad de tu esencia más recóndita con la sustancia invisible del todo". Encontrar el reino en el propio cuerpo, y encontrar el propio cuerpo en el mundo exterior (Zimmer, 309, 361).

El significado central de si el reino está dentro de uno y fuera de uno, o entre vosotros, el acento cae siempre en el "aquí" y no en el "allí": después de la muerte. En otras palabras, trasciende nuestro sentido normal de espacio. Frye atribuye esta confusión al mundo enajenado en que vivimos, que sigue retrocediendo de nosotros. Y todo lo que señalamos, hasta en el centro de nuestros propios huesos, está ahí, allí. Para comprender la noción de "aquí" hay que trazar un círculo en torno al Yo para que el aquí sea dentro de mí: centro de ese espacio (CBM, 217). No hay otra realidad en las enseñanzas de Jesús, sino la del reino espiritual y no lo que está fuera de ese reino. Pero la existencia contingente en el tiempo es una mezcla de dos cosas y por eso existe la parábola del trigo y de la cizaña.

Este mundo es un muy mal campo sembrado de trigo, lleno de malas hierbas entre el trigo. "¿Quieres que vayamos a arrancar la mala hierba?", preguntaron a Jesús. Pero Él les dijo: "No, porque al arrancar la mala hierba, pueden arrancar también el trigo" (*Mateo*, 13: 24-30).

En un capítulo siguiente, nuestra excursión literaria vuelve al tema de la iniciación, esta vez con la *Odisea* de Homero y las tres diosas que encuentra en su viaje de regreso a Ítaca. Ante el largo viaje de Odiseo, su hijo Telémaco sale de Ítaca en busca de su padre. La diosa Atenea, patrona y protectora de héroes, hace de guía.

* * *

Bibliografía del Capítulo 6

[1] **Bonnefoy, Y.,** (Dir.); *Diccionario de las mitologías y de las religiones de las sociedades tradicionales y del mundo antiguo*, vol. III, *Cristianismo y mitología*, (Ediciones Destino, 1997, 439 y sigs.).

[2] **Dodds, E. R.;** *Pagan and Christian in an Age of Anxiety: Some Aspects of Religious Experience from Marcus Aurelius to Constantine*, (Cambridge, University Press, 1965).

[3] **Doniger, W.;** *Other Peoples'Myths: The Cave of Echoes*, (Chicago, University Press, 1988, 1995, 81-82).

[4] **Musurillo, H. S. J.;** *Symbolism and the Christian Imagination*, (Baltimore, Helicon Press, 1962).

[5] **Walsh, PG. (tr)**; *Letters*, "Poems of St. Paulinus of Nola", (1966, 1975, CW).

Capítulo 7
Diosas de iniciación
Circe – Calipso – Nausicaa

De Troya a Ítaca

Por la carretera 1 de la costa del Pacífico de Monterrey hacia Los Ángeles se llega al rincón agreste de Essalen, cara al océano Pacífico, marco espléndido para escenificar un episodio de la *Odisea*:[1] la llegada del náufrago Ulises al país de los feacios y de allí a Ítaca. Rocas abruptas a nuestros pies a un paso del precipicio. Y ninfas de todas las edades allí abajo, muy abajo, en la playa. Y en el aula del monasterio, Joseph Campbell se dispone a contar su versión favorita de la iniciación recordando a sus oyentes una frase de Mircea Eliade: "La iniciación es un rito indefinido que va de la cuna a la tumba".

La mitología es la sublimación de la imagen materna. Todo recién nacido conoce y adora a su madre como diosa. Ella es la primera iniciadora. Y esa iniciación es más prolongada que cualquiera otra posterior. Crea, fomenta y desarrolla vínculos extraordinarios a quien dio a luz, cuidó, orientó y le abrió camino en la vida. Pero un día el adolescente piensa en salir de la casa de su madre, y dar un paso a la vida adulta. Enseguida van apareciendo otros rostros, otros aspectos de la diosa. Odiseo se encuentra en sus viajes con tres ninfas destinadas a retener al héroe o guiarlo a Ítaca, su tierra natal.

Las iniciadoras de Odiseo son Circe, Calipso y Nausicaa. Odiseo —un don nadie según declaró él a Polifemo— se hizo a la mar desde Troya con el conocimiento seguro de que habría de viajar durante otros diez años antes de llegar de vuelta a Ítaca. Por diez años ha estado en Troya, en guerra puramente varonil, sin tiempo para dialogar con hombres y mujeres. Todas ellas eran simplemente objetos de botín y de posesión, con excepción de Nausicaa. En las primeras líneas de la *Ilíada*, como secuencia de la ira de Aquiles, caudillo de los griegos que sitiaban Troya, Crises, sacerdote de Apolo, fue al campamento de estos en demanda de su hija Criseida, hecha cautiva en una incursión, la cual había correspondido a Agamenón. Este, en lugar de devolver a Crises su hija, ultraja al sacerdote. El adivino Calcas predice que la peste cesará si devuelven la joven cautiva a su padre. Accede Agamenón en devolver la cautiva pero, para resarcirse, a pesar de las protestas del prudente Néstor, rey de Pilos, arrebatará a Aquiles su mejor esclava, Briseida.

La *Ilíada* y el origen de la guerra de Troya significan el empeño masculino de humillar a la gran diosa. En la tradición religiosa de Grecia y de Asia Menor presidía la gran diosa. Pero con la llegada de los indoeuropeos, la diosa fue depuesta como lo fue en la *Biblia*, donde se la llama Abominación: la diosa de los Cananitas. Y también fue despreciada sin piedad en la literatura griega. Los soldados regresan a casa. Menelao vuelve, con Elena, de Esparta. Agamenón vuelve a casa y muere en el baño enredado y asesinado por su esposa Clitemnestra. Las aventuras de Odiseo comienzan con su intento de regresar a su Ítaca con doce naves. Navegan hacia el norte y en una pequeña ciudad llamada Ismaro, él y una pandilla de rufianes saquean la ciudad y violan a sus mujeres. Todavía se encuentran en actitud guerrera. Siguen sus tendencias psicológicas: la de explotador, la de bucanero, sin relación alguna con la mujer.

En el primer canto de la Ilíada aparece la mujer como galardón al que vence en los juegos y en la guerra. Al más diestro, al más bravo, la más bella.

—J. Ortega y Gasset,
De Francesca a Beatriz, 1924

Los dioses dicen: "Pero esta no es una manera de volver a casa, a tu mujer". Así que la nave va a la deriva por siete días hasta que Odiseo no sabe dónde está. Aquí comienza la verdadera historia. El primer puerto que tocan Odiseo y sus hombres es el país de los Lotófagos. A partir de aquí se encuentran con seres no-humanos: ninfas, pequeñas diosas y algunos monstruos. El primer monstruo es Polifemo, un gigante caníbal, con un ojo en medio de su frente. Representa el guardián de la entrada, el poder que va a iniciar a través de su Odisea. Los cíclopes tienen un ojo y cuando Odiseo y sus hombres lo hieren, representa que cruzan una puerta angosta al reino de los sueños. En la isla de los Lestrígones, donde también hay caníbales, quedan destrozadas once de las doce naves de Odiseo. El motivo del desmembramiento es aquí evidente, como en muchos mitos. Doce naves reducidas a una. Y esto nos lleva a la segunda iniciación.

Circe, la de lindas trenzas doradas, es la seductora, la tentadora. Atrae o lleva al héroe a la tentación y, de allí, al mundo del pecado, es decir, a una experiencia de la vida fuera de las normas sociales. Odiseo llega con sus marineros a Eea, la isla de la Aurora, gobernada por la diosa Circe. Y al punto que la Aurora nos trajo el día —relata Odiseo—, habiendo subido a una altura muy escarpada, "me paré y aparecióseme el humo que se alzaba de la espaciosa tierra, en el palacio de Circe, humo entre un espeso encinar y una selva". Formó con sus compañeros dos secciones. Odiseo se puso al frente de una y Euríloco mandaba la otra, partiendo con veintidós tripulantes a descubrir el palacio de Circe. La diosa era hábil en toda clase de encantamientos, pero quería poco a la especie humana. Llamaron a la puerta y la llamaron a gritos. Circe se hallaba en el vestíbulo, cantando mientras tejía. Se alzó enseguida, abrió la puerta, los llamó y siguiéronla todos imprudentemente, a excepción de Euríloco.

Cuando los tuvo dentro, los hizo sentar en sillas y sillones, confeccionó un potaje de queso, harina y miel fresca con vino de Prammió, y echó en él drogas perniciosas para que olvidaran por entero la tierra patria. Dióselas, bebieron y, de contado, los tocó con una varita y los encerró en pocilgas. Y tenían la cabeza, la voz, las cerdas y el cuerpo como los puercos, pero sus mentes quedaron tan enteras como antes. Cuando Euríloco volvió contando la desgracia de sus compañeros, Odiseo decidió ir a ver a Circe: "Yo iré, que la dura necesidad me lo manda". Y cuando iba por el valle, a punto de llegar al gran palacio de Circe, la conocedora de muchas drogas, Hermes llegó en socorro de Odiseo. "Quiero preservarte de todo mal", le dijo. "Quiero salvarte. Toma este excelente remedio contra la magia de Circe: una flor blanca perfumada con la raíz negra, llamada *moli*, que solo los dioses pueden reconocer. Apartará de tu cabeza el día cruel. Ve a la morada de Circe, cuyos malos intentos he de referirte íntegramente". Y hablándole al oído le advirtió: "Esa mujer no es de las que tú puedes abusar. Te preparará una mixtura y te echará drogas en el manjar, mas con todo eso no podrá encantarte porque lo impedirá el excelente remedio que vas a recibir. Te diré ahora lo que ocurrirá después. Cuando Circe te hiriese con su larguísima vara, tira de la aguda espada que llevas cabe al muslo y acométela como si desearas matarla. Entonces, cobrándote algún temor, te invitará a que yazgas con ella: tú no te niegues a participar del lecho de la diosa, para que libre a tus amigos y te acoja benignamente, pero hazle prestar el solemne juramento de los bienaventurados dioses de que no maquinará contra ti ningún otro funesto daño, no sea que, cuando te desnudes las armas, te prive de tu valor y de tu fuerza". Hermes le dio el remedio: una planta que tenía negra la raíz y era blanca como la leche su flor, llamándola *moli* los dioses, y es muy difícil de arrancar para un mortal, pero las deidades lo pueden todo. La tentadora, la seductora, la que nos lleva al pecado y nos convierte en cerdo es la iniciadora.

A través de este aspecto de la mujer, el varón llega a percepciones más allá de los límites que aprendemos en la escuela y desde el púlpito.

¡"Oh, Circe! ¿Qué hombre que fuese razonable osara probar la comida y la bebida antes de libertar a los compañeros y contemplarlos con sus propios ojos? Si me invitas a beber y a comer, suelta a mis fieles amigos para que mis ojos puedan verlos."[2] Y ella salió del palacio con la vara en la mano, abrió las puertas de la pocilga y sacó a mis compañeros en figura de puercos de nueve años; y mis amigos tornaron a ser hombres, pero más jóvenes aún y mucho más hermosos y más altos. Una vez hecho eso, se quedó de buena gana hasta que ella le hubo dado tres hijos: Agrio, Latino y Teléfono. Odiseo anhelaba continuar su viaje y Circe lo dejó ir. Pero primeramente debía hacer una visita al Tártaro y buscar allí al adivino Tiresias, quien le profetizaría la suerte que le esperaba en Ítaca, si llegaba a ella.

Hay dos iniciaciones en el episodio de Circe. Una es la de Odiseo al mundo subterráneo, donde va a encontrarse con los poderes de sus antepasados que forman nuestro cuerpo; otra es su entrada en la isla del sol, donde llega a su iluminación consciente. Y Circe envía a Odiseo al Hades, donde la energía de las fuerzas biológicas se alienta.

Circe: "No te dé cuidado el deseo de tener quien te guíe el negro bajel; iza el mástil, descoge las blancas velas y quédate sentado, que el soplo del Bóreas conducirá la nave. Y cuando hayas atravesado el Océano y llegues a donde hay una playa estrecha y bosques consagrados a Perséfone, detén la nave y encamínate a la tenebrosa morada de Hades. Abre un hoyo que tenga un codo por cada lado; haz en torno suyo una libación a todos los muertos".

La mayoría de las figuras que encuentra son sombras fantasmagóricas, pero tiene un encuentro especial con el adivino Tiresias, que representa el aspecto andrógeno del que cada uno de nosotros es parte. Tiresias le dirá el camino que ha de seguir, cuál será su duración y cómo podrá volver a la patria, atravesando el mar de peces abundoso.

Ella lo pone en camino de los misterios del mundo subterráneo, el suelo biológico del que viene toda vida. Y ¿qué encuentra en ese mundo? Se encuentra con muchos fantasmas y almas, pero también con el vidente tebano Tiresias, que había sido mujer y hombre. Y representa lo que está biológicamente fundado: el motivo andrógeno. Él comprende que lo masculino no es superior a lo femenino, como era el hombre en la *Ilíada*, donde una mujer era simplemente botín.

"Apártate del hoyo y retira la aguda espada", le aconseja Tiresias, "para que, bebiendo sangre, te revele la verdad de lo que quieras".

Tiresias aconsejó a Odiseo que mantuviera a sus hombres bajo un control severo una vez que estuvieran a la vista de Sicilia, su próxima recalada, para que no sintieran la tentación de robar el ganado del titán-sol Hiperión. Debía esperar grandes dificultades en Ítaca y, aunque podría vengarse de los bribones que devoraban allí sus bienes, sus viajes no terminarían todavía. Allí conversó con su madre Anticlea. Cuando se hubo despedido, las almas de numerosas reinas y princesas se agolparon para beber la sangre. A Odiseo le causó gran complacencia encontrarse con personajes tan conocidos como Yocasta, Leda, Fedra y Ariadna.

En el confín del orbe yo, Ulises, / Descendí a la Casa de Hades / Y vi la sombra del tebano Tiresias / Que desligó el amor de las Serpientes.

—J. L. Borges,
"El desterrado", 1977

Odiseo navegó sin inconvenientes de vuelta a Eea, donde Circe lo recibió alegremente y le dijo: "Qué temeridad ha sido haber visitado el país de Hades. Una muerte basta para la mayoría de los hombres, pero ahora tú tendrás dos".

Cuando el navío se acercaba a la isla de las Sirenas, Odiseo siguió el consejo de Circe y las sirenas cantaron tan dulcemente, prometiéndole el conocimiento previo de todos los futuros acontecimientos en la tierra, que gritó a sus compañeros amenazándolos con la muerte si no lo soltaban; pero obedeciendo sus órdenes anteriores, lo único que hicieron fue atarlo todavía más fuertemente al mástil.

Así la nave siguió navegando, sin peligro; y las sirenas, sintiéndose vejadas, se suicidaron. Tras nueve días de ir a la deriva desembarcó en la Isla Ogigia, donde vivía Calipso, la hija de Tetis y Océano.

Nessuna fu mai solitaria come Calipso. Dalla soglia della sua caverna, guardava le onde violette, sapendo che gli altri dei non la cercavano.

—R. Calasso,
Le nozze di Cadmo e Armonia

Si te quedas conmigo, gozarás de la inmortalidad y de una juventud eterna.

—Calipso a Odiseo

Bosquecillos de álamos negros y cipreses, con búhos, halcones y locuaces cuervos marinos posados en sus ramas, ocultaban la gran cueva de Calipso, rodeada a su entrada de violetas y perejil. Oculta u ocultadora, Calipso es una diosa de la muerte, rodeada de alisos consagrados al dios de la muerte. Calipso promete a Odiseo una juventud eterna pero, ante todo, él desea la vida y no la inmortalidad heroica. La diosa retuvo a Odiseo en Ogigia durante siete años o quizás durante solo cinco. Calipso es la segunda figura femenina mágica que detiene al navegante. De nuevo lo femenino le presenta a Odiseo aquel lado de la vida al que no había prestado atención. El lado de la esposa que integra esta realización es una vida armoniosa y productiva. Ella restaura al hombre sacudido por la tentadora-iniciadora. Calipso lo pone de nuevo en el camino de la vida. Aprende en este reino del sueño experiencias espirituales, el diálogo con el principio femenino.

Calipso a Odiseo: "¡Desdichado! No llores más ni consumas tu vida, pues de muy buen grado dejaré que partas; no maquinaré contra ti ningún pernicioso daño y pienso y he de aconsejarte cuanto para mí misma discurriera, si en tan grande necesidad me viese. Mi intención es justa y en mi pecho no se encierra un ánimo férreo, sino compasivo. Así pues, ¿deseas irte enseguida a tu casa y a tu patria tierra? Sé, esto no obstante, dichoso. Pero si tu inteligencia conociese los males que habrás de padecer fatalmente antes de llegar a tu patria, te quedarías conmigo, custodiando esta morada y fueras inmortal, aunque estés deseoso de ver a tu esposa, de la que padeces soledad todos los días. Yo me jacto de no serle inferior ni en el cuerpo ni en el natural, que no pueden las mortales competir con las diosas ni por su cuerpo ni por su belleza".

"A la puesta del sol, se retiraron Calipso y Odiseo a lo más hondo de la profunda cueva; y allí, muy juntos, durante cuatro días hallaron solaz y contento en el amor. Y al quinto día, despidióle de la isla la divina Calipso, después de lavarlo y vestirle perfumadas vestiduras. Sin necesidad de que lo alentara, Odiseo improvisó una balsa con una veintena de troncos de árbol enlazados, la botó al agua con rodillos, dio a Calipso un beso de despedida y partió empujado por una suave brisa."

Odiseo naufragó por la tormenta que le mandó Poseidón; fue salvado milagrosamente por la compasiva diosa Ino Leucotea, que se posó junto a él adoptando la forma de una gaviota. En el pico tenía un velo y le dijo a Odiseo: "Enróllate el velo alrededor de la cintura antes de volver a sumergirte en el mar. Este velo te salvará". Dos días después fue arrojado a la costa, completamente agotado, en la isla de Drepane, entonces ocupada por los feacios.

Aquí se encuentra con la joven Náusicaa, la diosa virgen, el encanto mismo de la vida. Hay un cambio sutil en Odiseo después de su encuentro con Náusicaa, quien lleva rasgos tradicionales de lo que Jung llamaría ánima. Después de bañarse en el arroyo de Náusica, Odiseo se siente transformado. Lo femenino es la imagen de la vida; el varón, imagen de sus éxitos. Y el cuerpo de la mujer es el cuerpo fundamental del que procede la vida. El del varón es ese cuerpo básico para defender y para preparar un campo en el que pueda crecer y desarrollar.

Cuando la mujer no se da cuenta de esto, ha perdido, como decía Tertuliniano, su "mujeridad" o alma femenina a la propaganda masculina, creyendo que realizarse socialmente es algo más importante. Importante lo es pero, ¿hasta qué punto?, solo lo sabe una mujer. Ese "realizarse" no tiene sentido cuando no se presta honor al impulso de la vida *elan vital*. A menudo viene a ser la escalera de una profesión o carrera que nos lleva a una cumbre o cima, apoyada a veces en la pared equivocada. Estas tres ninfas corresponden exactamente a las tres grandes diosas. Circe corresponde a Afrodita, diosa de la sensualidad que representa los poderes eróticos. Calipso, la esposa, representa el principio de madurez enérgica, la vida del hombre en control de su vida y con autoridad.

Nausicaa es la otra cara de Atenea, virgen. Ella es la santa patrona de los héroes —Atenea los protege, los ayuda— pero también venera a los héroes. Son estas tres diosas las que están frente a un lánguido Paris que juzga a las mujeres como si estuvieran en un concurso de belleza. Jane Harrison señala que esto era humillar el poder femenino porque el poder masculino había humillado a las tres diosas del panteón griego prehomérico. Afrodita, diosa del amor, informa todo el universo; Hera, consorte de Zeus, representa el poder y la energía en el campo del tiempo. Y Atenea, diosa patrona de gestas heroicas varoniles. Habiéndolas humillado, le quedan estas dos ideas de la mujer: propiedad y botín, propias del bucanero y del guerrero. En la *Ilíada* esa es la forma en que aparece la mujer. Cuando Agamenón y Aquiles tratan el reparto de Briseida, la mujer capturada en Troya, la pregunta es: "A ver, ¿quién se lleva a la rubia?". Esta no es forma de dialogar con el espíritu femenino; no es una relación madura, de hombre a mujer. Al leer el *Ulises* de James Joyce, se da uno cuenta del paso de Odiseo por las iniciaciones de las diosas. "Mitológicamente, estos son los roles que la mujer juega en la vida de un adulto".

Y en las vidas de los hombres del hemisferio occidental, estos son, creo yo, los tres roles principales que las mujeres juegan después de que han salido de casa de su madre. No es que todos los hombres pasen por esa influencia de las tres. Más bien tienen que aceptar la influencia. No se trata de verse envuelto en una especie de seducción para después salir de ella. Uno debe comprender el sentido de lo que ocurre. Todas estas experiencias están ahí para vivirlas. Si no hay esa vivencia, nada pasa.

Cuentan que Ulises, harto de prodigios, / Lloró de amor al divisar su Ítaca / Verde y humilde. El arte es esa Ítaca / De verde eternidad, no de prodigios.

—J. L. Borges,
"Arte poética"

El pequeño héroe —¿no lo somos todos al nacer?— nace con el trauma del nacimiento y se ve transformado, psíquica y físicamente. Es *El trauma del nacimiento del héroe* (1981). De criatura viviente en un líquido amniótico, el recién nacido crece en un delicado mamífero que hincha sus pulmones de aire y pronto comienza hablar y a andar. Este es un acto de separación que, en su parto, hace de la madre un héroe. La mujer siempre es la madre del héroe y, a menudo, forjadora de la aventura del héroe. En jornadas siguientes, una y cien veces la madre pone a su hijo en camino, un largo camino de pruebas, de crisis, de exámenes y peligros y también de revelaciones: nuevos horizontes, nuevas iluminaciones. El héroe se encuentra luego ante objetivos inevitables: salvar a alguien, sacrificarse por alguien; o por una causa, por un ideal.

En todos los grandes mitos se encuentra una búsqueda esencial: la visión. Los fundadores de algunas religiones hablan de visiones, vocaciones, revelaciones, milagros, destinos. Y todo esto con el fin de que cada uno encuentre su propio camino, su sentido personal de la vida. Por toda la *Biblia* se subraya un fuerte contraste entre el camino recto que lleva a una persona a su destino propio y el desviado que confunde y conduce a la perdición.

Este contraste metafórico aparece en toda la literatura cristiana. Abrimos la *Divina Comedia* y en el tercer verso del canto primero del Purgatorio, Dante habla de un camino perdido: *Che la diritta via era smarrita.* Otras religiones usan parecida metáfora. El Budismo habla de la octava senda en el taoísmo chino. *El Tao Te Ching* comienza diciendo que el Tao que pueda hablarse no es el Tao real. En palabras de Chuan-tzu: "El hombre perfecto emplea su mente como un espejo; nada toma; nada rehúsa; recibe, pero no lo guarda" (págs. 21 y 24).

Cuando Odiseo sale de su palacio de Ítaca y se dirige a Troya para luchar por el retorno de Helena, su hijo Telémaco tiene entre uno y dos años. En las primeras líneas del poema épico Homero canta: "Háblame, Musa, de aquel varón de multiforme ingenio que, tras destruir la sacra ciudad de Troya, anduvo peregrinando larguísimo tiempo...". Tres viajes paralelos y tres iniciaciones se desarrollan en el curso de la Odisea. Telémaco sale en busca de su padre; Penélope guarda su casa y hogar, asediada por más de cien pretendientes; y Odiseo añora volver a casa. Todo está bajo la vigilancia y sabiduría de la diosa Atenea, su protectora, con su visión panorámica de lechuza. Odiseo despacha un mensaje a sus amigos Mentes y Mentor a Ítaca, rogándoles que rechacen a los pretendientes y cuiden de su hijo Telémaco hasta su regreso. Mentes es simplemente el nombre que ha asumido la diosa Atenea en su primera visita a Telémaco. Mentor es el amigo a quien Odiseo confía el cuidado de su casa. Personifica lealtad y sabiduría de consejero.

¿Dónde está tu padre?

Anda, ve a buscar a tu padre.

—Atenea a Telémaco

Es Atenea quien así habla al joven Telémaco. En la vida real es la madre del futuro marino Adelino Lema quien, a los catorce años, oyó decir a su madre: "¡Hijo!, anda y vete a conocer a tu padre".[3] Una de las aventuras iniciales del héroe es salir en busca del padre. Telémaco, hijo único de Odiseo, es durante la odisea de su padre ese pequeño héroe: el iniciado. Odiseo ha estado lejos de su casa por veinte años; años perdidos en guerras. El mismo Telémaco confiesa que ha crecido sin padre: "Mi madre afirma que soy hijo de aquél y no sé más: que nadie consiguió conocer por sí su propio linaje" (*Odisea*, 61).

Pero la diosa Atenea se le aparece a Telémaco que ahora tiene 22 años —tenía entre uno y dos años cuando su padre se fue a la guerra de Troya— y le dice: "Deja la casa de tu madre y ve en busca de tu padre". Telémaco sale a buscar a su padre cuando Odiseo se halla en la isla de Ogigia, en compañía de Calipso, esperando el aviso de la diosa. Atenea se propone enviar a Telémaco a la arenosa Pilo y a Esparta para que indague el paradero de su padre y así abandonar un nefasto y para él nocivo ambiente: el de los pretendientes de su madre que día a día devoran la hacienda del héroe ausente (López Eire, 28). No tarda Telémaco en hacerse a la mar y encontrar a Néstor, a quien dice: "Venimos de Ítaca y el asunto que nos trae no es público, sino particular. Ando en pos de la gran fama de mi padre, por si oyeres hablar del divino y paciente Odiseo; el cual, según afirman, destruyó la ciudad troyana, combatiendo contigo...". Y Néstor le responde: "Y tú, amigo, no andes mucho tiempo fuera de casa, habiendo dejado en ella las riquezas y unos hombres tan soberbios, no sea que se repartan tus bienes y los devoren, y luego el viaje te salga en vano. Sino que yo te exhorto e incito a que enderecos tus pasos hacia Menelao".

Siguiendo los consejos de Néstor, Telémaco le dice al átrida Menelao: "He venido por si me pudieras dar alguna nueva de mi padre; vengo por si quisieras contarme la triste muerte de aquel, ora la hayas visto con tus ojos, ora la hayas oído referir a algún peregrino, que muy sin ventura lo parió su madre" (ibid., 115).

Tú mismo te has forjado tu ventura.

—M. de Cervantes

¿Quién es mi padre? ¿Dónde está mi padre? Anda, ve en busca de tu padre. Es decir: Encuentra tu modelo, halla tu camino, ve a ver cómo te haces hombre en tu aventura. A los doce, Jesús se pierde en el templo de Jerusalén en medio de los doctores. Cuando sus padres lo vieron, se sorprendieron; su madre le dijo: "¡Hijo mío, ¿por qué nos has hecho esto? Tu padre y yo te hemos estado buscando llenos de angustia". Jesús les contestó: "¿Por qué me buscaban? ¿No saben que tengo que estar en la casa de mi Padre?". Pero parece que ellos no entendieron lo que les decía (*Lucas*, 2: 48-51). El padre a quien se refería era el Padre Celestial o el Espíritu Santo, no José, su padre adoptivo. Telémaco tiene que estar en las cosas de su padre.

* * *

El último viaje de Odiseo

Te vendrá más adelante y lejos del mar una muy suave muerte, que te quitará la vida cuando ya estés abrumado por placentera vejez. (Tiresias a Odiseo)

—*Odisea*, cap. XI

Pero la vuelta y llegada a Ítaca, tras muchos años de viajes lejos de Penélope, no siempre es señal de una quietud total. No todos son como esos barcos que suavemente se balancean al abrigo del puerto. Aún quedan cosas que hacer, proyectos que llevar a cabo, siguiendo la voz del destino.

Como a mitad del libro, Homero sorprende al lector con un epílogo conmovedor que quizá pase inadvertido al lector embebido en su odisea porque no se narra, como es costumbre, al fin del poema. Recuerda Odiseo cómo se encontró con el ciego vidente Tiresias a las puertas de la Casa de Hades. Después de contarle de su posible regreso a Ítaca, Tiresias añade una última profecía: "Aún te queda otro viaje en tu vejez. Una vez más has de salir de tu casa, pero no en otra odisea, aunque tengas que llevar al hombro un remo bien cortado. Mas luego de que en tu mansión hayas dado a muerte a los pretendientes de Penélope, ya con astucia, ya cara a cara con el agudo bronce, toma un manejable remo y anda hasta que llegues a aquellos hombres que nunca vieron el mar, ni comen manjares sazonados con sal, ni conocen las naves de encarnadas proas, ni tienen noticias de manejables remos que son como las alas de los buques". Y el vidente añade: "Y para ello te daré una señal muy manifiesta, que no te pasará inadvertida. Cuando encontrares otro caminante y te dijera que llevas un aventador sobre el gallardo hombro, clava en tierra el manejable remo, haz al soberano Poseidón hermosos sacrificios de un carnero, un toro y un verraco y vuelve a tu casa".

Todo lo predicho por Tiresias, excepto este epílogo, Homero lo describe con gran detalle como se imagina el poeta que sucede. Que no lo ha olvidado y no ha minimizado su importancia, está claro cuando Odiseo, en su primera noche de encuentro con Penélope, al contarle su historia, le avisa de su larga jornada y de la separación que tienen que sufrir. Así sorprende que el poema termine con la intervención de Júpiter, que trajo paz a las facciones guerreras en Ítaca y una conclusión a los días de lucha de Odiseo. Nada más se nos dice de este último viaje.

Sin embargo, el misterioso epílogo de la visión de Tiresias, si ha tocado la imaginación del lector, puede volver a surgir en nuestra memoria mientras leemos de esta paz impuesta por el todopoderoso Júpiter, impuesta hasta a su hija Atenea que todavía estaba incitando a Odiseo, con considerable vigor, a una guerra vengadora contra sus ciudadanos. Es posible que la historia de la última callada jornada del héroe no fuese referida en la versión final de la Odisea que ha llegado a nosotros, porque parecía una decepción y posiblemente fuera un tanto soporífera a los oyentes que no la entenderían. Pero está ahí incorporado para siempre en las palabras del sabio anciano que habló a Odiseo en un momento crítico de su vida, cuando aún le quedaba mucho que aprender sobre él mismo y de su vida. Vuelve a la vida. Odiseo avisa a Penélope de otros sufrimientos por venir. "¡Mujer! Aún no hemos llegado al fin de todos los trabajos, pues falta otra empresa muy grande, larga y difícil, que he de llevar a cumplimiento.

Así me lo vaticinó el alma de Tiresias", dice Odiseo, "el día que bajé a la morada de Hades, procurando la vuelta de mis compañeros y la mía propia. Mas

¡ea!, mujer, vámonos a la cama para que, acostándonos, nos regalemos con el dulce sueño". Y antes de caer rendido, dice a Penélope: "Tiresias me ordenó que recorriera muchísimas ciudades, llevando en la mano un manejable remo, hasta llegar al país de aquellos hombres que nunca vieron el mar, ni comen manjares sazonados con sal, ni conocen las naves de purpúreos flancos, ni tienen noticias de los manejables remos que son como las alas de los bajeles".

Cuando llegamos a cierta edad —el otoño de la vida— y miramos hacia atrás, parece como que nuestro pasado estuviera tan ordenado como una novela bien compuesta. La idea germinal de esta declaración aparece en el filósofo Arthur Schopenhauer. Así como en las novelas de Charles Dickens, pequeños encuentros fortuitos se convierten en rasgos, trazos principales en el trama; así también ocurre en la vida. Y lo que parece haber sido un error, a veces garrafal en el ayer de vorágine y de distracciones, nos condujo más tarde a crisis directivas. ¿Quién escribió esta novela?, se pregunta Schopenhauer en un magnífico ensayo llamado *Una aparente intención del destino del individuo.*

Parece que la vida había sido planeada y hay aquí un aparente misterio. Finalmente el filósofo se pregunta, ¿puede acaecerte algo para lo que no estás listo? Lo que parecían acciones descabelladas, dieron un resultado: la formación de un gran aspecto de la vida, abierta a la verdadera dicha. Joseph Campbel lo resumía en dos palabras: sigue tu estrella, persigue tu dicha.

He encontrado el puerto / Adios, esperanza y fortuna / Has jugado bastante conmigo / Ahora juega con otros / (Inveni portum. Spes et Fortuna valete / Sat me lusistis. Ludite nunc alios.)

* * *

Bibliografía del Capítulo 7

1 **Segalá y Estalella, A.;** (tr), *Odisea* de Homero, (Edición: Antonio López Eire;. Madrid, Editorial Espasa Calpe, 1995).

2 **García Gual C.,** (tr); *Odisea* de Homero, (Alianza Editorial, 2005).

3 **Rodríguez, J. M.;** (Introducción a), *Odisea* de Homero, (Universidad Católica del Ecuador, Nueva York, Alba, 1999).

Capítulo 8
Imaginando la muerte de Dios

Un místico, o sea un amador de Dios,
Le llamó Nada
Y otro dijo: todo lo que digas de Él es falso
Y lo mejor para que tuvieras vos conocimiento de
Dios era tal vez que yo no estuviera hablándote de Dios.

—E. Cardenal,
"Canto cósmico"

La mitología busca a Dios por la vía de la imaginación.

—G. K. Chesterton,
The Everlasting Man

Martín Buber va subiendo lentamente los tres peldaños que lo dejan frente al podio del aula magna de la Universidad de Columbia, Nueva York. Sube cabizbajo, como abrumado por un peso enorme de otro Cireneo, camino del Gólgota, tropezando con sus pensamientos, mientras sostiene en sus hombros el universo entero. Los invitados a la conferencia del filósofo se imaginan que solo hablará de Dios, de un *deus absconditus*, o de un simple eclipse de Dios. Pero Martin Buber se fija en el Tú de un Dios que había ocultado su rostro a su pueblo escogido, un Dios ausente e ignorante del Holocausto. Insiste en el deber de los judíos de mantener su fe recordando los horrores de los campos de concentración nazis, de tan reciente historia. Mientras oye pausada la voz de Buber, el mitólogo Joseph Campbell, autor de *Las máscaras de Dios*, se siente inquieto y hasta turbado.

Algunos presienten las razones de su inquietud. El mitólogo levanta su mano.

—Sí, dígame, Mr. Campbell —se interesa Buber, reconociéndolo.

—¡Profesor Buber!: usted repite una palabra que no acabo de entender: esa palabra es Dios.

El autor de *Yo y Tú* quedó atónito: —¿No sabe usted qué quiero decir al decir Dios?

—No, porque usted habla de un Dios ausente. Acabo de regresar de la India, donde la gente encuentra a Dios por todas partes, hasta en los lugares más recónditos. Juegan, cantan y danzan en coro con Dios. Quiero decir que entre los hindúes Dios no está ausente. No pueden concebir la ausencia de Dios y menos imaginarse su muerte.

Súbitamente Martín Buber comenzó a erguirse, como si añadiera cinco pies más a su estatura de cinco pies; y levantando sus manos al cielo, cual profeta airado del Antiguo Testamento, como si fuera a hacer un exorcismo, lanzó estas palabras:

—¿Cómo se atreve usted a comparar...? —silencio absoluto.

Al instante Jacob Taubes —moderador de la conferencia—, para salir de apuros, intervino diciendo:

—Creo que el señor Campbell quiere saber qué significa Dios para usted —subrayando en su voz el "usted" del "*you*" inglés. Pero ya era tarde. Todos habían oído aquel magnífico disparate del venerable filósofo.

He aquí a dos intelectuales en polos opuestos. Entiendo que a Buber le preocupara la aparente ausencia del sentido de Dios, considerando la reciente historia del Holocausto. Pero, ¿sería posible que quien había hablado y escrito inspiradamente de la relación humana con Dios negara al parecer la autenticidad de la experiencia y las tradiciones espirituales de una de las religiones orientales?

Por casi veinticinco años he vivido preocupado por encontrar una clave para entender todas las mitologías. Y lo que en realidad quise descubrir es el mito de Dios, un mito de identidad.

—N. Frye, 1975

Uno de los principios centrales en el universo de Frye es aquel al que vuelve con insistencia en sus especulaciones o paradojas del sentido literal, metáfora y Encarnación.

Dios llega a nosotros como un suceso lingüístico. Y a continuación se pregunta: ¿Quién puede hablar de Dios sin imaginarse a Dios y, al mismo tiempo, sin decir disparates? ¿Se imaginan los hindúes que Dios habla el sánscrito; y los judíos, el hebreo? Según este pueblo o aquel, Dios habla la lengua de su tribu, de su nación. Este dios sería un dios étnico, local, de escasa actualidad. Pero también Dios habla a todo el universo humano. Pero como nadie nos ha facilitado un diccionario cósmico en nuestra gran aldea global, la gente ha estado elaborando, uno por su propia cuenta, palabra por palabra, por miles de generaciones.

"¿Quién osa hablar de Dios?", se pregunta el poeta Antonio Gala. "El hombre", contesta el mismo poeta, "sabe cada día más del cosmos (y menos de sí mismo); pero ¿qué ha aprendido de Dios en los milenios que ya vivió en la Tierra?". Hablar de Dios es ver sus máscaras, sus personas, sus imágenes: el dios desconocido, el desaparecido, el separado, el *deus otiosus,* la muerte de dios, etcétera. ¿Quieres hablar de Dios con forma o sin forma?

Cuenta J. Campbell que un sannyasi entró en el templo de Jagganath. Al mirar a la sagrada imagen, se preguntó si Dios tenía forma o no la tenía. Pasó su bastón de izquierda a derecha para sentir si tocaba la imagen. Nada. El bastón no tocó nada. Comprendió que no había imagen ante él y concluyó que Dios no tenía forma. Después pasó el bastón de derecha a izquierda y tocó la imagen. El sannyasi comprendió que tenía forma.

* * *

Pero... Dios, ¿ha muerto?

Cuenta Plutarco que, en tiempos del emperador Tiberio, / navegaban unos marineros griegos por el Mar Jónico / y al pasar por la pequeña isla de Paxos, célebre por sus cuevas misteriosas y sus olivares / oyeron un grito estremecedor que decía: ¡El GRAN PAN HA MUERTO!

—E. Cardenal

Hace medio siglo un grupo de historiadores y filósofos de religión reunidos en la conferencia de Ascona, llegaron a este acuerdo: que el "Dios ha muerto" de Nietzsche había sido anticipado en las historias de sus respectivas tradiciones religiosas. Gershom Scholem encontró presagios de la muerte de Dios en la leyenda de Golem. Es ciertamente significativo que el famoso grito de Nietzsche —¡Dios ha muerto!— hubiera aparecido primero en un texto cabalístico protestando la hechura de un Golem vinculado con la muerte de Dios al del siglo catorce de Sufi al-Semmani. Podría uno decir que el peligro moral, descrito por Semmani en ambos lados, es parecido a la situación con que Occidente vino a encontrarse cara a cara cuando Nietzsche dijera que Dios había muerto. Mircea Eliade pensaba así de la religión prehistórica: "Podría decirse que el *deus otiosus* es el primer ejemplo de la "muerte de Dios" proclamada por Nietzsche. La muerte de Dios no solo es un momento en la historia intelectual europea, sino también un jalón en una dialéctica cósmica. Leo Frobenius escribe en su resumen del arquetipo del regicidio sacro: "El gran dios debe morir y ser enterrado dentro de la montaña".

Northrop Frye distingue en *El gran código* varias fases de lenguaje que nos permiten discernir lo que comúnmente nada se menciona de la palabra Dios. Cuando preguntamos si Dios existe, ¿nos referimos a un Dios que es una viña o al Dios de los teólogos? ¿O es más bien un dios de cuya naturaleza Tomas de Aquino escribe en la *Summa contra gentiles* que Dios nada odia aunque el mismo teólogo sabe bien que en el Antiguo Testamento Dios, ese Dios, odia muchas cosas? ¿O hablamos de un Dios cuya existencia la ciencia puede probar o refutar? El lenguaje metafórico y metonímico lleva consigo su propia concepción de Dios. El lenguaje descriptivo no puede elaborar tal noción porque Dios —asumimos— no es un objeto que pueda ser representado. Según eso, cuando Nietzsche declara que Dios ha muerto o el astrónomo Laplace dice que Dios es una hipótesis de la que ya no necesitamos, no hace declaraciones de Dios, sino solamente cómo Dios es percibido dentro de cierto marco lingüístico. El Dios que está muerto no puede ser discernido dentro de un desencantado modo descriptivo. Para Frye Dios no está muerto sino solo enterrado en un lenguaje muerto (GC, 18).

Poetas y no poetas parecen estar de acuerdo en que los dioses han desaparecido, esto sugiere Roberto Calasso en *Literatura y los dioses* (2002), no solo de la literatura sino de nuestro mundo. Una y cien veces oí decir al mitólogo Campbell que los dioses no están en Grecia; o no solo en Grecia o en la Tierra Santa o en los libros de mitología, sino retratados en las máscaras de Dios. Se los ve, también, en la esquina de Broadway y Calle 42 de Nueva York, esperando la luz verde para que un gentío de peatones cruce la calle. ¿Será verdad que han huido los dioses? ¿Cómo podemos saber si los dioses pueden abandonar el mundo? Y si ellos son el mundo, ¿no son ellos la inmortalidad del mundo, que le dan su inherente trascendencia, su sublime encanto, su imaginación y belleza, que al mismo tiempo es también temerosa, cruel, enigmática y profundamente incomprensible? Lo hemos leído hasta la saciedad y por más de treinta años en las teorías de la secularización de lo sagrado, desde Max Weber a Meter Berger. ¿Por qué habrá aceptado la era moderna la tesis de que los dioses pueden levantarse e irse, como el invitado desagradecido que se levanta de la mesa sin dar gracias a Dios?

Ciertamente esa ausencia divina no será porque hayamos abandonado sus santuarios, sus altares con sus ceremonias litúrgicas, afanosos de recuperar lo sagrado; o por haber olvidado sus ritos, sacrificios y plegarias; o por haber olvidado sus misterios, nuestros misterios. Seguramente los dioses no pueden vivir pendientes de lo que hacemos o dejamos de hacer. No pueden proclamar su autoridad sobrehumana en el cosmos si su presencia o ausencia depende de nuestra conducta con ellos o de nuestra ignorancia de sus secretos. Los dioses del mito serían entonces nada más que ficciones de la fantasía humana. Este será, tal vez, un tema insistente de la religión ortodoxa y del relativismo secular.

Vuelve otra vez la cuestión de quién se beneficia de esa desgraciada declaración: los dioses han muerto y huido. ¿Quién quiere que hayan huido y con ellos todos los sentimientos paganos? ¿A quién no le preocupa que las formas paganas de la conciencia hayan también desaparecido? Esto es seguro: histórica y lógicamente los dioses ausentes permiten que el mundo se convierta en un espacio matemático, en calculable, de objetos inanimados.

Me parece que la ausencia de los dioses, sospechosa ausencia, puede ser una calculada excusa secular o secularizada, o conveniente y eficiente. Algo tendrán que ver en esta ausencia las mismas instituciones sagradas dirigentes de los templos. Esa huida, ¿no será también una conveniencia para el secularismo cristiano, tan clerical como laico, tan profano como sagrado? ¿Por qué se insiste en mantener ese separatismo? No existe abismo entre sagrado y profano. El pórtico de un templo está adherido a su interior. Esa ausencia, ausencia del templo o de Dios, deja el mundo a la intemperie, más abierto a la presencia de un salvador que intenta dar su respuesta redentora y apocalíptica a las necesidades y a los caprichos de hoy.

Hay escoliastas de religión y de historia, del mito y de la literatura, de las artes y de la filología, que han presentido la supervivencia de los dioses paganos oculta dentro del mito cristiano, como hace años declaraba Chesterton en *El hombre eterno*. Vienen a ser presencias disfrazadas, personas o máscaras, a pesar de su anunciada, no evidente, ausencia. Muchos han intentado revivir la presencia de los dioses paganos por imitación, por invocación y por interpretación. El psicólogo posjunguiano James Hillman, el más imaginativo entre los psicólogos americanos que conozco, acude a sentencias muy frecuentes en la obra de Carl Jung. Una proviene, al parecer, del templo de Delfos. Yo la vi labrada en piedra en el dintel de la puerta de la casa de Jung en Zurich, donde trabajó la mayor parte de su larga vida: "*Vocatus atque non vocatus, deus aderit*": llamado o no llamado, Dios siempre estará presente.

En una civilización íntegramente tradicional toda actividad humana, sea cual sea, posee un carácter al que se puede llamar sagrado ya que, por propia definición, la tradición no deja nada fuera de ella...

—R. Guenon

Tras una breve exposición de ciertas cosas que escapan al punto de vista tradicional, René Guenon nos dice en sus reflexiones de lo sagrado y lo profano, que hay ciertos signos manifiestos de que se ha producido una degeneración; y tal degeneración está naturalmente unida, en la historia de la civilización, a la marcha descendente del desarrollo cíclico. Hasta en las sociedades que han mantenido el carácter más claramente tradicional, "una cierta parte, más o menos grande, está siempre volcada a lo profano". Sectores de la civilización occidental moderna, con su espíritu esencialmente antitradicional, pretenden afirmar la legitimidad de lo profano como tal y consideran incluso un "progreso" incluir en este una parte cada vez mayor de la actividad humana. Algo de esto hemos leído en las obras del eminente sociólogo de la religión Peter Berger.

Los afectados por el espíritu moderno consideran la distinción, e incluso la separación de lo sagrado y lo profano, como perfectamente legítima. No ven sino una confusión entre dos dominios diferentes, confusión que, según ellos, ha sido "superada" y ventajosamente disipada por el "progreso" . Una tal actitud no es siquiera solo debida a los "laicos". "Parece", sugiere Guenon, "que esta misma actitud es también ahora la de numerosos eclesiásticos". Al revisar los textos y comentarios de los alumnos del curso de 2005, he leído parte de un texto anunciado en el *ABC*. Es del 29 de abril de 2006, donde la Iglesia española asume que su problema es "de casa y no solo de fuera". En otras palabras: del templo (lo sagrado) y del pórtico del templo (lo profano). El escritor Jesús Bustamante dice en su cita que "el problema de fondo al que una pastoral de futuro tiene que prestar la máxima atención, es la secularización interna".

Más adelante habla de una profunda preocupación por "una cultura pública que se aleja decididamente de la fe cristiana y camina hacia un humanismo inmanentista". Subrayo la palabra inmanentista que en boca de un teólogo imaginativo podría ser bienvenida sin perder de vista la teología de inmanencia. Esta noción de inmanencia se deriva de William Blake quien postulaba un mundo de imaginación más elevado que el de los sentidos. Northrop Frye ve en esa inmanencia, un modo de cerrar la brecha entre lo divino y lo humano que se complementa identificando a Dios con la imaginación. Frye pensaba que el ser humano, en sus acciones creativas y percepciones es Dios, y Dios es Hombre.

Siguiendo el hilo de lo sagrado y lo profano de René Guenon, todavía hay más. Parece que esta actitud, la de los laicos, es también la de numerosos eclesiásticos que parecen no comprender todo lo que ella tiene de contrario a la tradición. Guenon advierte que los más afectados por las tendencias modernas se muestran generalmente mucho más preocupados por la acción social que por la doctrina. Pero, puesto que aceptan, e incluso aprueban, la "laicización" de la sociedad, ¿por qué no han intervenido en ese dominio? Esa y otras cuestiones ventilaba René Guenon en 1952. Ojalá que el mundo eclesiástico, parte del mundo en que vivimos, se sienta más a gusto en este mundo que marcha adelante en su larga iniciación espiritual.

* * *

Teología de la muerte de Dios

Una tarde del año 1963 nos enteramos, en la clase de *Sociología de la religión* en la Universidad de Fordham, de que el teólogo Langdon Gilkey había anunciado en Nueva York la llegada de un novedoso movimiento teológico: la teología de la muerte de Dios. Por esos días en Sarah College, New Rochelle, J. Campbell explicaba con deleite en clase el mito de la muerte del dios Pan. Una generación de americanos seguidores del teólogo Karl Barth aceptaron la hipótesis religiosa que en EE. UU. vio su breve apoteosis en la teología de la muerte de Dios.[1]

Mientras tanto, millones de norteamericanos seguían practicando su fe. Quienes habían oído hablar de esa nueva teología no podían imaginarse, por educados que fueran, de qué hablaban los medios de difusión. Una cosa es reconocer que la crisis de la teología moderna es una crisis de fe. Pero, ¿no sería mejor hablar de una crisis del lenguaje de la fe? Otra cosa es declarar que la crisis de esa fe niega la posibilidad de una vida de fe. Las crisis humanas son a menudo breves, pasajeras como el vuelo vertiginoso de un vencejo, o el de una flecha: sin dejar rastro. La crisis de la muerte de Dios no fue una excepción. Ese episodio venía a anunciar no ya el fin del cristianismo, sino una etapa decadente de la teología académica.

No hallando esperanzas de sabiduría en la voz de los teólogos, muchos acudieron a iglesias más conservadoras, a otras tradiciones religiosas. Otros buscaban guía en escritores como C. S Lewis, Morton Kelsey, John Sanford, Joseph Campbell, Mathew Fox y M. Scott Peck, menos inhibidos que los teólogos académicos para hablar de vivencias espirituales. Estos expresaban típicamente la realidad sagrada en un lenguaje más audaz y directo; y con más seriedad que la mayoría de los teólogos escoliastas. Es más, con la excepción de C. S Lewis, estos escritores "espiritualizadotes" se apoyaban en la teoría psicológica de Jung quien proponía una realidad objetiva y el poder de lo sagrado. Seguidores de la doctrina de Jung se imaginan que los seres humanos están conectados entre sí por profundas estructuras de la psique y con una base más segura, fructífera y objetiva para comprender las verdades cristianas.

Volvamos a comenzar con Pan, el dios salvaje, que de muy joven causaba pánico. No hay presencia que haya atribulado tanto como la del dios Pan. En el mundo romano nadie lo expresó mejor que el gran poeta Horacio quien escribió con tanto afecto de verse protegido por los dioses y por la asistencia de Pan en el bienestar de su finca. Pan había visitado a Horacio "a menudo" pero el poeta nunca lo había visto personalmente. Las colinas de Roma se hacían eco de la música divina de Pan. Horacio reconoce el origen de su prosperidad en una afinidad espiritual que los italianos llaman al pan *la grazia di Dio*. Horacio había escuchado la cadencia final del dios: Pan, viajero según la historia de Plutarco, había muerto en la época de Tiberio (42 a. C. – 37 d. C). Los cristianos se sintieron sobrecogidos con ese reportaje. Pan era el griego "todo" y su muerte representaba la muerte de todos los demonios.

Chesterton es uno de los pocos escritores que manifiesta una inconfundible simpatía por Pan. En la historia conocida siempre ha llegado un momento en que los dioses han muerto, dice María Zambrano en *El hombre y lo divino*. Y es extraño, añade la filósofa poetisa: "Lo divino, aquello que el hombre ha sentido como irreductible en su vida, sufre eclipses. Y en cualquiera de los casos ha llegado el instante terrible de que eso divino, irreductible a lo humano, ha corrido la suerte de lo humano: pasar, ser vencido y aun morir. Y así tenemos —continúa ella— dos sucesos ante nosotros. Uno, la pérdida de los dioses en todas las religiones de nuestro pasado ancestral; desapariciones de los dioses y sustitución por otros, dinastías enteras como en Grecia, como en Egipto. Por otra parte una religión, la cristiana, que comporta en su centro mismo, como el misterio abismal, la muerte de Dios a manos de los hombres".

"Es una de las originalidades del cristianismo, no reductible a ninguna otra religión anterior de donde pudiera inspirarse. Pues hay dioses que mueren, que padecen hasta la muerte y resucitan: Atis, Osiris, Adonis".

Pan es el único dios que ha muerto en nuestra época, dice un mitólogo. Una de las versiones de la leyenda de la muerte de Pan anuncia que a la noticia la dio un tal Tamo, marinero de un barco que iba a Italia pasando por la isla de Pax. Una voz divina gritó a través del mar: "¿Estás ahí, Tamo? Cuando llegues a Palodes, cuida de anunciar que el gran dios Pan ha muerto", lo que hizo Tamo; y la noticia fue acogida en la costa con gemidos y lamentos. Esto dice Plutarco en *Por qué guardan silencio los oráculos*. El Tamo egipcio no oyó bien el lamento ceremonial: (*Thamus Pan-megas Tethnece*). "El todo grande Tamus ha muerto" y entendió: "Tamo, el Gran Pan ha muerto".

Plutarco, sacerdote de Delfos en la segunda mitad del primer siglo después de Cristo, lo creyó y lo publicó en *De defectu oraculorum*.

Demasiado siento en mí los estigmas de mi tiempo: no puedo dejar a Dios en paz; junto con los snobs, me divierto en repetir que ha muerto, como si esto tuviese algún sentido.

—E. M. Ciorán,
Adiós a la filosofía

Un texto de *El hombre y lo divino* (1955) dice: "Mas la muerte de Dios, tal como la entendía María Zambrano, no es una negación, la negación de su idea o de algunos de sus atributos que a ella convienen. Solo se entiende plenamente el 'Dios ha muerto' cuando es el Dios del amor que muere, pues solo se muere en verdad lo que se ama, solo ello entra en la muerte: lo demás solo desaparece.". Y así la destrucción de los dioses es una etapa cumplida en toda religión; la destrucción, que no la muerte de Dios, solamente es visible en la cristiana. Carl Jung piensa que los dioses no volverán a residir en moradas que un día abandonaron.

Ocurrió lo mismo en tiempo de los césares romanos cuando el paganismo agonizaba. Los dioses del paganismo se convirtieron en un Dios. Entonces llegó este mensaje: Dios ha muerto. "Si el gran Pan, que es Dios, ha muerto, solo el hombre queda vivo. Después de eso, el Dios se hizo hombre y él fue Cristo: un hombre para todos. Pero ahora que se ha ido, cada hombre tiene que llevar a Dios. El descender del espíritu a la materia está completo.

¿Es posible? Este viejo santo del bosque no ha oído que Dios ha muerto.

—Así habló Zaratrustra

Cuenta la profesora Wendy Doniger que el hombre arcaico, si todavía existe, vive sus mitos con su espacio sagrado y parece estar a punto de extinguirse.[2] Pero… todavía no, añade. En cierto momento en la historia, especialmente en Grecia, en India y también en Egipto, una elite casi siempre académica, comienza a perder interés en su divina historia llegando al punto de no creer en los mitos, mientras declara que aún cree en los dioses. Hay gentes para quienes esta situación prevalece todavía. Son gente remitologizada que busca una segunda oportunidad. Pueden haber retenido un sentido de los dioses; o quisieran volver a adquirir un sentido de los dioses, pero no están dispuestas a retornar a los mitos fundamentales de la tradición que habían rechazado.

Los humanistas demitologizados, sin embargo, creen no tener dioses pero quizás conserven algún sentido de los mitos. Los hindúes dicen que los dioses vivieron en otra edad, su edad de oro; pero en la edad presente están de capa caída; los Kali Yuga la llaman Edad Oscura. Todo cuanto nos queda es la historia de los dioses. Es como ese nada misterioso fenómeno conocido en la cirugía médica. Tras haber cortado el cirujano una mano o un pie del paciente, el amputado aún conserva una curiosa sensación de cosquilleo en sus dedos aunque ya no estén allí. Algo parecido ocurre cuando hemos perdido los dioses. Sentimos la divina parte amputada en nuestros mitos y en nuestra vida.

Platón asegura que los viejos mitos han muerto o deberían haber muerto si no estaban ya muertos cuando lo dijo. Y si Dios no estaba muerto cuando lo dijo Nietzsche, sus palabras fueron para muchos expresión de la muerte de Dios. Nietsche hablaba del sentido de "nuestra alegría"; el más grande de los acontecimientos recientes: Dios ha muerto. La creencia en el dios cristiano se ha vuelto increíble; y comienza a lanzar las primeras sombras sobre Europa y no pasará un siglo, predecía el filósofo, hasta que llegue a la ciudad de Nueva York.

En *Dios a la vista* (1927) Ortega y Gasset medita:

Hay épocas de odium Dei, de gran fuga lejos de lo divino, en que esta enorme montaña de Dios llega casi a desaparecer del horizonte [...], hoy un Dios laico, y este Dios, flanco de Dios, es lo que ahora está a la vista.

Adivinanza, premonición de Ortega de la llegada de la teología de la muerte de Dios. Qué elocuente preludio para una charla acerca del secularismo. Para unos pocos al menos, la sospecha es casi certitud. Algún sol parece ocultarse. Una antigua y profunda creencia se ha convertido en duda. Para ellos, el viejo mundo tiene que aparecer diariamente más como un atardecer, más extraño y más viejo. En verdad, nosotros los filósofos y los "espíritus libres", cuando oímos la noticia de que "el viejo dios ha muerto" sentimos como si brillara una nueva aurora; nuestro corazón se conmueve lleno de gratitud, asombro, expectación. Por fin, el horizonte nos parece libre de nuevo aunque no sea brillante. Y nuestros barcos pueden salir de nuevo a enfrentarse a cualquier peligro en alta mar: *duc in altum*. Toda la osadía del amante para conocer está de nuevo permitida. El mar, nuestro mar, está abierto de nuevo; quizás nunca ha existido tal "mar abierto".

El humanista demitologizado Nietzsche tenía razón. Platón, en cambio, estaría equivocado. Cuando los dioses murieron, dejaron atrás un mito vacío, un drama en busca de personajes, un eterno don Quijote sin Quijote.

La idea de un espacio vacío considerado como un continente abandonado de un dios ocioso toma varias formas en diferentes culturas. Es como la silla vacía y la puerta abierta que dejara Elías durante el Seder pascual. En la India contemplamos la imagen de los zapatos del difunto. Es una reliquia de la persona fallecida o ausente en las antiguas religiones. Barata, hermano de Rama, conservaba las sandalias al pie del trono en memoria del exilado: símbolo de Rama aún reinante. En el arte budista, no queriendo pintar a Buda en forma humana, lo representan con un par de sandalias.

Nietzsche toma la antigua idea platónica de las sombras en la cueva. Y compara esta imagen invertida de un Buda como Dios cristiano: "Nuevas batallas. Después de morir Buda, su sombra era aún visible en la cueva por cien años (una enorme y espantosa sombra inmóvil): ¡Dios ha muerto! La humanidad la ha visto por miles de años. Habrá, quizás, cuevas, y no del paleolítico, en que todavía se alcanza a ver su sombra. Y nosotros tendremos que superar esta sombra. La sombra de Buda en la cueva es un tema tomado —por qué vía, no sabemos— de un texto budista chino en que Buda doma y reforma al dragón en una cueva y luego, cuando el dragón le pide que se quede para siempre en esa cueva, responde: "Cuando esté a punto de morir, te dejaré mi sombra". Esta sombra permaneció en la cueva de la Sombra. *In illo tempore* budista, existía una sombra de Buda que se veía aquí, tan brillante como verdadera, con todos su pelos y señales; pero más recientemente los hombres no la han visto con claridad. Tiene un parecido, medio nebuloso, débil. Pero quien ora con fervor, recibe una misteriosa gracia. Y lo verá claramente aunque no por mucho tiempo. He reproducido esta narración de *Mitos de otros pueblos*, de Wendy Doniger.

Para la psicología el problema no es la muerte de Dios, sino en qué formas esta indestructible energía ahora reaparece en la psiques. ¿Qué puede decir el alma de la dirección que puede tomar hoy? ¿En qué imágenes puede renacer aquella emoción vital o idea del renacer de Dios? Otros prefieren hablar del eclipse de Dios como Albert Camus en *La caída*: "Ah, *mon, cher*, para quien esté solo, sin Dios ni amo, es espantoso el peso de los días. Por eso, hay que elegir un amo, ahora que Dios ya no está de moda". ¿Quizá todo esto quiere solamente decir que el modo de conocer a Dios de una época puede no ser adecuado a otra época? Las condiciones de vida y del pensar han cambiado poderosamente desde que se compuso la *Biblia*. Aquel camino a la verdad y a la virtud en un horizonte tribal y etnocentrista restringido; aquel Dios celoso (*Éxodo*, 20:5) era tan específicamente cultural que sus ideas populares y elementales parecían estar inseparablemente fundidas. Un dios así definido, como estrella fija e inmóvil en el firmamento, apropiado a la época de Cristo, ¿tiene vigencia hoy? Seis siglos antes de Nietzsche, el maestro Eckhart dio una idea bastante exacta de lo que Nietzsche quiso expresar con "Dios ha muerto". "Dios ha muerto" significa que los símbolos han muerto. O, como diría Ortega: la vivencia de Dios ha desaparecido del alma. El primer paso para tomar conciencia mística es dejar a un Dios así definido por una experiencia de trascendencia.

Si desconectamos lo étnico de la idea universalmente elemental, un dios no transparente a la trascendencia es un ídolo y adorarlo es idolatría. Igualmente —para participar hoy en el destino de la humanidad, no solo de este pueblo ni de aquella etnia sino de toda la población de este globo— hay que reconocer toda imagen local de la divinidad como uno de los millones y, quizás, billones, de símbolos útiles de aquel mismo misterio, invisible o inefable, que nuestros maestros nos enseñaron a buscar solo en su Dios. El teólogo francés Alain de Lille —*Alanus de insulis*— descubrió, a fines del siglo XII, esta fórmula que las edades venideras no olvidarían: "Dios es una esfera inteligible cuyo centro está en todas partes y la circunferencia en ninguna". Toda nuestra religión, desde ese punto de vista, es idolatría. Por esa idolatría quizás inconsciente, vemos la idolatría en los demás y destruimos sus ídolos.[3]

Se creyó que en Tierra de Fuego no tenían Dios / pero los yamanes dijeron (antes de su extinción) / que no habían hablado nunca de Watavinewa / porque no les habían preguntado. / Dijeron a Gusinde: La prueba etnológica de Dios / 'Deseo ver a Watavinewa cara a cara / pero dónde encontrarme con él.

—E. Cardenal,
"Canto cósmico"

Gli dei sono ospiti fuggevoli della letteratura. La atraversano con la scia dei loro nomi. Ma presto anche la desertano.

—R. Calasso

Los dioses viven importunados por miles y miles de adoradores, ávidos de adoración. Sin nadie que los endiose y los adore, no hay dioses. Hay tantos dioses cuantos uno se imagina. No creo que el Dios de Gorbachov sea el mismo que el Dios del Papa Benedicto XVI ni el Dios del Rey de España se parezca al de un Ayatola. O quizá sí. Al escoger un dios, escogemos un modo particular de ver el universo y la humanidad. Cada uno tiene que escoger su dios. El Dios que se adora es el Dios que nos merecemos. Digamos, pues, que Dios necesita del hombre como el hombre necesita de Dios. ¿O no se necesitan?

El dios de quien hablamos es imagen, concepto: el nombre de Dios. El dios étnico no existiría si no fuera por el hombre étnico. Así debió ser en tiempos del dios tribal Yavé de la *Biblia*, y así parece ser el Dios de una época llamada, no sin desdén, de jerarquías religiosas, época secularizada. A la "imagen" invisible de un dios guerrero, justiciero y vengador de la *Biblia*, correspondía un israelita guerrero, justiciero, vengador. El Dios y el hombre de aquella época se necesitaban uno al otro. Las deidades de una tribu eran personificación del poder de esa tribu. Y con el tiempo, se convirtieron en una formidable fuente de poder.

Todos los dioses del mundo no son más que hermosas metáforas. Los místicos, sobre todo, leen, sienten y viven calladamente y miran con temor sus metáforas. La imagen de la deidad, desde el período del Paleolítico hasta la era Judeo-cristiana, ha cambiado a medida que ha ido evolucionando y madurando la humanidad. La imagen de la diosa no solo preexistió a la imagen de dios, sino que perduró por más siglos que la de dios. Pero nuestra civilización, un poco ignorante de esta mutación espiritual, fácilmente desconoce la herencia del pasado en el que esta experiencia está incorporada. No sabemos si por un espejo, o cómo o cuándo nació la imagen de dios o de la diosa, si en el soñar o en la visión consciente.

Todo cuanto podemos decir, al menos desde Platón, es que la experiencia de la divinidad existe en el alma y que el alma insiste en hacer una imagen de ella. Gracias a esa imagen ideada se siente relacionada a algo más grande que ella. La imagen es sagrada pues es esto, sobre todo, lo que une aquella parte de la psique encarnada en el tiempo y en el espacio en la envoltura de la cultura. Hemos de distinguir cualquier imagen-Dios y la primera verdad incognoscible. "La imagen-Dios no es algo inventado, observa Jung. Es una experiencia espontánea que nos sobreviene. La imagen-Dios inconsciente puede alterar el estado de la conciencia así como esta puede modificar la imagen-Dios una vez que se ha hecho consciente. Nada tiene que ver esto con la primera verdad: el dios desconocido.

Al menos, nada puede verificarse. El peligro más grande de toda creencia religiosa, incluida la del monoteísmo, es la idolatría. Es decir, identificar cualquier imagen particular de la deidad con el todo de la verdad divina y, por consiguiente, adorar una imagen creada por la imaginación humana. Toda nuestra religión es, desde ese punto de vista, un sistema de idolatría. Quizás por esa adoración inconsciente vemos la idolatría en los demás y destruimos sus ídolos. En todo el imaginarse a Dios, si la palabra significa algo más que lo me enseñaron en el catecismo, es una referencia a lo que trasciende todo conocer, todo nombre, toda forma. Y por consiguiente, la palabra apunta más allá de la palabra misma. En nuestra tradición cristiana la idea de Dios está tan fuertemente personificada que uno se siente atascado cada vez que piensa en Dios. Dios no es una ilusión sino un símbolo que va más allá, a la realización del misterio de la expiación

No puedes esperar hasta que Dios llegue a ti y te diga: "Yo soy". Un Dios que declara su poder / carece de sentido / Tienes que saber que Dios sopla a través de ti / desde el comienzo, / y si tu pecho arde y nada denota / entonces está Dios obrando en él.

—R. M. Rilke

Sin él saberlo, el ser humano vive siempre preocupado de Dios. Lo que algunos llaman instinto o intuición no es otra cosa sino Dios. Es aquella voz interior que nos dice qué hacer y qué no hacer: es nuestra conciencia. "En esta oscura era atómica —escribía Jung en 1955— un Ser divino todopoderoso está presente en todas partes, inconsciente cuando no consciente, porque es un arquetipo. Consciente o inconscientemente una vez más busca a tientas a Dios". Trato de hacer entender a mis pacientes, decía C. Jung, que todo lo que les sucede contra su voluntad es una fuerza superior. Pueden llamarlo Dios o demonio; y esto no me importa mientras se den cuenta de que es una fuerza superior. Todo lo que he aprendido me ha llevado, paso a paso, a la convicción de la existencia de Dios. Yo solo creo en lo que sé. Y eso elimina la creencia. Por tanto no tomo su existencia como creencia. Sé que Él existe.

* * *

Bibliografía del Capítulo 8

1 **Dorrien, G.**; *The Word as Trae Myth: Interpreting Modern Theology*, (Kentucky, Westminster Knox Press, 1997, 199).

2 **O´Flaherty W. D.**; *Other Peoples´Myths: The Cave of Echoes*, (Chicago, University of Chicago Press, 1995).

3 **Campbell, J.**; *The Inner Reaches of Outer Space: Metaphor as Myth and as Religión*, (Toronto, St. James Press, 1985).

Capítulo 9
Parábola de Cervantes y de Quijote

Harto de su tierra de España, un viejo soldado del rey buscó solaz en las vastas geografías de Ariosto, en aquel valle de la luna donde está el tiempo que malgastan los sueños y en el ídolo de oro de Mahoma que robó Montalbán.

En la mansa burla de sí mismo, ideó un hombre crédulo que, perturbado por la lectura de maravillas, dio en buscar proezas y encantamientos en lugares prosaicos que se llamaban El Toboso o Montiel.

Vencido por la realidad, por España, Don Quijote murió en su aldea natal hacia 1614. Poco tiempo lo sobrevivió Miguel de Cervantes.

Para los dos, para el soñador y el soñado, toda esa trama fue la oposición de dos mundos: el mundo irreal de los libros de caballería, el mundo cotidiano y común del siglo XVII.

No sospecharon que los años acabarían por limar la discordia; no sospecharon que la Mancha y Montiel y la magra figura del caballero serían, para el porvenir, no menos poéticas que las etapas de Simbad o que las vastas geografías de Ariosto.

Porque en el principio de la literatura está el mito y, asimismo, en el fin.

—J. L. Borges,
Clínica Devoto, enero de 1955

Llegamos al fin de la parábola anunciada en las primeras líneas del prólogo *Del mito a la literatura*. En dos sesiones anteriores hemos leído el magnífico testamento de don Quijote. En esta última sesión del IV Centenario y del año 2005, volvemos a la lectura del capítulo XI de la novela: *De lo que sucedió a don Quijote con unos cabreros*. De aquel discurso de sobremesa —después de que don Quijote hubo bien satisfecho su estómago— pasamos a este nuestro discurso de despedida con unos versos de nuestro acompañante y guía, Premio Cervantes, el poeta Borges:

El hidalgo fue un sueño de Cervantes / Y don Quijote un sueño del hidalgo. / El doble sueño los confunde y algo / Está pasando que pasó mucho antes. / Quijano duerme y sueña. / Una batalla: Los mares de Lepanto y metralla.

Reiteremos la pregunta, ¿qué clase de realidad posee la literatura? Cuando hace unos días vimos la comedia *El sueño de una noche de verano*, de Shakespeare, escrita unos diez años antes de la edición de la primera parte de *El Quijote*, sabíamos que el tal Hamlet nunca había existido y que don Quijote solo existió en la imaginación de Cervantes. Pudo haber existido un príncipe de Dinamarca que se llamara Amleth como pudo existir don Alonso Quijano el Bueno. Pero estas figuras históricas de Hamlet y del otro yo de don Quijote nada tienen que ver con la idea que tienen los lectores de Hamlet y de Quijote. Cervantes y la criatura de su imaginación se entretienen contando historias: veraces, verosímiles o inverosímiles. Cuentan sus aventuras para entretenimiento de sus lectores. Y, a menudo, dedicaban sus obras a un mecenas influyente que pudiera sentirse más inmortal por el hecho de ser mencionado en una novela o en un poema.

Si alguna vez existió un matón malhumorado en el ejército griego llamado Aquiles, este se sentiría sorprendido de ser famoso después de tres mil años de mito y de historia. Suponiendo que hubiera existido un histórico don Quijote, hay razones que lo hacen memorable: por ser creación del poeta Cervantes; por salir en su novela de aventuras y por hacerlo mortal en el Quijote e inmortal en la literatura. Aquiles, don Quijote, Hamlet o cualquier personaje de talla, se hacen legendarios y se convierten en literatura. Fuera quien fuese Alonso Quijano el Bueno, el astuto Ulises en la vida real, poco importa. Si don Quijote es irreal tampoco es no-real. Las irrealidades no se mantienen memorables después de tres siglos o de cuatrocientos años. La literatura nos presenta lo que ni es real ni irreal, solo lo hipotético. Hay dos palabras inconfundibles: una es "imaginario", que quiere decir irreal; otra es "imaginativo", que significa la obra que el escritor produce.

Cervantes no dice de sí mismo: "viéndome imaginativo". Es su amigo íntimo que entra a deshora en su habitación, mientras escribe el prefacio a su novela, quien lo ve imaginativo. Ahora comprendemos mejor por qué el poeta adquirió su reputación de licenciado, no en leyes sino en contar mentiras. En algunas lenguas la palabra poeta significa mentiroso; y las palabras que se usan en la crítica literaria —fábula, ficción, mito— las tres vienen a significar algo increíble. Mucha gente hoy negaría que el poeta tenga derecho a cambiar lo que quiera cuando usa un tema de la historia o de la vida real.

La razón la dio hace mucho tiempo Aristóteles. Un historiador hace declaraciones específicas y particulares: la rendición de Granada ocurrió en 1492. En consecuencia, se lo juzga por la veracidad o falsedad de lo que dice. Hubo tal rendición o no la hubo y, si existió, confirma si la fecha es exacta o no. Pero el poeta, dice el discípulo de Platón, nunca hace declaraciones de este tipo. Al poeta no se lo juzga porque nada proclama ni afirma. Su labor es no el decir lo que ocurrió sino lo que a menudo o siempre ocurre. El poeta nos cuenta un suceso típico que recurre. Aristóteles lo llama suceso universal. Así es que Aquiles y don Quijote llegan a ser figuras típicas o universales. Ni Aquiles ni don Quijote son retrato de héroes particulares. Expresan una fuerza ardiente de deseo humano, de frustración y de descontento, algo que todos tenemos o nos sobreviene. Es parte de un todo de la humanidad. Y por eso, pueden ser en parte un dios. Los personajes míticos reflejan parte de nuestras vidas.

Durante siglos y siglos, recuerda Roberto Calasso, la gente ha hablado de los mitos griegos como si fueran misterios dormidos que esperan ser resucitados de un sueño milenario; o como si tuvieran que ser redescubiertos. Los mitos aún están ahí para despertarnos y ser vistos como un olivo milenario al que, al amanecer, espera lo saludemos con los ojos recién abiertos. En los mitos, el héroe se enfrenta al dragón y lo mata.

En el caso del héroe Tristán, por su ciego amor a Isolda, el dragón inflige una herida mortal al héroe. El ingenioso hidalgo queda maltrecho por las aspas de los molinos de viento pero continúa encantado en sus aventuras. En unos casos el héroe se lleva a la princesa y, con todo, mientras lo hace, percibe que lo opuesto también es verdad: el héroe abandona a la princesa. Don Quijote se resigna reteniendo la imagen de Dulcinea del Toboso en su fantasía, pues su encantamiento fue producto de su imaginación. Como dice a Sancho:

> *¿No te he dicho mil veces que en todos los días de mi vida no he visto a la sin par Dulcinea ni jamás atravesé los umbrales de su palacio, y que solo estoy enamorado de oídas y de la gran fama que tiene de hermosa y discreta?*

—Quijote II, cap. 9

Todo tema dominante, en literatura o en música, tiene sus variaciones. Caballeros y dragones, santos y pecadores, extraviados y alucinados, mantienen la sangre mítica en circulación en el cuerpo de la sociedad. Pero si el lector se imagina que todas las posibles variantes de un mito o de todos los mitos se han perdido o han sido borradas por una mano invisible, ¿correrían la misma suerte los mitos? Aquí hacemos una distinción sutil entre mito y otras formas de narrativa. Aun sin sus múltiples variantes, los mitos incluyen su opuesto. Y ¿cómo lo sabemos? El conocimiento intrínseco queda algo revelado en la novela. La novela es una narración privada de las variantes que contiene el mito. El poeta intenta recuperarlas en un texto más denso y más detallado. La acción de la novela tiende a incluir a sus opuestos, algo que el mito posee como por derecho propio.

> *...el cielo me arrojó al mundo y me hizo profesar en él la orden de caballería que profeso, y el voto que en ella hice de favorecer a los menesterosos y opresos de los mayores.*

—Quijote, I, cap. 22

El voto de favorecer a los menesterosos lo cumple don Quijote sin dejar de ser él mismo un marginado de imaginación exaltada. En todo momento el caballero logra borrar y trascender las hipocresías y la rigidez de toda convención social, tal y como los clásicos pícaros españoles transparentan la justicia y el valor, la familia y la caridad, la clase social y el dinero, el amor y la religión. El visionario poeta William Blake lee la *Biblia* e identifica a Dios con la parte imaginativa o creativa de la mente humana. La visión de Blake es verdaderamente quijotesca en el sentido más estricto de la palabra.

El poeta romántico ve al mundo que lo rodea como ausente, desprendido o desaparecido de la visión de la palabra de Dios. De un modo semejante veía don Quijote al mundo de su época: desprendido de la visión de la caballería. Don Quijote es una obra maestra de la época del Renacimiento. En ella la imaginación es tratada como visión enferma o patológica, pero en el sentido más benigno que daría a esta palabra un psiquiatra. Sería más fácil ver en Quijote un inofensivo ejemplo de un tipo algo siniestro en uno de los niveles tocado de paranoia. Pero hay en él algo de dignidad al que nunca lo pierde de vista en sus más descabelladas aventuras.

A unos pasos de Rocinante viene Sancho Panza a pie o montado en su jumento. Es el doble del caballero: su sombra. O, si se prefiere, es una encarnación completa sin misterio alguno: su lealtad a Don Quijote. Uno de los ingredientes de la amistad es la fidelidad, virtud griega, según Alasdair MacIntyre . Lealtad es una virtud *sine qua non* de la orden de caballería, como subraya el poeta Wolfram en Parsifal, el necio adolescente que sale en busca del Santo Grial. Lealtad equivale a fidelidad, al menos en el diccionario de la Real Academia, que viene a ser virtud cardinal aunque no esté en la lista de esas virtudes.

Tenemos una clave de esto casi al comienzo del libro. Quijote y Sancho dan con un grupo de cabreros que los invitan a compartir leche de cabra y bellotas. Tradicionalmente las bellotas eran el yantar de los que vivían en una edad dorada y, a la vez, tiempo de simplicidad y de igualdad que ha ocasionado tantas discusiones de la cultura humana desde las Leyes de Platón hasta el Contrato Social de J. J. Rousscau.

Dichosa edad y siglos dichosos aquellos a quienes los antiguos pusieron nombre de dorados; y porque en ellos el oro, que en esta nuestra edad de hierro tanto se estima .

"Y agora", dice en la página siguiente, "en estos nuestros detestables siglos…" —don Quijote se inspira a la vista de las bellotas—. "Toda esta larga arenga —que se pudiera muy bien excusar— dijo nuestro caballero, porque las bellotas que le dieron le habían traído a la memoria la edad dorada, y antojósele hacer aquel inútil razonamiento a los cabreros que, sin responderle palabra, embobados y suspensos, le estuvieron escuchando". Invitó primero a Sancho a sentarse junto a él, citando de la *Biblia* un verso sobre la exaltación del humilde: "Con todo eso, te has de sentar, porque a quien se humilla, Dios lo ensalza".

Dice que su misión de restaurar la edad de oro —que es exactamente lo que dijo Blake— era el propósito de su arte. Y en verdad, en otro lugar dice don Quijote a su escudero que la edad de oro vendría pronto si la gente viera solamente las cosas como son y no se dejara engañar. Pensemos que la obsesión de don Quijote sobre la caballería no es tanto lo que él cree, cuanto lo que él cree que cree. Es una regresión a un mundo infantil en el cual los sueños de conquistar gigantes y de rescatar damas, en peligro o sin él, han lanzado a don Quijote a enfrentarse con su real visión social. Esta última es una visión de simplicidad e inocencia, no tan infantil sino parecida a la de un niño, elemento que hace a don Quijote cortés, casto, generoso —excepto que anda mal de dineros— e inteligente y culto dentro de los límites de su obsesión y, claro está, valiente.[1] Es el núcleo sólido de la realidad moral en medio de su fantasía que mantiene la fidelidad no solo de Sancho sino la admiración de sus lectores.

Esta añorada visión de la edad de oro, perdida pero aún posible, visión del niño que, según el *Evangelio*, no debe perderse, es algo que hace quijotes de todos nosotros y nos da también el poder de alcanzar y poseer dignidad.

Memorias y vivencias, hábitos y ritos establecidos, todos actúan como filtros. Seleccionan y eliminan todo cuanto en la vida nos perturba o amenaza. Solo las artes nos permiten esta eliminación para volver a hacer tolerable la vida y darnos cuenta de que, mientras se ha estado viviendo tan normalmente como nos ha sido posible, hemos sido al mismo tiempo ciudadanos del país lunático de Don Quijote. Quizá por esta razón podemos entender sus humores de melancolía y de conducta. Se dice que la historia se repite. En algunas sociedades este predominio de la repetición de la historia es tan poderoso que, en cierto sentido, nada sucede. Este sentido de repetición crea y recrea una nueva clase de historia reencarnando el mito del pasado.

Así, el santo patrón de todos esos esfuerzos es Don Quijote que trató de enfrentarse y forzar a la sociedad que lo rodeaba, a conformarse a una edad perdida de la caballería. Las versiones quijotescas de la historia son parodias seculares de la visión cristiana de la caída. Y, como opina Proust, los únicos paraísos son los que hemos perdido. Cualquier intento de vivir un mito abstraído de la historia —como el de las comunidades utópicas en América y el separatismo de Québec, inspirado por el lema *je me souviens*— está más cerca del *pathos* del mismo Quijote. Cuando hablamos de creencias, la declaración *Yo creo eso* no es simplemente un sin sentido, sino algo activamente arriesgado cuando aún no sabemos quién es el YO o qué es *eso* en que creemos. Este tipo de creencia no tiene modo de distinguir lo que uno cree de lo que uno piensa o cree que cree, la misma confusión que condujo a don Quijote a tantas tristes situaciones.

"He notado a menudo", escribía N. Frye en su libro de anotaciones, "que las creencias de una persona no son novedades por cualquier profesión de fe, por muy sincera que sea, sino por lo que sus acciones muestran que él creía". En nuestra cultura presuponemos que los mitos son hipótesis irreconocibles.

Don Quijote es un ejemplo sutil de un hombre que ha desarrollado una mitología privada que revela un impulso destructivo infinitamente más destructor. Es el primero de los lunáticos que "intenta destruir el presente so pretexto de aniquilar el pasado" (NB, 487). El acto de reconocimiento es también repetición que subraya la realidad del pasado, lo opuesto de Maya, tema del presente ideal. He aquí un bosquejo de la historia muy repetida: la humanidad vivió una edad dorada, en un jardín del Edén, en las Hespérides, en una feliz isla del reino de Atlantis, que un día se perdió y podremos recuperarlo. Esto es lo que dicen los poetas que van a hacer. Podrían intentar lo que hizo W. Blake:

La naturaleza de mi labor es visionaria o imaginativa; un intento de restaurar lo que los antiguos llamaron la Edad de Oro.

Pues bien, don Quijote, ya rozando la edad del barroco, se vuelve romántico o presagia el porvenir de una era romántica al presentar la soñada edad de oro a los cabreros. Por extensión, los cabreros somos nosotros: lectores simpliciores. Es decir, fábula de *te narratur*, que dijera el poeta romano Horacio. Northrop Frye nos recuerda al Teseo en *El sueño de una noche de verano*, que el lunático y el amante tratan de identificarse con algo; el amante con su dama; el lunático con lo que vive obsesionado, alguien a quien nunca ha visto: su Dulcinea del Toboso. También el poeta es un identificador: todo cuanto ve en la naturaleza lo identifica con la vida humana. Por eso la literatura y, en particular, la poesía, muestran analogía con la mente primitiva. Magia y religión primitiva son formas de creencia: locura y amor son formas de experiencia o de acción.

Creencia y acción están íntimamente relacionadas porque lo que el hombre realmente cree es lo que sus acciones demuestran que cree. En la creencia vivimos constantemente preocupados por cuestiones de verdad o realidad. No podemos creer cualquier cosa a no ser que se pueda decir "esto es así". Pero la literatura, hemos repetido, nunca hace declaraciones de ese tipo. Lo que el poeta y el novelista dicen es: "imaginemos por un momento esta situación". Comprendemos que no puede haber religión de la poesía o de un conjunto de creencias fundadas en la literatura. Así se entiende que, cuando dejamos de creer en una religión como el mundo romano, dejamos de creer en Júpiter y en Venus; sus dioses se convierten en figuras literarias y vuelven al mundo de la imaginación.

Frye habla de una "aceptación de inocencia" en Quijote.[2] Sus meditaciones se transforman en una parábola social. Parece que la intención de Cervantes, al escribir su novela, fue ridiculizar las novelas de caballería, no el espíritu de caballería. Borges escribe en su *Parábola* que Cervantes ideó un hombre crédulo, perturbado por la "lectura de maravillas". Según leo en la edición y notas del Quijote de Martín de Riquer, "El Quijote satiriza los libros de caballería, no a la caballería; al inverosímil heroísmo de las novelas fabulosas, no al heroísmo real, como el que Cervantes mostró en Lepanto". El error fundamental de don Quijote, observa el cervantista, es creer que los héroes inventados de las novelas fabulosas tienen la misma realidad que los héroes verdaderos.[3]

El gran arte es capaz de activar energías con una intención consciente en los poderes creativos, acercándonos más al sentido del libro. Podemos ver, por ejemplo, lo que Cervantes pudo haber visto: que la historia del caballero de la triste figura es una de las más profundas parábolas en la historia. La aristocracia caballeresca feudal iba saliendo de la escena europea con su armadura roñosa, sus ideales desaparecidos en sueños y su sentido de la realidad perdida.

En un lugar del libro don Quijote dice a Sancho que no trate de rehacer el mundo ni de desgonzar la institución de la caballería errante. Pero ya es tarde para eso. El mundo está ahí en constante creación y recreación. El libro tiene niveles más profundos que el de la parábola histórica. Cervantes ha definido, en su ficción, un principio casi tan importante como la caridad lo es para la religión: el principio dice que si la gente es ridícula, su conducta es patética y si tiene patetismo posee dignidad. Es la virtud o cualidad que Borges subraya en una de sus seis charlas en la Universidad de Harvard: *This Craft of Verse* (1967-1968). La ridiculez de don Quijote aparece principalmente cuando tiene éxito en su empresa o cree tenerlo. Un ejemplo es cuando intenta liberar de sus cadenas a un grupo de criminales. En cada paliza que recibe parece ir creciendo en dignidad. Y nos percatamos cuán genuinamente fiel es don Quijote al código de caballería.

El código de caballería no solo era un código real que lo había ayudado a aferrarse a una civilización real, sino a las virtudes que serían y son reales aunque la caballería nunca hubiera existido. En este sentido, este núcleo sólido de realidad moral en medio de la ilusión del Quijote es lo que hace de él una figura ambigua. Pienso que el humanismo de don Quijote está más sólidamente establecido que esas sutilezas de escoliastas de si los molinos de viento son en verdad molinos. Entendemos también mejor la explicación que da Cervantes sobre la fidelidad de Sancho, quien creía que todo cuanto decía su amo era verdad porque lo conocía desde que había nacido. Si quisiéramos hacer una sátira de la valentía marcial, encontraríamos una buena parte en el ejército. Nadie pudo haber escrito el Quijote excepto "un viejo soldado del rey [que] buscó solaz en las vastas geografías de Ariosto" (Borges). Satirizar la valentía marcial, apunta Frye, no es ridiculizarla sino mostrar un contraste entre la valentía misma, que puede ser auténtica y hasta espléndida, y las razones de su manifestación: las causas de la guerra que ordinariamente son, como en los tiempos presentes, magras, e inventadas.

Y por muy ridículo que parezca don Quijote en su armadura, las cualidades que lo hacen atrayente son, en gran parte, cualidades que hacen atractiva su lucha por una causa perdida. Y, con todo, una causa perdida, tan literalmente perdida como la de don Quijote, es patética e inolvidable. El patetismo brota cuando nos fijamos en una persona excluida de una comunidad —un niño, una persona de tez oscura pero dotada de inteligencia y de bondad— rechazada por la sociedad. Estas son las figuras que nos parecen patéticas y con ellas va la locura del caballero andante, con voluntad y sin fatiga por rescatar al desesperado y destruir el mal.

En la segunda parte de la novela, don Quijote nos recuerda que el duque ha leído la primera parte del libro. El duque decide permitir al caballero y a su escudero a que vivan por un tiempo haciendo una representación externa de sus fantasías. Es para entretenimiento personal del duque. Pero aún así es un acto fundamental de aceptación social. Sancho dice a don Quijote: "No se le olvide lo que de la ínsula me tiene prometido, que yo la sabré gobernar por grande que sea". "Has de saber, amigo Sancho, que fue costumbre muy usada de los caballeros andantes antiguos hacer gobernadores a sus escuderos de las ínsulas o reinos que ganaban". Y la duquesa a Sancho:

> *Ya sabe el buen Sancho que lo que una vez promete un caballero, procura cumplirlo aunque le cueste la vida… Esté Sancho de buen ánimo, que cuando menos lo piense se verá sentado en la silla de su ínsula y en la de su estado, y empuñará su gobierno! Lo que yo le encargo es que mire cómo gobierna sus vasallos. Advirtiendo que todos son leales y bien nacidos.*
>
> *—Quijote, II,* cap. 33

Don Quijote es una de las primeras grandes novelas del mundo. No sé si será una exageración afirmar esto. El camino que abre está indicado, pero no es el camino que la novela seguiría después. La novela es un arte del estudio del carácter, de la personalidad. Y este estudio de la personalidad al que se refiere Borges (CV, 92) es principalmente para mostrar cómo la conducta social viene condicionada por factores ocultos. Las novelas realistas seleccionan, sobre todo, los factores de clase y de rango social. Las psicológicas escogen los de la experiencia individual. Pero muy pocos han seguido a Cervantes señalando un problema mucho más profundo de la mitología privada, que es cómo la conducta de un persona queda afectada por una estructura encorsetada por ideologías en las que creemos que creemos.

Don Quijote cree no tanto en su fantasía, cuanto piensa que cree en ella. Su fantasía es la fachada de un instinto destructor aún más hondo en un nivel de su conciencia. Un maestro de crítica literaria como N. Frye sugiere que don Quijote es solo uno en la larga lista de lunáticos que han tratado de destruir el presente so pretexto de restaurar el pasado. En este nivel hallamos el enigma de la realidad y de la apariencia. Don Quijote explica que sus proezas son reales pero parecen ridículas por arte de encantamiento. Es difícil saber dónde se detendrá un hombre que se considera ser creador de la "realidad". Don Quijote disfruta con el choque de paradojas: su mundo interior y exterior.

En las *Meditaciones del Quijote*, apartado quince, Ortega y Gasset habla de un algo que nos quedaba en el aire, vacilando entre estancia de la venta y el retablo de maese Pedro. El héroe en la mente de Ortega es un hombre decidido a cambiar el mundo. Su voluntad es real pero lo que esa voluntad quiere no existe aún. Existe solo en la visión del héroe, en su imaginación:

…Serán las aventuras vahos de un cerebro en fermentación, pero la voluntad de la aventura es real y verdadera. Ahora bien, la aventura es una dislocación del orden natural, una irrealidad. En la voluntad de aventuras, en el esfuerzo y en el ánimo, nos sale al camino una extraña naturaleza biforme. Sus dos elementos pertenecen a mundos contrarios: la querencia es real, pero lo querido es irreal.

Objeto semejante es ignorado en la épica. Los hombres de Homero pertenecen al mismo orbe que sus deseos. Aquí tenemos, en cambio, un hombre que quiere reformar la realidad. Pero ¿no es él una porción de esa realidad? ¿No vive de ella, no es una consecuencia de ella? ¿Cómo hay modo de que lo que no es —el proyecto de una aventura—

gobierne y componga la dura realidad? Tal vez no lo haya, pero es un hecho que existen hombres decididos a no contentarse con la realidad. Aspiran los tales a que las cosas lleven un curso distinto: se niegan a repetir gestos que la costumbre, la tradición y, en resumen, los instintos ideológicos los fuerzan a hacer. Porque ser héroe consiste en ser uno, uno mismo. Si nos resistimos a que la herencia a lo circundante nos imponga unas acciones determinadas, es que buscamos asentar en nosotros, y solo en nosotros, el origen de nuestros actos. Cuando el héroe quiere, no son los antepasados en él o los usos del presente quienes quieren, sino él mismo. Y este querer el ser él mismo es la heroicidad.

Este es el corazón de la concepción de Ortega y el sentido de la vida humana. El hombre más auténtico es el que más ocupado vive en recrearse él mismo según su propia voluntad. Ser uno mismo es, para Ortega, ser lo que uno quiere y esto es una tarea heroica. El héroe se expone al ridículo ya que su visión contrasta con la comedia —el arma de los partidos conservadores— siempre lista para burlarse de cualquier fracaso o error del héroe.

No creo que exista especie de originalidad más profunda que esta originalidad práctica, activa del héroe. Su vida es una perpetua resistencia a lo habitual y consueto. Cada movimiento que hace ha necesitado primero vencer a la costumbre e inventar una nueva manera de gesto. Una vida así es un perenne dolor, un constante desgarrarse de aquella parte de sí mismo rendida al hábito, prisionera de la materia.

Este curso con su parábola *Del mito a la literatura* ha sido un laboratorio de ideas generadas, en su mayor parte, por un grupo de mitófilos. Hemos procurado que nuestro ejercicio literario haya sido verdaderamente un "estudio independiente". El mito, un mito, es material adecuado para desarrollar y mejorar la imaginación. La nuestra y la del instructor. Al mismo tiempo ha sido un laboratorio donde hemos ensayado el curso de una parábola que recorre de principio a fin y de fin a principio.

Antes de concluir quisiera leer al hombre-libro que es Borges, quien escribió en una ocasión:

Yo espero siglos en que todos los hombres hablen español y hablen inglés sin que existan rivalidades entre estas dos formas de concebir y de soñar el mundo. El porvenir está hecho de nuestros sueños; entonces veremos que, en el pasado, don Quijote de la Mancha y Macbeth no son menos reales que Carlos V. Debemos salvar, también, el libro, hoy amenazado por la televisión, el periodismo y la radio difusión en circunstancias en las que, lo que estos entregan, es algo que se olvida y desaparece. Las ciencias y técnicas han inundado los medios de comunicación con palabras vanas, barbarismos y vulgarismos. Esto es lo que me da fuerzas para seguir colaborando con la difusión de nuestro idioma.

* * *

Bibliografía del Capítulo 9

1 **Riquer, M. De**; *Don Quijote de la Mancha*, (Prólogo a al Edición revisada, LVIII).

2 **Frye, N.**; *The Acceptance of Innocence, Review of Cervantes, Don Quijote*, (trad. Samuel Putnam. New York:Viking, 1949).

3 **Frye, N.**; *On Culture and Literature. A Collection of Review Seáis*, (Chicago, University of Chicago Press, 1978,165).

Bibliografía general

Alter, R.; *The Art of Biblical Narrative*, (New York: Basic, 1981).

Alter, R.; "A Literary Approach to the *Bible*", (Commentary, Dec. 1975, 70-71).

Alter, R.; "Rev. of The Great Code", by Northrop Frye. (Blake An Illustrated Quarterly 17.1, 1983, 20-22).

Avis, P.; *God and the Creative Imagination: Metaphor, Symbol and Myth in Religion and Theology*, (London-New York, Routledge, 1999).

Barfield, O.; *The Rediscovery of Meaning, and Other Essays,* (Middletown, CT: Wesleyan UP, 1977).

Berger, P. L.; *Questions of Faith: A Skeptical Affirmation of Christianity*, (Blackwell Publishing, 2004).

Bloom, H.; *The Book of J.* Translated from the Hebrew by David Rosenberg, Interpreted by Harold Bloom, (New York: Vintage Books, 1991).

Borges, J. L.; *Obras completas 1975-1985*, (México: Emecé Editores, 1989).

Borges, J. L.; *Jorge Luis Borges Ficcionario: Una antología de sus textos.* (Edición, introducción y notas de Emir Rodríguez Monegal. México: Fondo de Cultura Económica, 1985, 1993).

Borges, J. L.; *This Craft of Verse*, (Edited by Calin-Andrei Mihailescu. Harvard University Press, 1967, 2000).

Brown, N. O.; *El cuerpo del amor*, (Barcelona, Ed. Planeta, 1966).

Brown, P.; *The Body and Society: Men, Women and Sexual Renunciation in Early Christianity,* (New York: Columbia University Press, 1988).

Bultman, R.; "*New Testament and Mythology*", (Bartsch 1953, 1-14).

Bultman, R.; *Jesus Christ and Mythology*, (New York: Scribner's, 1958).

Burkert, W.; "Structure and History in Greek Mythology and Ritual", (Berkeley: Univ. of California, 1979).

Bultman, R.; "Ancient Mystery Cults*"*, (Harvard UP, 1987).

Buxton, R.G.A.; "Persuasion in Greek Tragedy", (Cambridge University Press, 1982).

Buxton, R.G.A.; *Imaginary Greece: The Contexts of Mythology*, (New York: Cambridge UP, 1994).

Buxton, R. E.; "From Myth to Reason? Studies in the Development of Greek Thougth", (Oxford: Oxford University Press, 1999).

Cayley, D.; *Northrop in Conversation*, (Ontario: Anansi Press, 1992).

Calasso, R.; *The Marriage of Cadmus and Harmony*, (Tim Parks. New York: Knopf, 1993).

Cameron, A.; *Christianity and the Rhetoric of Empire: The Development of Christian Discourse*, (Berkeley: University of California Press, 1991).

Campbell, J.; *Primitive Mythology. Masks of God* I, (New York: Viking, 1959).

Campbell, J.; *Oriental Mythology. Masks of God II*, (New York: Viking, 1962).

Campbell, J.; *Occidental Mythology. Masks of God III*, (New York: Viking, 1964)

Campbell, J.; *Creative Mythology. Masks of God IV,* (New York: Viking, 1968a)

Campbell, J.; *The Hero with a Thousand Faces*, (2.nd ed. Bollingen ser., 17. Princeton UP, 1968b).

Cousineau, P.; *Once and Future Myths: The Power of Ancient Stories in Modern Times*, (Conari Press, Berjeley, California, 2001).

Chesteron, G.K.; *The Everlasting Man 1925,* (San Francisco, Ignatius Press, 1993).

Denham, R. D.; "Northrop Frye: Religious Visionary and Architect of the Spiritual World", (Charlottesville.: University of Virginia Press, 2004).

Detienne, M.; *L'invention de la mythologie*, (Biliotheque des Sciences Humaines. Paris: Gallimard, 1981).

Detienne, M.; *The Creation of Mythology, (trad. def L'Invention de la Mythologie, 1981*) (Chicago, University Press, 1986).

Detienne, M.; *The Masters of Truth in Archaic Greece.* (Foreword y Pierre Vidal, Naquet, Trad. J. Lloyd. New York: Zone, 1966).

Dodds, E.R.; *The Greeks and the Irrational*, (Berkeley: University of California Press, 1951).

Dodds, E.R.; *Pagan and Christian in an Age of Anxiety: Some Aspects of Religious Experience From Marcus Aurelius to Constantine*, (London: Cambridge University Press, 1965).

Doniger, W.; *Other Peoples' Myths: The Cave of Echoes*, (Chicago: University of Chicago Press, 1988).

Doniger, W.; *The Implied Spider: Politics and Theology in Myth*, (New York: Columbia UP, 1998).

Dorrien, G.; *The Word as True Myth: Interpreting Modern Theology*, (Kentucky: Westminster J.Kox Press, 1997).

Doty, W. G.; *Mythography: The Study of Myths and Rituals*, (Alabama, The University of Alabama Press, 2000).

Eliade, M.; *The Myth of the Eternal Return*, (New York, 1954).

Eliade, M.; *The sacred and the Profane*, (New York, 1959).

Eliade, M.; *Myth and Reality*, (New York and Evanston, 1963).

Gadamer, H-G.; *Dialogue and Dialectic: Eight Hermeneutical Studies on Plato*, (New Haven:Yale University Press, 1980).

Hamilton, A.C.; "Northrop Frye: Anatomy of His Criticism", (Toronto. Univ. of Toronto P., 1990).

Hamilton, A.C.; "Northrop Frye and the Recovery of Myth", (Queen's Quarterly 85, 1978, 66-77).

Hamilton, A.C.; "*Northrop Frye on Myth and Metaphor*", (Queen's Quarterly 98, 1991, 402-08).

Hart, J. L.; "*Northrop Frye: The Theoretical Imagination*", (Routledge, New York, 1994).

Hillman, J.; *Reimaginar la psicología*, (Madrid, Ediciones Siruela, 1999).

Homero; *Odisea*. (Edición Antonio López Eire. Traducción Luis Segalá y Estalella. España: Editorial Espasa Calpe, 1995).

Janson, T.; *A Natural History of Latin*. (Translated and adapted into English by Merethe Damsgard Sorensen / Nigel Vincent. Oxford University Press, 2004).

Jung, C, G.; *Jung Speaking: Interviews and Encounters*, (Bolingen Series, Princeton University Press, 1977, 1993).

Jung, C, G.; *Psychological Reflections: A New Anthology of His Writings 1905-1961*, (Bollingen Series XXXI, Princeton University Press, 1953).

Kermode, F.; *Northrop Frye and the Bible. Ritratto di Northrop Frye*, (Ed. Agostino Lombardo. Rome: Bulzoni, 1989, 105-20).

Lane Fox, R.; *Pagans and Christians*. (Nueva York: Knop, 1987).

Lane Fox, R.; *The Unauthorized Version: Truth and Fiction in the Bible*, (Random House, New York, 1993).

Mack, B.L.; *A Myth of Innocence: Mark and Christian Origins*, (Philadelphia. Fortress Press, 1988).

Mack, B.L.; *El Evangelio perdido*. (Barcelona, Ediciones Martínez Roca, 1993).

MacIntire, A.; *After Virtue: A Study in Moral Theory,* (Indiana: University of Notre Dame 1984).

Momigliano, A.; *On Pagans, Jews, and Christians*, (Connecticut: Wesleyan University Press, 1987).

Musurillo, H.; *Symbolism and the Christian Imagination*, (Baltimore: Helicon Press, 1962).

Paz, O.; *Pasión Crítica, (Prólogo, selección y notas de Hugo J. Verani.* Barcelona, Editorial Seix Barral, 1985).

Rank, O.; *El nacimiento del héroe*, (Barcelona, Editorial Paidós, 1981).

Shlain, L.; *The Alphabet Versus the Goddess: The Conflict between Word and Image*, (New York: Penguin Books, 1998).

Turbayne, C. M.; *The Myth of Metaphor,* (South Carolina: University of South Carolina Press, 1962).

Veyne, P.; *Did the Greeks Believe in their Myths?: An Essay on the Institutive Imagination*, (Chicago: University of Chicago Press, 1983).

Wasserstrom, S. M.; *Religion after Religion*, (Gershom Scholem, Mircea Eliade, & Henry Corbin at Eranos. NJ: Princenton University Press, 1999).

Vian, G. M.; *Filología e historia de los textos cristianos*, (Madrid, Ediciones Cristiandad, 2005).

Weil, S.; *Intimations of Christianity among the Ancient Greeks*, (London: Routledge & Kegan P. Ltd, 1957).

Wheeler, C. B.; "Professor Frye & the Bible", (South Atlantic Quarterly 82, 1983, 154-64).

Wilder, A. N.; *Early Christian Rhetoric, The Language of the Gospel*, (Peabody, Massachusetts, 1964, 1999).

Zambrano, M.; *El hombre y lo divino*, (México, Fondo de Cultura Económica, 1955).

Zimer H.; *Philosophies of India*, (Nueva York, 1951).

Siglas usadas

Obras de Northrop Frye

AC   *Anatomy of Criticism: Four Essays*, (Princeton, N.J., Princeton University Press, 1957).

BCM   *Biblical and Classical Myths: The Mythological Framework of Western Culture*, (Toronto, Canada: University of Toronto Press, 2004).

BP   *Beyond Psychology*, Otto Rank.

ChR   *Christianity and The Rhetoric of Empire*, Averil Cameron

CP   *The Critical Path: An Essay on the Canadian Imagination*, (Toronto, Anansi, 1971).

CP   *The Critical Path: An Essay on the Social Context of Literary Criticism*, (Bloomington: Indiana University Press,1971) (*)

CV   *This Craft of Verse*, J.L. Borges.

D   *The Diaries of Northrop Frye, 1942-1955*, (Ed. Robert D. Denham. Collected Works of Northrop Frye, vol.8. Toronto, University of Toronto Press, 2001).

DV   *The Double Vision: Language and Meaning in Religion*, (Toronto, United Church Publishing House, 1991). (*)

EI   *The Educated Imagination*, (Toronto, Canadian Broadcasting Corporation, 1963).

EP   *El Evangelio perdido*, Burton L. Mack.

FI   *Fables of Identity: Studies in Poetic Mythology*, (New Cork, Harcourt,Brace and World, 1963).(*)

FS   *Fearful Symmetry: An Study of William Blake*, (Princeton, N.J., Princeton University Press, 1967) (*)

FUB   *Northrop Frye Unbuttoned. 2004. Wit and Wisdom from the Notebooks and Diaries,* (Selected by Robert D. Denham. Canada: House of Anansi Press).

GC   *The Great Code: The Bible and Literature,* (New Cork, Harcourt Brace Jovanovich, 1982). (*)

LN   *Northrop Frye's Late Books, 1982-1990: Architecture of the Spiritual World,* (Ed. Robert D. Denham, 2 vols. Collected Works of Northrop Frye, vols. 5 and 6. Toronto, University of Toronto Press, 2000). (*)

LS   "Northrop on Literature and Society, 1936-1989", (Unpublished Papers. Ed. Robert D. Denham. Collected Works of Nrothrop Frye, vol.10. Toronto, University of Toronto Press, 2002).

MC   "The Modern Century: The Whidden Lectures",N. Frye 1967. (Toronto: Oxford University Press).

MM   *Myth and Metaphor: Selected Essays, 1974-1988,* (Ed. Robert D. Denham. Charlottesville: University Press of Virginia 1990). (*)

NFC   *Northrop Frye in Conversation,* (by David Cayley. Concord, Ont.: Anansi, 1992). (*)

NFR   *Northop Frye on Religion,* (Ed. Alvin A. Lee and Jean O'Grady. Collected Works of Northrop Frye, vol. 4, Toronto, University of Toronto Press, 2000). (*)

NFCL   *Norhrop on Culture and Literature: A Collection of Review Essays,* (Ed. Robert D. Denham. Chicago: University of Chicago Press, 1978).

OE   *On Education: Northrop Frye,* (The University of Michigan Press, Ann Arbor, 1988).

SeS   *The Secular Scripture: A Study of the Structure of Romance,* (Cambridge, Mass.: Harvard University Press, 1976). (*).

SM   *Spiritus Mundi: Essays on Literature, Myth, and Society,* (Bloomington: Indiana University Press, 1970). (*)

StS   *The Stubborn Structure: Essays on Criticism and Society*, (Itaca, N.Y., Cornell University Press, 1970). (*)

UAV   *The Unauthorized Version*, Robin Lane Fox.

WP   *Words with Power: Being a Second Study of "Bible and Literature"*, (New Cork, Harcourt Brace Jovanovich, 1990). (*)

WTC   *The Well-Tempered Critic*, (Bloomington: Indiana University Press, 1963). (*)

Últimas obras publicadas por CBH Books

La editorial Cambridge BrickHouse, Inc.
ha creado el sello CBH Books
para apoyar la excelencia en la literatura.
Publicamos todos los géneros, en todos los idiomas
y en todas partes del mundo.
Publique su libro con CBH Books.
www.CBHBooks.com

De la presente edición:
Del mito a la literatura y la Biblia
Por Juan P. Magunagoicoechea
producida por la casa editorial CBH Books
(Massachusetts, Estados Unidos)
e impresa en los talleres poligráficos de Quebec,
Canadá, año 2008.
Cualquier comentario sobre esta obra
o solicitud de permisos, puede escribir a:
Departamento de español
Cambridge BrickHouse, Inc.
60 Island Street
Lawrence, MA 01840, U.S.A.